中国油气智库联盟丛书
SERIES OF CHINA OIL AND GAS THINK-TANK ALLIANCE
之二　能源转型与高质量发展
主编　钱治家　赵正文

献礼中国共产党建党100 周年
伟大的历程　辉煌的成就

四川省新能源产业集群化发展模式研究

RESEARCH ON CLUSTER DEVELOPMENT MODE OF NEW ENERGY INDUSTRY IN SICHUAN PROVINCE

吴晓明　著

石油工業出版社

内 容 提 要

本书以新能源产业为切入点，研究了四川省新能源产业发展历程、支撑状况、发展状况、发展格局和未来趋势，以产业集群为视角，从发展模式、动力机制、竞争力等方面加以分析并预测。

本书可供从事能源行业的人员及相关专业的高等院校师生参考阅读。

图书在版编目（CIP）数据

四川省新能源产业集群化发展模式研究 / 吴晓明著.
北京：石油工业出版社，2021.4
（中国油气智库联盟丛书）
ISBN 978-7-5183-4605-9

Ⅰ.①四… Ⅱ.①吴… Ⅲ.①新能源-产业集群-产业发展-发展模式-研究-四川
Ⅳ.①F426.2

中国版本图书馆CIP数据核字（2021）第068508号

四川省新能源产业集群化发展模式研究
吴晓明 **著**

出版发行：石油工业出版社
（北京市朝阳区安华里二区 1 号楼 100011）
网　　址：http://www.petropub.com
编 辑 部：(010) 64523766　图书营销中心：(010) 64523633
经　　销：全国新华书店
印　　刷：北京中石油彩色印刷有限责任公司

2021年4月第1版　2021年4月第1次印刷
787×1092 毫米　开本：1/16　印张：16.25
字数：210千字

定　价：59.00元
（如发现印装质量问题，我社图书营销中心负责调换）

中国油气智库联盟系列丛书

编 委 会

前言

能源作为人类社会生存发展的基础，其发展的长期可持续性对我国具有重大意义。随着世界经济社会快速发展，能源紧缺与环境污染等问题日益突出，已经成为阻碍我国发展的两个重大问题。在这种环境下，优化能源结构、保障能源供给、大力发展新能源产业，以及走可持续化发展道路已成为事关全局的重大战略性任务。

新能源指开发利用时间不长或正处于积极研究阶段、尚未推广的能源，如太阳能、地热能、风能、海洋能、生物质能和核聚变能等。这种新兴的战略性能源产业代表着未来技术变革和能源发展的方向，加快新能源产业发展进程，减少化石能源消耗、实现能源结构优化调整，能够有效保障我国能源和经济社会可持续发展。推动新能源产业发展提速，培育我国经济增长新动能，实现产业结构优化升级，能够有效推动经济又好又快发展。

产业集群是产业发展演化过程中的一种地缘现象，是指在某一特定领域（通常以一个主导产业为主）中，大量具有分工合作关系的、不同规模等级的企业和与其发展有关的各种机构组织等行为主体通过纵横交错的网络关系紧密联系在一起的空间集聚体，代表介于市场和等级制之间的一种新的空间经济组织形式。产业集群将区域产业整体作为研究和探索的对象，而不仅仅限制在几个企业和某一单一产业的范围内，将一个特定区域中竞争和合作关系密切的各种企业、政府、非政府组织等都进行了研究考虑。

目前，产业集群发展状况已经成为一个衡量指标，用于衡量一个国家或一个地区的发展水平。因此本书将以新能源产业为切入点，研究四川省新能源产业发展历程、支撑状况、发展状况、发展格局和未来趋势；以产业集群为视角，从发展模式、动力机制和竞争力等方面来分析当下四川省新能源产业集群化的发展模式、竞争力与发展路径，可为四川省乃至全国新能源产业的健康、高效、可持续发展提供借鉴。

2021年中国共产党迎来建党100周年，1921年中国共产党的诞生掀开了中国历史的新篇章，百年来，中国共产党带领全国人民谱写了中华民族自强不息、顽强奋进的壮丽史诗。百年恰是风华正茂，迈向新征程的中国共产党，举世瞩目。值此之际，仅以本书献礼中国共产党建党100周年。由于笔者水平有限，书中难免存在不足之处，敬请广大读者批评指正。

目录

第一章
研究概况与意义

第一节　研究背景

能源贯穿于人类社会的发展始末，能源的开发与利用在人类社会的未来发展中扮演着重要角色，也将一直在人类社会生存和国民经济发展中起着重要的物质基础作用。纵观人类社会的发展史，从中国古代的“石炭”、煤炭、焦炭，再到近代中国的石油、天然气，中国从农业社会发展到社会主义现代化社会的过程中，能源也同样处于发展状态（桂华，2017）。一个国家的经济战略资源和核心基础产业无疑都是能源产业，能源产业有力地推动着社会生产力和社会经济的不断发展。然而，如今曾经被认为是永不枯竭的动力源泉却面临着可能是史上最大的危机。

据资料显示，中国目前已探明的石油储备量仅占全球石油储备量的1/50，而如果继续按照目前的消耗速度，专家预计国内原油资源将在50年内消耗殆尽，我们的后代将面临无油可用的窘境（付娉娉等，2017）。中国经济目前正处于中高速发展阶段，中国的工业化进程也正在努力赶超欧美发达国家，但是经济高速发展的背后却隐藏着我们不得不面对的能源问题。化石能源的过度消耗引发了诸如温室效应、环境污染、能源危机等一系列问题，使得人类生存环境进一步恶化，严重影响人类社会的长期持续发展。我国人民对于美好生活的需求不断增加，而我国的发展却处于不平衡、不充分的状态。两者之间的矛盾日趋突出，使得人们对于可持续发展、绿色发展、低碳发展等新发展理念的呼声也越来越高，因此，资源丰富、绿色环保的风能、太阳能、生物质能，以及新能源汽车等逐渐步入市场并牢牢地占据着一席之地。

随着能源产业的发展逐渐成为世界上多数国家的关注焦点，新能源产业的发展状况也成为衡量一个国家或地区高新技术水平的重要依据之一。同时新能源作为关乎人类命运的重要物质基础，大力发展其相关产业也是在日趋激烈的国际竞争中抢占战略制高点的重要战略（周仁等，2017）。例如，欧美发达国家和地区很早就开始了研究和开发新能源的相关工作，意图用其替代传统化石能源。

国际金融危机之后，美国需找出能够引领并拉动本国实体经济发展的新产业。而此时，由于其国内大部分实体经济已外包转移到发展中国家，难以重新收回来，因此，奥巴马总统上台后，向世人抛出了他的新能源战略，勾勒出新一轮产业革命的构想。而许多其他国家也像美国一样选择了新能源产业作为其重振实体经济的一个重要发展方向。新能源产业的发展崛起，其影响范围、作用、效果并不仅仅局限于其产业内部或产业自身，还将引起电力、IT、建筑、汽车、新材料、通信等多个产业的重大变革和深度裂变，并催生一系列新兴产业。新能源产业发展所引起的其产业自身与相关产业的变革与裂变不仅能引领和拉动美国实体经济发展，还能在一定程度上引起美国对生产制造行业的重视，从而为本国人民创造就业岗位和机会，增加国内就业率。

金融危机之前，欧盟就已经开始重视节能环保产业的发展。2007年，欧盟委员会提出了欧盟的能源方案，对温室气体排放减少的比例、可再生能源在总能源消耗中的比例、油气在一次能源消耗中的占比等内容进行了十分详细的规划。后来，为了保障上述目标的实现，欧盟提出了一项全面的新能源研究计划，广泛包括和涉及欧洲风能、太阳能、生物能源、智能能源系统、核裂变、碳捕获等方面。欧盟内部评估认为，向“绿色产业”投资具有超高的附加值和回报率，故在国际金融危机之后，欧盟委员会制定了发展“绿色经济”的中期计划。欧盟将低碳经济视为“新的工业革命”，率先采取多种有效措施鼓励低碳产业的发展，并力图引领全球气候问题应对及低碳经济发展。

20世纪90年代，由于泡沫经济和制造业公司向海外的大规模转移，日本经济发展长期处于低迷状态。为了实现通过解决危机从而促进能源结构转型、保持其在节能方面优势地位的战略目标，国际金融危机之后，日本政府在其应对计划中明确定义了经济发展指导原则，力图“通过结构改革促进经济发展”；之后又陆续提出了要研发推广能源节约技术，加大清洁能源研究力度的目标，并给予了相应的预算支持。金融危机的影响，强化了日本发展新能源产业的意愿，为了在此领域占领世界领先地位，其将燃料电池汽车、复合型汽车（电力、内燃两用）等新一代汽车产业，太阳能发电等新能源产业，资源再利用与废弃物处理、环保机械等环保产业作为战略性产业进行规划并大力支持其发展。

开发利用新能源是顺应时代发展潮流，促进产业结构调整，促进能源转化和发展的重要举措（张哲源，2018）。中国顺应国际能源发展潮流，结合中国现阶段能源产业发展现状提出了区域专业化、产业集聚化等新能源产业发展方针，同时中国政府也为扶持新能源产业发展积极出台了一系列有针对性的优惠政策和补贴政策，在中国沿海地区和部分发展新能源产业优势比较明显的区域，完整的新能源产业链规模已经初步形成（石岩，2018）。

在当前及未来相当长的一段时间内，化石能源在世界大多数国家的一次能源消费中的占比将依然很高，对我国来讲，煤炭消费占比高的问题也依然突出。因此，要实现到2030年，非化石能源在一次能源消费中的占比达到20%，就要将大力推动化石能源尤其是煤炭等的清洁高效利用和增加非化石能源消费占比作为“十四五”能源发展规划制定的重点。具体来讲，该计划应包括“促进煤炭的清洁利用，加快解决风能、太阳能和水力消耗问题”等内容。其中，能源转型和发展的立足点和首要任务应是促进煤炭的清洁高效开发利用。同时，实现核电发展的安全高效，以及水电、太阳能、风能和生物质能等可再生能源消费增长占比的不断提高。为了实现能源发展革命，在相关规划的制定部署过程中必定要突出强调“清洁、低碳、安全、高效”等原则。

2020年11月3日发布的《中共中央关于制定国民经济和社会发展第十四个五年规划和二〇三五年远景目标的建议》就将广泛形成绿色生产生活方式、碳排放达峰后稳中有降、生态环境根本好转、美丽中国建设目标基本实现作为2035年远景目标的重要内容。此外还提到继续将新能源产业列为战略新兴产业、提升新能源消纳和存储能力，以及推动能源清洁低碳安全高效利用、发展绿色建筑等有利于新能源发展的方针政策。

作为中国西南地区的内陆大省，四川省的新能源产业相比沿海经济较发达地区起步比较晚，而且四川省的新能源产业相较于其他传统能源并不具有明显的竞争优势，但是四川省在新能源发展上也同样具有一些其他地区所没有的得天独厚的条件（图1–1至图1–3）。四川省的优势在于拥有其他省市在发展太阳能产业方面无法比拟的潜力。四川省的年光照总量居于全国前列，约占四川省总面积3/5的甘孜藏族自治州、阿坝藏族自治州、凉山彝族自治州更是蕴藏着丰富到难以想象的太阳能资源，这为四川省发展太阳能产业提供了独特的天然条件；除了太阳能资源以外，四川省的水能资源、风能资源、生物质能资源也异常丰富，具备了发展风电产业、生物质能产业的基本自然资源条件（云霞，2014）。

综上所述，四川省已经凭借其丰富的自然资源在地理位置上占据了良好的优势地位，同时借助西部大开发带来的良好发展契机，新能源产业发展已经形成了基本的集聚效应和规模效应。但四川省目前的新能源产业存在地域比较分散、产业规模较小、核心竞争力不强等问题。尽管四川省的新能源产业已经取

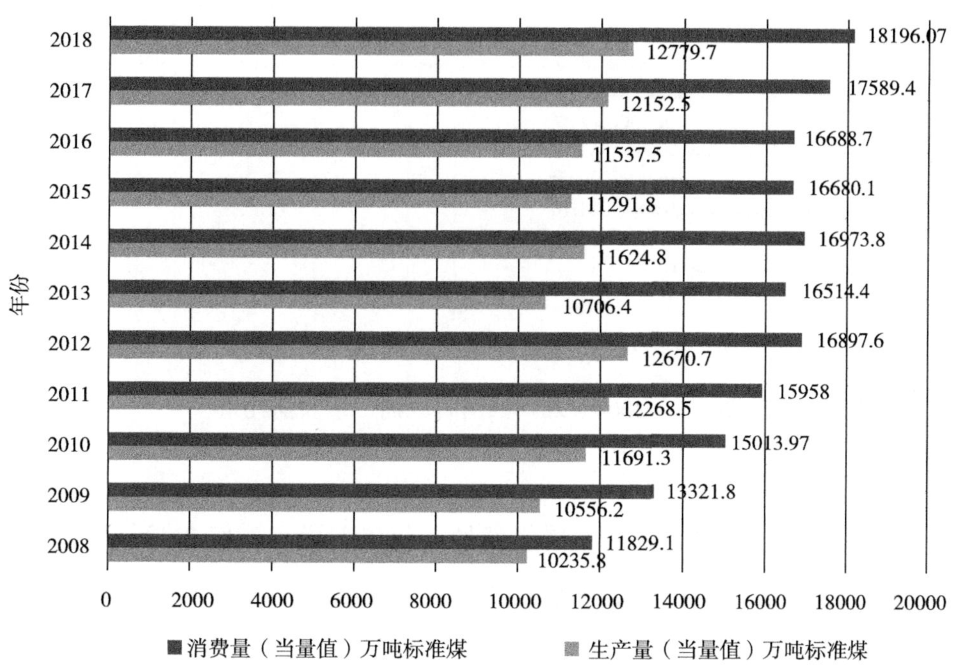

图1-1　2005—2018年四川省能源产量及消耗量

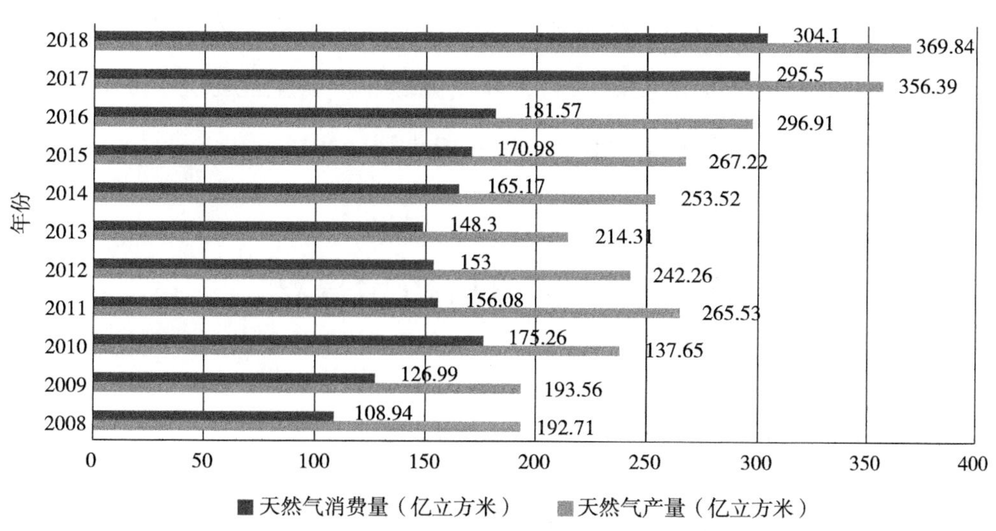

图1-2　2008—2018年四川省天然气产量及消耗量

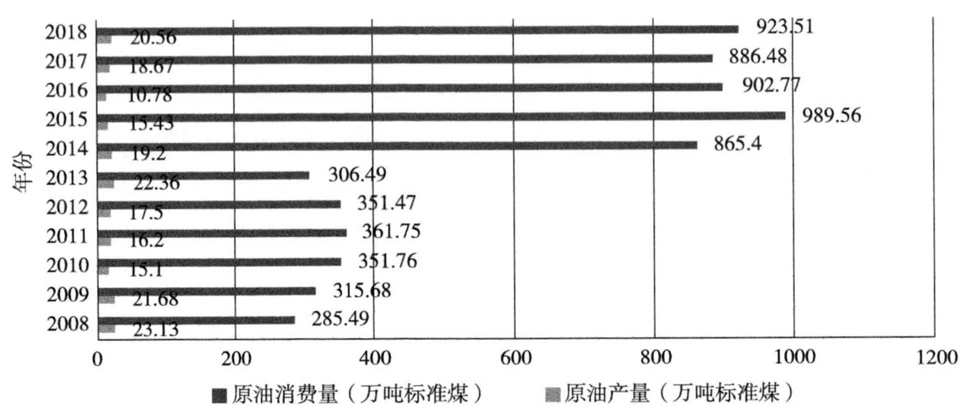

图1-3　2008—2018四川省原油产量及消耗量

得了一定的成绩，总体来说其发展仍然处于起步阶段，如何在竞争形势日益激烈的能源市场竞争中凸显地方优势，确保四川省新能源产业的持续稳定增长是目前亟待解决的难题（李良县等，2014）。

从《四川统计年鉴（2018）》中可以清晰地看出，四川省能源的生产量和消费量都处于逐年增加的状态，这些数据暴露出四川省的传统能源领域供需关系不平衡的问题，也对四川省新能源的开发与利用提出了更为迫切的要求。因此，如何在当前环境下走出能源困局，以新能源、可再生能源为主的能源转型战略成为四川省破解能源困局的取胜之匙（殷小琴，2013）。

第二节　研究目的与意义

一、研究目的

紧紧围绕“四川省新能源产业集群发展”这一核心命题展开研究，以“新能源产业集群化发展”为关键词，在四川省新能源产业的发展现状和关于新能源产业的市场政策基础上，对四川省新能源产业集群化发展的模式、发展路径及面临的竞争进行了研究。基于笔者及项目团队成员对于经济学、管理学、工学等多学科的理论基础，按照从过去到现在、从理论到实践、从问题到建议的研究顺序对中国和四川省新能源产业发展现状、集群化发展的机理、集群化发展的模式，层层推进、逐步深入，最终根据四川省新能源产业发展现状和产业集群相关理论得出了关于四川省新能源产业集群化发展的建议。

通过查阅大量文献及实地调研研究了四川省新能源产业的发展现状，并对新能源产业的具体主体产业（如风电产业、太阳能产业、生物质能产业、新能源汽车产业）相关历史资料，以及深入研究新能源领域相关中外文文献，深入研究和分析新能源产业集群、产业集群理论、产业组织理论、产业政策理论、外部性理论产业集群发展机制和产业集群发展模式。从区位上测算产业集聚水平、理论分析产业集聚要素及案例研究其形成模式三方面阐述四川省新能源产业集群现状。在对国内外产业集群的类型和规模的研究基础上，主要利用科学理论对产业集群的发展机制、动力机制和核心竞争力进行分析，并根据四川省新能源产业集群的发展现状构建四川省新能源产业集群发展的指标体系。分析四川省新能源产业集群发展过程中可能影响新能源产业集群发展的因素，利用熵权TOPSIS方法等先进的分析方法和评价工具，对四川省新能源产业集群的发展模式进行选择并进行实证研究。通过实证结果及定性分析结果，构建出四川省新能源产业集群最优的新发展模式，然后根据实证研究的结果，进一步对新能源产业集群发展的内在机制展开研究并为其提出相应的发展对策和建议，从而促进四川省新能源产业集群化的发展。

二、研究意义

随着全球能源供应短缺和化石能源的价格持续走高，新能源的开发与利用已经在全球范围内引起了广泛关注（白福臣等，2018）。中国的新能源产业研究起步较晚，究其原因是中国的工业化进程具有滞后性，而且研究过程中缺乏相关技术和资金的支持，导致新能源产业集群发展模式的研究不够系统和完善，大多数学者的理论都没有得到实证支持。缺乏将特定地区的现实情况结合起来的研究。基于相关文献的阅读，笔者从区域发展管理的视角，采用系统、规范的管理研究范式对四川省新能源产业集群发展问题进行研究，具有一定的理论意义。主要体现在：从产业和集群化的特点着手，对已有的产业集群展开分析，然后分析四川省的新能源产业集群，在分析研究中，综合运用“钻石模型”理论、定位商法、案例分析、因子分析法、熵权法、TOPSIS方法等分析研究方法及数据模型，对四川省新能源产业集群化的发展模式展开了系统的分析，研究框架模型如图1–4所示。

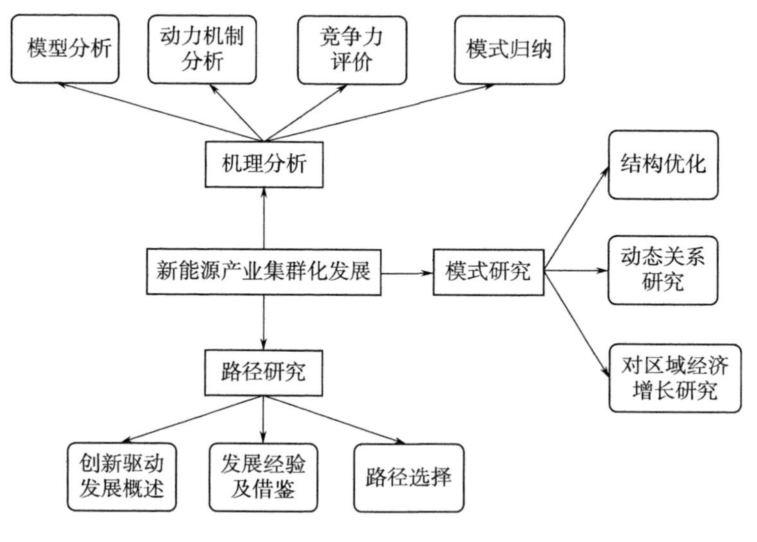

图1–4　研究框架模型图

同时笔者从四川省的实际情况出发，主要以四川省具有地方特色和独特优势的风电产业、太阳能产业、生物质能产业、新能源汽车产业四大新能源支撑产业作为主要研究对象，在四川新能源产业集群化发展现状研究和理论方法研究的基础上，在实际研究过程中将调研实践与评价研究相结合。一方面，测算产业集聚水平、分析集聚要素情况、研究集群形成模式、概括归纳集群可能的发展模式、选择四川省新能源产业集群的最优发展模式；另一方面，针对我国时下能源转型战略下新能源产业持续发展的现实问题和迫切需求，在区域发展和过程管控的基础上，从系统工程方面研究了如何对四川省新能源汽车产业集群化发展模式进行选择，提出了新的发展模式和建设路径。此研究能够对四川省新能源产业的发展产生重要的指导性作用。

第三节　相关概念与理论基础

一、新能源与新能源产业

（一）新能源

根据新能源所处的时代背景不同，其定义也在不断变化。在不同的历史背景和技术水平下，新能源的概念蕴含了不同的内涵。

20世纪80年代，联合国曾对新能源做出以下定义：即采用新技术和新材料等，对传统可再生能源进行现代化的开发和利用，例如太阳能、风能、生物质能、地热能、氢能和核能等。以此实现取之不尽的可再生能源对资源有限且高污染的化石能源的替代。

而当今对新能源的普遍定义是：指除了有污染性的化石能源之外的清洁能源，不仅包括已经开发利用的能源，还包括正在开发和研究并将在未来推广的能源，这些清洁能源在使用过程中不会产生有害的物质（舒印彪等，2017）。具体包括：太阳能、风能、地热能、生物质能、水能、核能、氢能、海洋渗透能、海洋能（包括潮汐能、波浪能、海流能、海水温差能、海水盐度差能等），还包括一些未来的新能源，如波能（即海洋波浪能）、可燃冰、微生物及第四代核能源。常规能源一般是指相关技术研发与应用已经进入比较成熟的阶段，且已经被大规模推广应用的能源。而新能源通常是指针对它的技术研发尚处于起始阶段或初期，要实现其大规模的推广使用尚需一定时间的能源。如今的常规能源如煤、石油、天然气及水电等，而太阳能、风能、生物质能、海洋能、核能、氢能及实现了资源再利用的工业和家庭废物等都被看作是新能源。

（二）新能源产业

产业是一种业态总称，它由利益相关且具有分工合作关系的相关行业构成，这些行业具有以下特点：自身能够实现独立运作，但同时其经营又围绕着共同产品展开。

新能源产业源于新能源的发现和应用，即围绕新能源研究开发利用的相关产业。新能源产业的发展状况，直接体现着新能源的开发利用程度、水平，对社会进步具有重要意义（姚劲，2019）。由于新能源包括了太阳能、风能、地热能、生物质能、水能、核能、氢能等，所以，围绕不同新能源进行开发利用研究，会对应形成各种新能源产业，本书所介绍的新能源产业主要包括以下几类。

1. 风电产业

风能（wind energy）是因空气流做功而提供给人类的一种可利用的能量。空气流具有的动能称为风能。风能的大小取决于风速和空气的密度。风能作为地球上一种重要的清洁可再生能源，不仅储量巨大，还蕴含着无穷大的被开发利用的潜力。风力发电的大致原理是通过风力涡轮机将动能转换为机械能，再通过一些类似于发电机的动力设备将机械能转化为电能（吕文春等，2018）。

风力发电是当代人利用风能最常见的形式，把风的动能转为电能，由此对风能进行开发利用而产生和形成的相关产业就是风电产业。

2. 太阳能产业

百度百科对太阳能（solar energy）的定义为：是太阳内部连续不断的由“氢”变成“氦”的核聚变反应所产生的能量，是太阳的热辐射能（参见热能传播的三种方式之一——辐射），主要表现就是常说的太阳光线。太阳能是一种绿色可再生能源，具有便利性、充足性、持久性和清洁性，其环保、无污染、利用价值高等特点，决定了太阳能是五大新能源（水能、风能、海洋能、地热能、太阳能）中最具有发展潜力，也是最有希望成为传统能源替代资源之一的新能源（银璐，2017）。

太阳能的利用主要以光热转换和光电转换两种方式为主，太阳能产业通常是指太阳能光伏产业和太阳能光热产业。

袁见（2013）称：利用太阳能的最佳方式是光伏转换，就是利用光伏效应，使太阳光射到硅材料上产生电流直接发电。以硅材料的应用开发形成的产业链条称为“光伏产业”，包括高纯多品硅原料生产、太阳能电池生产、太阳能电池组件生产、相关生产设备的制造等。太阳能光热产业是指利用太阳热能科技将太阳能收集、储存、转换过来，以实现热水、蒸气和电力生产的相关产业。主要包括太阳能热水器、太阳能采暖空调、太阳能干燥、太阳房、太阳灶、工农业生产应用及太阳能热发电等（中国可再生能源学会，2011）。

3. 生物质能产业

生物质能（biomass energy）是自然界中有生命的植物通过储存太阳能而向外界提供的能量，只不过是太阳能多样表现形式的其中一种。太阳光能通过能量转换成为生物化学能，然后以化学能这种特殊的能量形式贮存在生物质中。生物质能的主要来源主体是直接或间接以太阳光进行光合作用的绿色植物，这些植物以太阳光为原料，通过光合作用将太阳能转化为其他可储存的能量，如固体、液体和气体燃料（刘芳，2018）。

生物质能产业，是指利用绿色植物进行光合作用能将太阳能转化为其他可储存能量的特点，通过对生物质原料进行加工来为生产生活提供能源的相关产业，主要包括沼气产业、生物质液体燃料、生物质发电及固体成型燃料产业等。

4. 新能源汽车产业

国家发改委对新能源汽车的定义是：新能源汽车主要是指将非常规车辆燃料作为动力源（或者指仍然使用传统车辆燃料，但使用新型的车载动力装置）的汽车，或者集新技术和新结构于一身的汽车。根据中国新能源汽车市场生产和销售的新能源汽车的种类，我国的新能源汽车主要包括纯电动汽车（Blade Electric Vehicles，BEV）、混合动力汽车（Hybrid Electric Vehicles，HEV）、燃料电池汽车（Fuel Cell Vehicles，FCV）和氢动力汽车（Hydrogen Powered Vehicles，HPV）四大车型（马建等，2018）。

新能源汽车产业是指研究设计生产以非常规车辆燃料作为动力源的汽车所形成的产业或是为其提供基础支持服务的相关产业，主要包括整车制造产业、相关零部件设计制造产业及基础设施建设等。它作为中国战略性新兴产业之一，产业规模和技术水平发展迅速。

二、产业集群理论

（一）产业集群概念

产业集群（industry cluster）亦称“产业簇群”“竞争性集群”“波特集群”，是指在某一特定领域（通常以一个主导产业为主）中，大量具有分工合作关系的、不同规模等级的企业和与其发展有关的各种机构组织等行为主体通过纵横交错的网络关系紧密联系在一起的空间集聚体。产业集群从总体角度考察了某些地区的竞争优势，打破了个体组织与产业之间的界限，而关注于具有竞争与合作关系的组织、有关机构、政府和非政府组织之间的互动。目前，产业集群的发展状况已成为衡量特定经济体或地区发展水平的重要指标。从产业组织的角度来看，产业集群是某些区域的一些组织、大型公司或大型公司集团的纵向整合发展。从产业结构和产品结构的角度来看，产业集群是某些产品的深度加工与产业链的扩展，涉及产业结构的调整、优化与升级。如果考虑产业结构和产业组织的结合，产业集群聚集了产业并以一个周期聚集在一起。换句话说，某些产业链出现在某些区域或区域之间。

从19世纪起，产业集群的问题便开始被讨论，杜能（Thunen）和韦伯（Weber）均从区位研究视角，将集群理论体系化。不过，马歇尔（Marshall）是最早（1890年）直接研究产业集群课题的学者，其提出的产业区理论，引起全球学者纷纷关注产业集群问题。而直到波特教授（Porter，1998）撰写的《国家竞争优势》书籍中提到“产业集群的竞争事实上是国家或地区在经济上的竞争”观点后，产业集群这一研究课题才真正兴起。伯格曼（Bergman，1972）认为“产业集群是否形成要依据的是各组经济活动的就业人数间的相关性问题”。罗莱特（Roelandt，2000）等支持的经济合作与发展组织（OECD）把国外专家对产业集群的本质理解实行了归类。美国、荷兰、澳大利亚认为产业集群是一种生产网络；加拿大和英国认为产业集群是一种创新系统；意大利和法国则认为产业集群是由一种知识流连接起来的。与此同时，从经济地理的视角，国外学者认为“产业集群”是“专业化城镇”，其特征是生产某一特定项目（或有限范围的类似产品）的企业空间集中度高。基于同一视角的还有来自中国的王缉慈（2001）等学者，他们从社会学与集群结构分析理论出发，认为“产业集群”是“地方产业集群”，涵盖相关联的企业、高等院校、中介组织、政府、科研院所等多个支撑性组织，并着重提出评定集群的依据是根植性及地方网络。可是，因为产业集群研究视角的多元化及其本身问题的复杂性，

“产业集群”这一概念至今都未统一。吕国庆等（2011）认为产业集群是通过地理、技术、和关系等因素而发生联系的一系列行为主体的总和。空间上的集聚、协同效应来源于个人或主体的选择及相应行为，其演化动力则来源于产业集群内部行为主体之间网络的变化及与之对应的循环累积作用。杨凌和王亚新（2013）认为产业集群的研究对象实质上是经济现象，仅仅是因为研究侧重点与角度的区别罢了，并综合波特教授和OECD两者的观点，给出了包括“地方生产系统”“企业簇群”“产业集聚”“产业群”等相关概念的“产业集群”定义，即“集聚在相同地理区位的众多与产业相关联的机构或企业的集合”，定义中的关联程度与科层组织、垂直一体化形式均不相同，它是对组织价值链的一种替代。综上所述，笔者认为产业集群是一个具有创造知识、扩散知识及应用知识功能的区域性创新系统。

（二）产业集群的形成机理

发展产业集群的途径由于受到各地所处的内外环境及相关企业形态的差异影响而有所不同。波特认为产业集群的主要原因即竞争优势“钻石体系”是由四个关键要素和两个变数共同组成的，即生产要素、需求条件、相关与支持产业、企业战略结构与竞争程度，以及机会和政府（政策）。“钻石体系”的基本目的就是推动一个国家的产业竞争优势趋向集群式分布，从而实现在互动过程中，具有竞争力的产业对相关产业的竞争力产生良性的影响与带动。具体来讲，下游产业面临客户要求压力时，上游产业也会受到影响，从而相应地提高自身产品与服务水平。同时，拥有高竞争力和优势的产业链环节能够对相关产业链环节的发展与扩张形成帮助，并带动其发展壮大。再者，处于产业链不同节点上的企业可以通过多元化发展等途径去参与其他节点的生产运作。关于产业集群形成机理的代表性理论众多，根据集群形成的不同驱动力来源，把经典理论划为外生型与内生型两种类型（杨凌和王亚新，2013）。笔者认为区位理论、交易成本理论属于外生型理论，而分工与协作理论、外部经济理论、增长极理论、竞争优势理论、规模报酬递增理论属于内生型范畴，并对各理论的主要观点进行了概述（表1–1）。

表1–1　产业集群形成机理的经典理论概述

内生型	分工与协作理论	亚当·斯密于1876年提出的关于分工与市场范围关系的论述可视为最早对集群形成原因进行的解释，认为企业间的长期合作关系至关重要，论证了产业集群产生和存在的合理性（亚当·斯密，2001）
	外部经济理论	马歇尔于1890年首次提出“外部经济”一词，并认为许多类似的小企业集聚在某一区域将获得“外部经济”（马歇尔，2011）
	增长极理论	佩鲁于1950年作为代表提出的增长极理论认为推动性工业、都市内正在扩大的一组产业、研究与开发活动嵌入某地区后，将具有集聚经济效益，生成的增长中心将带动整个区域经济发展（Boudeville，1965）
	竞争优势理论	波特于1990年创新性地提出了与产业集群相关的“钻石模型”理论，认为地理集中形成的产业集群可使模型中的重要因素一体化，通过各因素间与集群各行为主体间协调作用，从而产生产业竞争优势（Potter，1998）
	规模报酬递增理论	P.Krugman等为代表的新古典经济地理学学者于1991年认为最初的产业地方化、地方专业化实际来自历史偶然性（梁琦，2004）
外生型	区位理论	韦伯于1909年提到促使工业在一定地区集中的动力归结为最小成本，即运费最低的地区最可能先形成区位单元（韦伯，1997）
	交易成本理论	斯科特于1986年认为随着在地理区位上的相关企业垂直分离与社会劳动分工细化程度加深，交易变多，成本上涨，从而企业为降低成本选择集聚于同一地区，产业集群便形成（郑宏星，2008）

（三）产业集群的分类

产业集群可基于其形成的驱动因素不同分为基于资源的产业集群及基于创新的产业集群。基于资源的产业集群，即通过对某种专有自然资源的开采、加工、生产从而形成具有明确分工的产业链条，以及完善的产业支持体系和推动区域经济协调发展的产业空间组织形式。也就是说，由自然资源的开发利用和生产加工串联起来的，具有密切产业联系且在空间上集中分布的产业集群，就是基于资源的产业集群（如煤炭、钢铁、有色金属冶炼生产基地等）。创新型产业集群是指基于创新发展形成的产业集群，即由创新型企业和人才为主体，进行的以知识或技术密集型产业和品牌产品为主要内容的产业经营在空间上的聚集。

创新型产业集群可以根据行业类型进行进一步分类，分为传统产业创新产业集群和高科技产业创新产业集群。笔者根据产业集群过程中所涉及的产业集群性质，将产业集群分为传统产业集群与高新技术产业集群。传统产业集群是指由传统手工业和劳动密集型传统产业在空间上聚集形成的产业集群。高新技术产业集群主要依附于某些高等院校和科研所的研发工作，产业内企业在这些技术的支撑下发展高新技术产业，并将知识和创新作为企业的核心竞争力。通过长期的知识积累和积极的技术创新，企业吸引外国公司留下来，形成一个高科技产业集群（李冠和生光旭，2017）。还有资本和技术结合的产业集群。在四川比较典型的例子就是成都龙泉国际汽车城，从最开始的汽车制造、组装和销售，到以汽车研发制造为重点，再到发展航空航天、工程机械及节能环保设备等高端制造产业，属于资本与技术结合型产业集群的典型案例（寇爽，2016）。

（四）产业集群的特点

（1）相关性。集群内企业是一系列的相关企业及会产生相互竞争关系的企业。

（2）地理集中性。产业在一定地理空间上的聚集是形成产业集群的必要条件，也是产业集群在空间组织形式上的基本特征。

（3）根植性。企业的经济行为深深地嵌入到区域的社会、文化和政治等关系中，使得生产要素组织成本降低，从根本上强化了集群的竞争优势。

（4）拥有相关的支撑机构。产业集群实质上是在某一特定区域形成了一个完整的空间生态体系，除了包括负责产业链条上各节点价值创造的企业之外，还包括政府、金融机构、商业部门等支撑产业生存发展的各种机构组织。它们处于一个密切交织的关系网络当中，利益相连，荣辱共通。

（5）创新性。产业氛围和相互了解与信任是集群经济的两个重要特点，二者对产业区内的企业创新具有积极作用。产业氛围推进了企业的创新；相互了解与信任促进了创新在企业之间的模仿、消化与扩散，从而形成一个学习型区域。

（五）产业集群的作用

（1）产业集群创造了一个新的视角，如何来考量国家和地区经济发展并制定相应政策。同时，可以用一种新的思考方法来考虑经济增长，企业、政府和其他机构的角色定位，乃至关系构建。

（2）产业集群从整体出发，充分利用特定区域的竞争优势。打破了单一组织和行业之间的界限，并着重于特定领域中具有竞争与合作关系的组织、相关机构、政府和非政府组织的互动。可以从整体出发来思考整个地区经济社会的协调发展，寻找、发现并培育本地区存在优势的产业集群，并将地区之间的竞争与合作关系考虑进来；而不仅是某些区域之间的竞争与合作或较小的地区的地理空间利益。

（3）产业集群对政府的角色和职能提出了新的要求。由于产业集群强调对特定地区特点产业竞争优势的创造与发挥，因此要求政府必须采取有效措施破除生产力发展的障碍，有效发挥竞争对提高效率与促进创新的作用，从而助力区域经济的繁荣发展。

（六）概念对比

1. 产业集中与产业集群

产业集中是产业组织研究的重要内容之一，它是指行业内最大的几个公司在整个行业中所占的比重。产业集中度主要由绝对集中度指标和相对集中度指标反映。绝对集中度指数通常由特定行业中最大的几家公司的某些指数所占百分比（例如市场份额等）反映出来。相对集中度指标主要通过洛伦兹曲线和基尼系数来衡量，可以反映任何公司的集中度。一般而言，行业集中度并不反映行业的地理分布情况，也不关注产业内企业间的关系，它主要是为了体现行业内公司的垄断程度。因此，产业集中和产业集群除表象上的“相似”之外，并无实质上的相同点或联系。

2. 产业集聚与产业集群

产业集聚是指同一行业高度集中在特定地理区域，且工业资本要素在空间上不断扩大的过程。产业的空间分布，尤其是从分散到集中的转变过程是产业集群分析研究的重点内容。设施共享、知识溢出、规模经济等都是产业集群形成的效益。产业的集聚与集群既有相似之处，又存在一定的差异。产业的空间集聚可以形成产业集群，但不一定形成产业集群。例如，一些彼此不相关的产业在空间分布中被组合在一起，也无法形成产业集群。因此，产业集聚是形成产业集群的必要条件，而不是所有条件。

三、产业组织理论

（一）理论综述

产业组织理论是研究企业、行业（产业）、市场三者的组织形式及其相互关系的理论。产业组织理论对厂商设定的偏好稳定、约束和自利性最大化行为等特点体现了其对主流理论中“理性人”假定的保留。同时，主流理论关于“厂商”作为“理性人”的假定，在传统产业组织理论对厂商之间的经济行为分析中贯穿始终。柏拉图认为专业化会增加生产的思想，给产业组织理论思想种下了一粒“种子”。亚当·斯密是经济学家中最早认识到产业组织核心研究问题的。但是，他在进行相关研究的时候，没有注意到对竞争与规模经济之间关系的研究，而这一空缺是由马歇尔填补的。后来，产业组织分析的实践模拟基础的产生，直接推动了产业组织理论向市场结构方向发展。

在长期发展演变过程中，西方产业组织理论相继形成了哈佛学派的SCP范式、芝加哥学派的产业组织理论、新产业组织理论和“后SCP”学派的新制度经济学理论等。其中，作为产业组织正统理论的SCP（市场结构—市场行为—市场绩效）范式是哈佛学派基于新古典价格理论，以实证研究为手段，从结构、行为和绩效来分析产业，并建立的一个系统的分析框架。根据哈佛学派的传统，这三个因素之间存在密切的单向因果关系：市场结构决定了公司的市场行为，而公司行为则产生市场绩效。按照这种范式，行业密集型公司倾向于通过提高价格获取垄断利润，从而造成技术进步受阻和资源分配效率低下等问题。因此，要获得理想的市场表现，就需要发挥公共政策调整的作用，改善不合理的市场结构，限制垄断力量发展，保持适当市场竞争。SCP范式构成了哈佛学派产业组织理论的主要内容。

在产业组织理论的中国化方面，20世纪90年代以前，中国产业经济学界还只有个别学者在对产业组织理论进行研究，并且这种研究主要在于对西方相关理论著作的引进和学习，或者是对运用产业组织理论来尝试研究国内的一些产业组织问题。例如1985年在《产业组织经济学》中，对西方产业组织理论进行了比较系统的介绍。1988年，我国第一部系统研究社会主义竞争和垄断的专著《竞争与垄断社会主义微观经济分析》出版。20世纪90年代以后，随着中国经济社会快速发展和变化，产业组织理论引起了很大关注，以它为中心的相关研究逐渐成为这一阶段产业经济学研究的主要内容。1991年，国内学者编著的针对国内读者的第一本系统介绍产业组织理论和国外产业组织状况的专著——《企业市场关系分析——产业组织理论及其应用》出版。21世纪以来，随着博弈论分析工具的引入，产业经济学的相关学者普遍、深入、具体地对企业竞争行为、竞争战略选择等领域开展研究。在反垄断问题方面，刘小玄（2003）把中国国有企业的行为放在不同市场框架下研究，发现在垄断竞争市场上，国有企业的目标行为以销售收入最大化为主要形式，在一般竞争市场上，则是以费用支出最小化为主要形式。而刘伟和黄桂田（2002）认为，各国金融资产配置方式不同，银行业的产业组织结构存在差异性，由大规模银行组成的相对集中的产业组织结构并不一定导致竞争程度的下降。

（二）产业组织的分类

以产业区别为标准来划分。产品直接来自大自然的部门称为第一产业，对初级产品进行再加工的部门称为第二产业，为生产和消费提供各种服务的部门称为第三产业。

第一产业：农业（包括种植业、林业、牧业和渔业）。

第二产业：工业（包括采掘业，制造业，电力、煤气、水的生产和供应业）和建筑业。

第三产业：除第一产业、第二产业以外的其他产业。由于第三产业包括的行业多、范围广，一般可分为四个层次：第一层次是流通部门，第二层次是为生产和生活服务的部门，第三层次是为提高科学文化水平和居民素质服务的部门，第四层次则是为社会公共需要服务的部门。我国在计算第三产业的国民生产总值时，不包括第四个层次，而在与国外做比较时，则包括第四个层次（罗肇鸿和王怀宁，1995）。

（三）产业组织的特点

（1）生产性。所谓生产性，就是通过产品生产的形式实现财富或创造价值。

（2）商品性。实现产品交换的价值获取是产业组织生产产品和提供劳务的最终目的。即产品生产不是为了自身消费，而是为了交换。

（3）求利性。所谓求利性，就是通过生产产品和提供劳务获得尽可能多的经济收益，以实现职工劳动的价值，并实现产业的发展。社会主义产业的求利性是正当的价值获取，它是实现社会再生产的根本要求。

（4）组织性。每个产业集合体的基本单元，都是有机组成的小集合，或者说是一个系统的子系统，因而才能形成某种产品的生产能力与一定规模，或者形成提供某种劳动服务的能力与一定规模。生产社会化的规模越大，社会化的程度越高，这种集合体的内部构成有机性就越强，组织越严密，其联系和制约就越复杂和强化。

（四）研究产业组织理论的作用

其作用包括：明确产业发展现状、制定科学合理的产业政策、维护产业发展及运行安全。

研究产业组织理论可以用来分析现实经济关系。产业组织理论有效考虑到传统价格理论所忽略的企业市场联系的问题，为有效分析实际关系提供了实用性工具。其中关于市场结构的理论，为人们提供了深刻、具体地了解垄断基本条件的机会，从而在产业组织政策的制定和作用发挥过程中真正明确结构调整的重要性。同时，产业组织理论是研究企业、行业（产业）、市场三者的组织形式及其相互关系变化规律的理论。因此它在对现实的经济关系进行正确的分析、揭示经济关系变化规律的时候，也为制定和实施产业组织政策及法律提供了直接依据。

（五）产业组织理论与产业集群的联系

产业集群是按照专业化协作与分工原则由不同规模等级的企业形成的企业系统，通过相互独立、相互竞争、相互合作演变成一种非正式的企业联盟型共生网络组织，同时具有完全竞争型与垄断型市场结构的特征，既不会使社会福利损失，又不失高效灵活特点，实现了两种不同类型的互补。由此，产业集群是一种特别的产业组织形式，所以产业组织理论是产业集群研究的理论基础，对产业集群的培育也就是不断优化产业组织结构的过程（刘琳，2018）。

四、产业政策理论

（一）理论综述

产业政策理论是产业政策制定、选择与实施的原则与依据，是一种经济理论。其中，产业结构政策理论是产业政策理论的核心部分，而产业政策理论的研究对象是产业资源的合理有效分配法则。产业政策理论是20世纪中后期新兴起的应用经济理论，市场失灵理论和能力理论是产业政策理论的主要理论依据。追本溯源，产业政策理论最早起源于19世纪的德国历史学派。1841年，德国历史学派代表人物弗里德里希·李斯特（Friedrich List）出版《政治经济学的国民体系》一书，系统地论述了包括“生产力理论”“工业优先理论”和“国家干预理论”三部分组成的经济发展观，并系统地提出了保护幼稚工业的贸易学说，主张国家用保护的方式，扶植有前途的幼稚工业成长。通过实施这种保护扶植政策，德国工业得以快速发展，最终实现了对英国、法国的赶超。日本是全世界范围内推行产业政策最为全面、效果也最为显著的国家。通过对日本产业政策的历史经验总结发现，产业政策的具体目标具有显著的时代特色，会在不同历史阶段依据内外部环境进行适应性调整，但政策实施的核心依然是促进经济持续增长和提升产业竞争力（王君，2016）。

中国产业政策这一术语的使用，开始于20世纪80年代后半期。1988年，产业政策司成立。1989年2月14日，国务院在颁布的《中国产业政策大纲》中提到了“产业政策”一词，这也是中国政府文件中首次使用“产业政策”一词。同年3月15日，国务院又做出《关于当前产业政策要点的决定》，这是我国第一个正式的产业政策。我国对它的表述是：它是国家干预或参与经济的一种形式，它是国家（政府）系统设计有关产业发展，特别是产业结构演变的政策目标和政策措施的总和（周绍朋和王健，1998）。黄兆银（2001）认为产业政策是指鼓励特定产业的国内干预，产业政策与贸易政策在某些部分有重叠和交叉。吕明元（2007）则从另一个视角把产业政策定义为政府提供的公共物品，产业政策的实施以市场经济为基本制度前提，通过间接引导企业的市场行为，弥补市场机制在某些领域存在的缺陷。王君（2016）认为产业政策是国家或政府为了实现某种经济发展目标和社会发展目标而制定的与产业发展相关的规划、法令和政策的总和。从本质上看，产业政策是一种政府行为，是一种非市场的经济手段，实施产业政策的理论依据是国家干预理论，对产业政策理论争论的焦点在于对国家和市场关系的不同认识。

（二）产业政策的分类

根据产业政策在市场调控中不同的职能取向，可以将产业政策划分为以下四种类型：产业结构政策、产业组织政策、产业布局政策、产业技术政策。

1. 产业结构政策

产业政策中的重要一部分就是产业结构政策，它包括了一国政府遵循产业结构演进规律、推动产业结构不断向协调化和高度化发展的一系列政策（张小筠和刘戒骄，2018）。优化产业结构，提高产业结构转换能力，从推动产业结构合乎规律的转换中求速度、求效益是产业结构政策的核心。

产业结构政策包括产业计划、经济立法、税收结构、预算分配结构以及价格政策、信贷政策在内的调节系统。科学的产业结构政策反映生产结构协调性及整体性发展规律，反映时间组合下生产结构有序发展的规律，反映生产结构的企业规模结构合理化发展规律。

2. 产业组织政策

产业组织政策即由政府制定的保证资源有效配置、保护公众利益、指导和干预企业行为和产业结构，以调整企业关系的公共政策，它是产业政策的组成部分。产业组织政策的主要内容有：（1）选择能使资源有效利用的产业组织形式，即根据规模经济的要求，促使相关企业采用合理组织形式，形成规模化生产，实现产业整体效益的提高；（2）选择资源配置合理化的产业组织形式，即选择一种能使资源在各个产业之间以及产业内部各企业之间进行合理分配的产业关系，消除产业间及产业内部各企业间的垄断关系，保持正常的竞争关系（中国社会科学院经济研究所，2005）。

3. 产业布局政策

产业布局是产业部门在特定区域的空间分布形态，即生产的具体位置、形式、规模、部门结构与地域组织（曹颖，2005）。产业布局政策是指一个国家为实现产业布局合理化，或是意图对产业布局现状进行调整和引导产业布局方向而制定并实施的一系列政策措施的总和。产业布局政策是产业政策体系的重要组成部分，科学合理的产业布局政策有利于促进国民经济发展、解决区域问题、优化资源配置和产业配置结构。

4. 产业技术政策

产业技术政策是指国家制定的用以引导、促进和干预产业技术进步的政策总和。它以产业技术进步为直接的政策目标，是保障产业技术适度和有效发展的重要手段，它是产业政策尤其是产业结构高度化政策的主要内容（刘诗白和邹广严，2000）。

产业技术政策的具体内容有产业技术进步的指导性政策、产业技术进步的组织政策、产业技术进步的激励政策。

（三）我国产业政策的特点

1. 产业政策目标的多重性

国家组织制定产业政策的主要目标包括实现预期的经济目标和社会目标

两个方面的内容。一方面是通过制定产业政策优化资源配置过程涉及的相关流程，使得资源配置更加科学合理，从而推动国民经济持续增长；另一方面，产业政策的制定有利于社会稳定，形成良好的社会环境，确保整个社会在政策的规范下协调稳定发展（卜伟等，2017）。

2. 产业政策体系的多层级性

中国产业政策在体系上是多层级的，中央政府及地方政府（在其辖域）均可制定、实施影响产业发展的相关政策。产业政策制定主体关系上的层级属性并不意味着产业政策一定统一。

3. 产业政策实施手段的多样性

产业政策的实质是政府通过一系列政策手段对产业活动的开展进行干预和调整，实现产业资源的优化配置。产业政策的主体是政府，政府实施产业政策的手段包括行政手段、财政手段和金融手段等。

（四）产业政策的作用

产业政策在巩固和发展宏观调控成果方面发挥了积极作用。产业政策能够反映国家和政府对于特定产业如何发展的意愿，是通过行政手段实现对市场机制及市场结构的作用影响与优化调整，它主要是通过市场机制进行有效的提前计划和组织。具体来说，产业政策的主要功能可以概括为以下几点。

1. 调控经济结构

通过政府的宏观管控规范产业政策结构、产业组织结构和产业区域布局结构，使得社会资源通过政府的作用能够合理分配到各个行业和地区等，充分发挥社会资源在行业和地区发展过程中的作用（龙莹丽，2017）。

2. 弥补市场失灵的缺陷，促进市场结构和市场机制的完善

单一地发挥市场作用可能会出现“市场失灵”的情况，而政府作为市场调控的有益补充，被认为负有弥补“市场失灵”缺陷的责任，而这也成为产业政

策制定的逻辑起点。由于不完全竞争、外部性、公共物品及信息不对称等因素的存在，导致资源配置难以达到最优状态，而由此形成的垄断、不公平竞争、基础设施投资不足、环境污染和资源浪费等问题的发生和蔓延仅凭市场机制无法避免。故当市场这只“看不见的手”失灵的时候就需要政府这只“看得见的手”来矫正，而产业政策就是政府调控作用发挥，从而有效弥补市场失灵的一种有效手段和方法。故产业政策的制定和实施有利于维护市场的稳定运行。

3. 保护和促进民族工业、新兴工业的发展，增强产业的国际竞争力

世界多国的经济发展经验已证实：对民族工业与新兴产业有利的产业政策，可为国内相关企业发展创造充足的时间与空间，可在一定程度上为国内企业产品竞争力提供加持。

4. 调节供给

为了转变产业结构，合理调整各产业之间的相互关系，有必要利用产业政策促进某些产业的发展，限制某些产业的发展。产业政策最终不仅能使供给总量满足要求，还能使供给结构更加合理化，以实现有效的均衡，即供给和需求在总量和结构上的均衡。

5. 促进产业结构技术水平的提高

通过制定并发布有利政策为企业技术进步提供基础保障，支持新兴产业的发展进步与壮大，鼓励新兴技术的研发、完善与商业化应用。洞察世界技术发展的未来方向，力争成为尖端前沿技术发展的重要引领者与带动者，推动我国产业结构和技术水平不断提高。

（五）产业政策理论与产业集群的联系

总的来讲，产业集群的形成和发展会受到产业政策的影响，更准确地说是受到产业集群政策的影响。政府部门作为引导产业集群发展的主体，在集群发展过程中发挥着举足轻重的作用。而政府影响产业集群发展的方式和手段之一

就是制定与产业集群相关的政策措施。面向集群内产业的特定需要提供相应帮助的政策称为产业集群政策，Doeringer和Terkla（1995）认为产业集群政策是在传统产业政策的基础上，结合产业集聚情况进行了补充和拓展的政策。产业集群政策对整个产业集群内不同层次的全部参与主体均会产生影响。同时，产业集群政策的制定和实施将有利于促进全产业集群范围内参与主体间相互合作环境的营造和优化，同时也有利于提高产业链上游和下游间大型、中型、小型企业的生产效率、创新能力和企业竞争力。

五、外部性理论

（一）理论综述

1890年，马歇尔在其发表的著作《经济学原理》中首次提出了“外部经济”概念，成为外部性概念的起源。庇古首次用现代经济学的方法从福利经济学角度系统地研究了外部性问题，在马歇尔提出的“外部经济”概念基础上扩充了“外部不经济”的概念和内容，提出了通过征税和补贴实现外部效应内部化的庇古税。科斯在对庇古税进行批判的过程中形成了自己的理论，称为“科斯定理”，它是外部性理论研究上的重要成果，环境保护领域中的排污权交易制度是其重要应用之一。政府行为外部性概念的首次明确提出是在美国经济学家罗纳德·迈金和瑞士学者杰奎里尼·布朗尼1975年发表的《政府与非营利部门的外部性》一文中，且文章还得出了市场失灵在市场部门和非市场部门同样存在的结论。政府外部性理论是外部性理论发展的四大里程碑之一。虽然外部性理论从产生开始就一直受到质疑，但它还是被广泛应用于经济学、法学等领域。佟健（2005）深入研究了具有呼叫外部性情况下的电信均衡价格。

俞海山和周亚越（2007）结合实际重点研究了消费外部性问题。刘刚和梁晗（2019）基于外部性理论来研究营商环境的优化，认为优化营商环境的本质在于消除外部不经济，强化并持续提升外部经济，降低企业综合交易成本。武汉大学的张百灵（2011）博士利用正外部性理论研究了我国环境法的发展。

（二）外部性的分类

1. 按影响方向划分

正的外部性（又称外部经济）：外部经济意味着在经济活动的影响下，社会获得比私人更高的回报。即这项经济活动产生了良好的影响并使其他经济体从中获得了一定福利，但是行为人并没有从受益者那里获得相对应的回报。例如植树造林可以改善当地的生态环境，使当地居民和农作物生长等得到一定的收益；又如某中餐店附近有一游乐场开业，由于游客增加，中餐店的生意兴隆，即游乐场开业后，中餐店就有了外部经济。

负的外部性（又称外部不经济）：外部不经济意味着在经济活动的影响下，社会成本大于私人成本。即某项经济活动产生了不利影响并使其他事物或群体从中受到了危害，而行为人并没有因此而付出相应的代价作为补偿。例如，饮料公司在河流下游建造饮料工厂并使用河水作为原料，一家化工厂建在了该河流的上游，河流被化工厂排放的污水所污染；在这种情况下，由于河水被污染，下游饮料厂就必须对污水进行处理，因此需要额外增加一大笔成本，同时河水的污染还可能影响饮料的质量。这样，下游的饮料厂就受到了上游化工厂所产生的负的外部性的影响。

2. 按产生领域分

生产的外部性：生产的外部性主要是指生产者在进行生产活动的过程中产生的对于其他相关主体的影响。根据外部性的好坏可以将生产外部性进一步细分，即生产的正外部性和负外部性。

消费的外部性：消费的外部性主要是指经济主体在进行消费过程中对外部的利益相关体产生的外部性。同时根据消费的外部性所产生的影响可以进一步将消费外部性划分为消费的正外部性和消费的负外部性。一个消费者的经济行为对社会其他经济主体产生了有利影响而没有得到相应回报，这个消费者就产生了消费的正外部性；消费者的经济行为在不支付相应价格的情况下对其他经济实体产生了不利影响，这种消费者就具有消费的负外部性（陶萍和齐中英，2012）。

3. 按有无产权分

公共外部性：公共外部性不会随着外部条件的改变而改变，而且具有公共产品的两条重要性质，即供给的普遍性和消费的非排他性。受害者或受益者是指在一定范围内的群体，且受害者或受益者的增加，并不会对其他人承受的外部性产生影响（董蓓蓓，2017）。

私人外部性：私人外部性更加容易受到受害者或受益者的影响而发生改变，因此私人外部性相比公共外部性拥有更加明确的受害者或受益者。

4. 按影响途径划分

货币外部性：货币外部性是由市场机制和价格变动的相互依赖性引起的。当企业的利润不仅取决于其自身的活动，还取决于其他企业的活动时，就会出现货币外部性。

技术外部性：技术外部性是由生产者之间直接的、非市场的相互依赖关系产生的。巴塞尔将其定义为由于“公共领域”中的产权约束所引起的高交易成本和收入的不确定性。

（三）外部性的特点

1. 外部性独立于市场机制之外

在市场经济体系日常运行机制中，经济活动的外在现象不会被市场和经济主体所察觉，这是因为外部性与市场运行机制没有必然的关系。市场机制的基本特征是，一旦某一经济主体的活动使其他经济主体的收益发生了增加或减少的变化，这一经济主体就需要通过价格的形式向被影响的经济主体索要或者支付货币。但是，外部性一旦产生，就不会有表现为价格形式的货币支付。

2. 外部性是在决策范围之外产生的，且具有伴随性

外部性应该是有意或无意的条件下的伴随效应，而不是计划的影响。换句话说，外部影响与经济活动有关，是经济活动的“附件”。故意伴随效应主要是指经济实体不关心其经济行为可能产生的外部影响，为最大化其自身利益，故意做违反其他经济主体利益的事情。无意的伴随效应，主要是指外部效应的产生者在造成外部效应的过程中，并没有有意地做会产生这些外部效应的事情但是却产生了外部效应。

3. 外部性与受害者之间存在关系

关联性的特征是指产生外部效应的主体会关联着接受外部效应的主体，两者之间存在或多或少的联系。而外部效应的实现不仅与产生外部效应的主体有关，还与接受外部效应的主体也有着密不可分的关系。更加重要的是在宏观层面上，产生外部效应的主体在进行经济活动时所产生的成本和接受外部效应的受主从产生外部效应的主体获得的收入存在着对应的关系。同时专家通过研究还发现外部效应接受主体所获得的收入对应于外部效应主体产生的成本，外部效应影响的主体和接受的主体之间的关系是影响和被影响的关系。

4. 外部性具有某种强制性

外部性的被影响者不是自愿接受外部性这种溢出效应的，而是被产生这种影响的主体强制性附加的。例如，某地居民因为强制性地遭受附近某工厂因尾气排放所造成的恶劣环境的影响，呼吸有害空气而影响了身体健康。

5. 外部性的不可赔付性

外部性的不可赔付性这一特征是指外部效应很难甚至无法归咎到具体个人，特别是受害者所受到的损害是不能追究到产生这种影响的根源所在，更不

用说要求赔偿损失了。此特征追根究底是因为一般条件下的非市场性和特定条件下的市场性。在一般条件的非市场性下，因为所有的受害者之间是独立分散的，彼此之间没有联系，所以难以形成赔付或追索的市场交易。

（四）外部性产生的后果：低效的资源配置

外部性的存在造成社会生产难以处于最有效的状态，使市场经济体制优化资源配置的基本功能不能很好地实现。

外部性衡量指的是社会成本或收益与私人成本或收益之间的差异。

边际外部效益：MEB=MSB–MPB。

市场经济活动中存在外部经济。研究发现社会成本所产生的边际社会效益（MSB）明显高于边际私人利益（MPB），而通过计算可以发现两者之间存在的差值正好等于边际外部效益（MEB）。以植树为例分析：边际私人效益（MPB）和边际成本（MC）的大小决定投资人是否投资种树这项经济活动，若投资人投资该活动，投资植树决策的有效植树量（Q）（图1–5）主要是由边际社会效益（MSB）与边际成本（MC）曲线的交点决定，交点的横坐标即为有效种树量。当边际社会效益与边际成本相等时，根据边际私人收益（MPB）和边际成本（MC）两条直线所最终确定的私人植树量小于有效植树量（Q）。如果

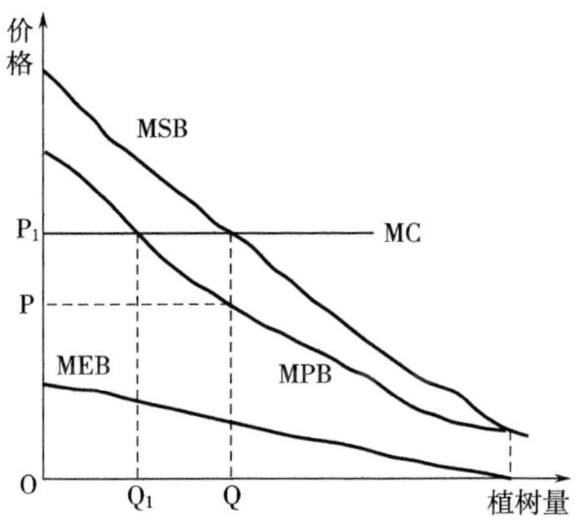

图1–5 外部经济性投资植树决策

要求投资者增加植树量至有效植树量（Q），就必须降低植树成本至MC=P，否则投资者出于利润最大化原则，不会提高植树量。因此，通过实证研究表明如果在市场经济活动中不能为外部经济提供足够的补偿，那么就有可能导致资源配置效率大幅降低的现象。

（五）外部性的解决对策

通过对处于自由竞争条件下的市场经济发展过程的研究发现，市场无论在任何竞争性条件下都无法达到帕累托最优状态。同时研究还发现当负外部性所产生的不利影响严重到一定程度时，就会对经济增长产生严重的阻碍作用，并且这种阻碍既难以用社会准则来约束，又不能依靠市场来矫正，要解决这个问题，必须依靠市场经济中除开市场以外的政府宏观调控力量（王晓辉和王洪，2012）。总的来看，政府将外部性问题“内部化”的可行性对策有以下几点。

首先，政府可以根据经济主体造成的负外部性的影响大小对造成负外部性的经济主体实行相应的经济罚款，减轻负外部性的影响，积极推动负外部性朝着积极的方向转化。

其次，政府可以使用监管手段进行行政干预。如政府可以采取强硬的措施限制某些企业排放污染物的数量及种类（张俊，2018）。

最后，政府通过建立法律秩序实现外部性的内化。

（六）外部性理论与产业集群的联系

在各个产业集聚的地区，这些产业的企业分布相对集中。如果将区域内的企业割裂开来，会发现产业集群内的大部分单个企业规模也许并不大，但企业之间由于进行了科学合理的分工协作，使得该区域内的生产效率相比其他未进行分工协作的区域更高，产品源源不断地流向企业集群区域外的市场，因此属于一个产业集群的企业能够获得外部规模经济效应，也叫正的外部性。这种正的外部性也正是促使产业集群形成的一个重要原因。而正的外部性是外部性按照影响方向不同所作分类的其中一种，因而外部性理论与产业集群的形成息息相关。

在相关理论部分，笔者对产业组织理论、产业集群理论、产业政策理论及外部性理论进行了分析和总结，具体内容包括概念、主要理论观点、分类、特征及其作用。通过对这些相关理论的分析、梳理和总结，以及对它们与本书主题之间的关系的梳理，可以让读者明晰什么是产业集群、产业集群形成的原因、作用及理论支撑。在深刻把握了相关概念及其理论基础之后，将更容易深入理解下一阶段的内容。

第四节　研究思路

笔者重点针对四川省新能源产业集群化发展的路径、模式和核心竞争力进行研究，根据研究的主题确定以下几个方面的研究内容：一是通过对四川省当下新能源产业集群化发展的现状进行研究，结合产业集群化发展的相关理论探讨四川省新能源产业在未来集群化发展可能采取的发展模式；二是通过研究其他新能源产业集群化发展的特点，结合四川省发展新能源产业的天然优势和产业特点对四川省新能源产业集群发展的核心竞争力进行分析；三是对当下的市场环境和政策环境进行分析，最终为四川省新能源产业集群发展路径的选择提供指导性意见。

对四川省的新能源产业进行研究，首先需要做的是了解四川省新能源产业的发展现状，例如四川省当前的特色新能源产业，如风电产业、太阳能产业、生物质能产业、新能源汽车产业等。在对四川省新能源产业历史、发展现状、未来前景和产业特点进行深入了解和熟悉基本情况之后，进一步分析新能源产业集群化发展的基础性理论和集群机制等，重点针对新能源产业集群发展的竞争力进行研究分析。最后通过对产业集群品牌竞争力评价模型的研究，构建科学适用的四川省新能源产业集群指标体系，根据四川省新能源产业集群目前的定位、将来的发展目标与发展重点，对新能源产业集群处于形成时期、发展时期及稳定时期时，提出各个时期的发展建议与发展期望。

第五节　研究方法

一、微观分析与宏观分析相结合

在对新能源产业这个产业整体进行研究之前，需要运用微观分析方法，对它内部各个微观经济主体的特点进行了解，才能实现对新能源产业的全面有效分析和研究。同时，又要运用宏观分析方法，将新能源产业置于整个产业的宏观大背景下进行系统分析，才能对新能源产业在宏观经济中所充当的角色进行精准定位，并对其进行有效的研究。因此，要想充分了解新能源产业发展变化的规律并对其进行可靠的研究，就必须在研究过程中将宏观分析与微观分析有效地结合起来（哈尔·R. 范里安，2018）。

二、静态分析与动态分析相结合

对中国新能源产业和四川省新能源产业采取的分析方法以静态分析为主，然后通过对两者之间的共同点和差异点进行比较分析，有助于更好地了解四川省新能源产业的优势和不足，从而根据四川省新能源产业的特点对预先的发展规划进行调整，推动四川省新能源产业向着更广阔的发展方向发展。同时，新能源产业集群的发展不是一个静态的过程，而是始终处于不断的改革和变革中。因此，在研究新能源产业集群化发展的变化规律过程中，要想揭示事物发展的规律，就需要运用动态分析的方法（黄利秀和张华忠，2018）。

三、实证分析与规范分析相结合

在产业经济学研究中，由于产业与实体经济之间存在着不可分割的联系，实证分析是研究问题的主要方法之一（闫二旺，2017）。实证分析是对所要研究的问题进行描述，通过建立合适的经济学模型进行分析得到结论，并对得到的结论进行解释的方法。笔者在对产业集群发展可能涉及的产业集群的模型进行对比与分析之后，最终选择了基于熵权—TOPSIS法的新能源产业集群发展模型作为本书研究与写作的基础。此外，在实证分析后，笔者对新能源产业集群化发展的过程进行了理论分析，对其模式的选择进行了评价分析，对模式的适用性进行了判断，最后根据分析的结果提出了可行性的对策与建议。

第二章
我国新能源产业整体发展现状及趋势

近年来，中国对新能源产业的发展越来越重视。据数据显示，我国目前可再生能源装机量和消费量均位列世界前列，可再生能源技术装备水平也有了显著提升，所需关键零部件基本实现国产化，相关新增专利数量居于世界前列，相关产业成为多省战略性新兴支柱产业，并构建了具有国际先进水平的完整产业链。经过多年的发展进步，如今中国已成为世界第一大风电机和光伏设备生产国，产业国际竞争力大幅度提升。

第一节　新能源产业发展历程回顾

中国新能源产业经过70年的发展，开发建设规模不断迈上新台阶，科技创新和技术进步成效显著，产业经济性及行业竞争力显著提升，生态环保和社会效益突出。特别是改革开放40年来，为减轻大气污染和减少温室气体排放做出了巨大贡献，已成为世界上最大的新能源装备制造和利用大国。能源发展的清洁化、低碳化已经成为全球共识，而新能源产业面临着复杂多样的国内外政治形势和经济形势。作为重要的新能源国家，中国需要明确未来能源转型的方向，牢牢把握新能源产业的核心环节，加快颠覆性技术的研发应用，引领世界新能源开发及能源转型。

早在1950年，我国就为解决能源供应不足而开始了新的能源开发，例如小型水力发电、沼气池、太阳能炊具、风力泵、中低温地热利用和小型潮汐发电站。但是，由于这些技术在当时都还不够成熟，难以满足大规模开发的要求。且在能源供应不足的情况下，“现场材料”的小规模和零散利用也远远不能达到目标。因此，就新能源行业而言，它们未能被包括在商业能源的统计中。1990—2010年，新能源开始真正发展起来，终端能源消费比重从1991年0.01%迅速增加至2010年1.62%。2010年以后，新能源进入了高速增长期，尤其是以太阳能发电、风力发电为代表的新能源发电装机出现爆发式增长，2018年两者装机比重在全部电力装机中占比达到了18.89%。

我国新能源产业大致经历了四个阶段，分别是初探时期（1995—2000年）、调稳时期（2001—2005年）、发展时期（2006—2010年）、成长时期（2011年至今）。新能源产业的飞速发展离不开国家能源政策的支持，能源政策已成为进一步优化国家能源消费结构的基本计划，在新能源政策的促进下，新能源产业逐步进入正道，本节将结合能源政策时间轴，阐述新能源产业发展历程。

一、新能源产业的初探时期

我们国家地大物博，人口数量庞大，20世纪90年代前期，我国的煤炭探明蕴藏量为人均147吨，占据全球各国煤储存量平均水平的41.4%，我国已探明石油蕴藏量为人均2.9吨，占据全球石油存有量平均水平的11%，同样其他资源的人均水平都远远落后于全球的平均状态。同时，为了缓解能源供应问题，促进新能源和重复产生能源的发展，中国政府于1995年1月提出《1996—2010年新能源和可再生能源发展纲要》，标志着新能源产业政策的引导逐步进入正道，但是仍然处于探索时期，颁发的政策法规几乎都比较概括，新能源产业没有具体的长期增长计划（余梦荻，2017）。1995—2000年国家颁布新能源产业的重要政策，在政府政策方针的引导下，1997年我国的人均用电量（900千瓦·时）

比全球的平均标准的1/2还少。在这段时间里，国家在新能源产业的发展政策没有提出具体的成长计划，直到2000年以后开始以具体数据来分析新能源产业的成长，逐渐规范新能源企业成立标准，加快推动新能源行业的进步（陶银海，2019）。

在新能源产业发展的初期，风电技术得到广泛的应用。由于新能源发电成本的限制，在很长的时间内新能源仅在十分有限的范围内开展应用，但是，风电技术在这一阶段的应用明显快于太阳能光伏产业，主要是由于风电技术历史更为悠久，技术积累较太阳能光伏发电更为成熟。因此，尽管风电的能源密度较低，对资源禀赋的要求更为苛刻，但是由于技术门槛低，在新能源的诸多类别中率先得到应用。

二、新能源产业的调稳时期

“十五”时期（2001—2005年），国家所颁布的关于新能源产业的政策法规侧重于如何加速发展风电产业，这五年里关于新能源产业发展的相关政策，其中将近一半的国家政策是针对风能电力产业的发展。2001年，世界风电新增装机容量为6824兆瓦（即682.4万千瓦·时）；中国风电总装机容量累计为410兆瓦（即41万千瓦·时），居全球第九位，占比6%。2005年，我国内地风轮、发电机总共达到1864台，总装机容量达到1226兆瓦（即126.6万千瓦·时），建设62个风电场。2005年颁布的《中华人民共和国可再生能源法》对新能源产业发展来说有重大意义，同年又颁布了关于新能源产业发展政策四项，使得在“十五”期间我国的可再生能源的发电总量增加到了3973.305亿千瓦·时（王士轩，2019）。

同时，太阳能发电技术也取得了长足的进步，特别是太阳能光伏发电效率的提升使得太阳能光伏在电力行业的应用得以大规模开展。在此期间前后，我国开展了一系列项目，如“西藏无电县投资”“中国光明工程”“西藏阿里光电计划”等推动太阳能光伏发电的应用，得益于需求的拉动和技术的进步，太阳能光伏相关产业在中国发展起步。

三、新能源产业的发展时期

“十一五”期间，也是新能源产业发展时期，我国大力推动《中华人民共和国可再生能源法》，使开发重复产生能源方面的技术得到快速进步，行业整体规模不断增大，在培养重复产生能源市场及产业系统方面取得了初阶成果，针对我国新能源产业中太阳能行业发展也提出了许多发展的政策条例，力争促进太阳能行业的发展，虽然太阳能发电水准仍然不高，但新能源的应用获取电力得到了明显进步。据我国能源局公开数据，在2008年末我国的风能电站总量为215.3万千瓦，在全球排名第五，水力发电的电站总量为1.75亿千瓦，在全球排名第一，我国的光伏电池产量也连续两年位于全球第一的位置，对于其他的可再生能源同样不断发展中，逐步替代传统能源的应用（余梦荻，2017）。

这一阶段也是我国新能源技术发展转变的时期，主要表现为国内新能源产业技术经过长期的引进、消化、吸收后产业自主化水平快速提高；国家和企业的研发投入增加，具有自主知识产权的产品不断增强，专利数量激增。政府的高额补贴在这一阶段促成了国内大型光伏电站的迅猛增长。在“金太阳工程项目”50%初始投资补贴的刺激下，大型光伏发电站和分散式光伏发电站得以共同发展。在市场需求方面集中表现为中国太阳能光伏总装机容量的发展。据统计，2005年中国新增光伏装机量仅有5兆瓦，仅占当年全球新增装机容量0.36%，累计装机容量仅为70兆瓦，不足当年全球累计装机容量的1.35%。2009年，中国光伏太阳能累计装机容量达到874兆瓦，四年的时间里实现总装机容量十倍以上的增长。同时，海外市场在这一阶段成为中国新能源产业主要的市场，据统计，2005年中国光伏太阳能组件主要呈现两头在外的格局，海外市场占中国新能源产业市场的95%以上，在国内市场上，由于风电技术更为成熟，风电仍然是新能源产业的第一大类别。

四、新能源产业的成长时期

新能源产业成长时期可以分为两个阶段。第一阶段为2011—2015年新能源产业发展逐步规范，关于新能源的政策主要集中在以下方面：推进可再生能源建筑应用、鼓励进口技术、引导民间资本进一步扩大能源领域的投资、能源发展规划、健康发展意见、清洁能源的发展、国际合作。这五年里，在政府政策的引导和扶持下，主要完成了以下任务：规范市场，促进大型高效太阳能热利用产业的发展；建立太阳能电池生产系统和应用系统，以降低产品成本；促进风电并网商业化，加快国产化进程；继续推广普及离网风力发电技术应用；积极推广地热采暖和地热发电技术；促进大中型沼气工程建设，发展材料和能源设备的高效利用；促进新技术产业化发展。

第二阶段为2016年至今的新能源的普及应用，新能源汽车得到大力发展。当前的空气环境受到严重污染，生态环境受到影响，治理雾霾和保护环境是当前最棘手的问题，目前需要保护环境，支持新能源，引入能源革命，这给新能源产业的发展提供了巨大的挑战和机会。2019年，我国的太阳能发电和风力发电规模均在全球排名第一，未来，我国新能源发展的目标是在保持规模第一的基础上，在核心技术设备方面上力争占据国际主导地位。时任国家能源局新能源和可再生能源司副司长梁志鹏表示，我国的新能源行业经过了起步、成长阶段，目前正处于逐步走强时期，在“十三五”规划时期，新能源的成长目标是期望从规模效益转型升级到质量效益上。

第二节　新能源产业发展支撑

一、新能源产业发展基础

最近几年，新能源市场逐步打开，许多企业对新能源产品的推行使用及主导技术的研发都取得了一定的进步。风能和太阳能发电等相关行业发展迅速，新能源的利用已经从最初简单的开发深入到产业化的发展，迈向产业集聚、产业链条化发展方向的新征程，增加就业岗位、促进经济增长，世界上每个国家都在强调新能源的开发和利用，新能源产业正面临着非常好的增长机遇，当前基础条件的支持将推动新能源产业的进步。

（一）产业基础

随着人们生活水平的提高，人们对生活质量的要求也提高了，新能源优势逐步凸显出来。从市场角度来看，自“十二五”以来我国逐渐成为新能源的主要目标市场，中国市场占据了一大半，占比达到61%，其他国家也开始瞄准中国存在巨大发展潜力的新能源应用市场。从政策角度来看，为推进“十三五”能源规划顺利实施，近五年来国家对新能源的政策提案数量大幅上升，从2005年“两会”时只有少数人关注，到2019年“两会”时有十多位代表争先提出建议。从今年的“两会”提案中也可以看出对新能源车的普及转变为对新能源车的规范及加快新能源利用的基础设施建设。国家能源局研究制定了《2018年能源工作指导意见》，统一电动汽车充电设施标准，优化电动汽车充电设施的建设布局，建立适度先进、智能高效的电动汽车充电基础设施体系。同年，国务院发布《打赢蓝天保卫战三年行动计划》，提倡加强新能源的应用。从多年的发展基础来看，我国诸多地区已经对新能源进行了开发和利用，新能源的相关研究已经成为能源型高等学校的热点研究问题之一，我国在新能源的开发应用上开始较早，生物质能、太阳能等其他新能源的使用技术已经走向熟练的阶段，如新疆、河北、长春、吉林等地区都已经开发了新能源项目，且得到的响应和呼声很大。

（二）资源基础

我国新能源中的生物质能、风能和太阳能具有一定的优势。在生物质能方面，我国属于农业大国，每年都会生产巨大的秸秆废物，其中超过三分之二的玉米秸秆可以作为生物质能来开发和使用。在风能方面，我国拥有风能资源丰富的“三北地区”（东北、华北、西北），中国的风能资源在世界范围排名第三，资源量紧跟在美国、俄罗斯之后。从空间结构来看，青藏高原北部、河北北部、辽东半岛北部、东南沿海及附近岛屿、内蒙古北部、新疆北部、黑龙江北部和吉林省东部有丰富的风能资源。在太阳能方面，我国西藏西部地区太阳能资源最丰富，最高可达2333千瓦·时/平方米（日辐射6.4千瓦·时/平方米），在全球排名第二，紧追撒哈拉大沙漠。从经纬度的角度来说，我国位于亚热带和北温带，从大兴安岭西麓的内蒙古东北部开始，向南穿过北京西北，西至兰州南部，南至昆明，最后到横断山脉西藏南部，拥有丰富的太阳能资源（孙勇等，2008）。

（三）技术基础

我国新能源技术进步主要体现在以下三个方面：第一，重点高校和科研机构越发注重原创技术研发。我国高等学校及相关科研机构在新能源原料和开发技术上具有一定的专业基础，其中新型光电子设备及其应用技术、高性能特种高分子材料等领域明确了七个重点专项技术，新能源产业中顶尖专业学者、科学队伍都汇聚在此。第二，新能源产业技术中原创专利申请量增幅巨大。据调查，2006年开始我国新能源产业专利申请量呈现快速的增长趋势，直至2008年后超越日本成为年申请总量第一的国家，截至2019年全球及中国专利公开的数据信息显示，全球新能源总申请量1734849项，我国新能源总申请量423134项，占比24%。第三，新能源产业技术先进科学。目前我国新型能源技术主要体现在核聚变技术、生物质能技术、海洋能源的开发、太阳能源的开发、未来月球能源的开发等，以一种更为先进、无污染的方式来利用能源。

二、新能源产业发展优势

（一）国家重点关注，政策指导性强

随着新一轮科技革命和产业变革的蓬勃发展，有效把握时机，发挥我国制度优势，合理制定产业政策，实现技术创新到经济发展的商业转化，有利于缓解新冠肺炎疫情对经济发展造成的巨大冲击，实现稳增长、稳就业，也有利于激发我国经济增长的新引擎、新动力，有利于科技强国建设。

大力发展新能源，走低碳化经济发展道路，是我国调整产业与经济结构、促进经济社会可持续发展的一个战略重点。新能源产业不仅是缓解我国能源危机、确保能源安全和生态安全的战略性产业，还将成为我国实现经济转型和可持续发展的支柱性产业。基于此，在我国新能源产业发展规划中，政府首先确立新能源在能源结构中的战略中心地位。《新能源产业振兴和发展规划》被业界奉为“国家新能源发展战略”，贯穿“十二五”和“十三五”发展时期，引导新能源项目有序发展。早在2014年，国家有关部门就下发了对新能源汽车推广应用进行财政支持征求意见的通知，随后国家连续发布多项关于新能源的政策。2016年发布了30项关于新能源汽车的国家政策，涉及推广政策、行业规范政策、充电基础设施政策、行业规范相关管理、企业目录相关政策五个方面。2017年国家出台的32项新能源汽车相关政策，涉及宏观、补贴、基础设施、安全管理、技术研发、智能网联等诸多方面。2018年，国家出台了18项新能源产

业重大政策，涉及新能源应用、回收、工作指导、新丁计划、财政补贴、绿色配送等多方面。2019年国家能源主管部门密集颁布了多项鼓励新能源平价上网的政策措施，随着这些政策措施的陆续出台，我国新能源高质量发展的目标引导、消纳保障、建设管理和上网电价等方面的政策机制逐步完善，风电和光伏发电发展开始从标杆电价阶段过渡到平价阶段和竞价阶段，同时，市场在资源配置中也将发挥越来越重要的作用。

（二）新能源资源丰富，发展市场广阔

我国西北地区地形平坦、植被稀疏，地形阻挡作用小；靠近冬季风源地，冬季风势力强劲；东南沿海地区濒临太平洋且地形屏障作用小，夏季风势力强劲，这两个地区都具有丰富的风能资源。青藏高原海拔高，空气稀薄，大气对太阳辐射的削弱作用较小，到达地面的太阳辐射多，且纬度较低，白昼时间长，晴天多，降水少，太阳能资源丰富。黄河、长江和珠江，三大河流中上游地区降水相对较充足，河流流量大，且大多位于地势阶梯交界处，地势起伏大，河流落差大，水能资源丰富。

此外，我国是人口大国，能源需求巨大，能源消耗快速，同时对生态环境造成严重威胁，面临促进经济增长和应对气候变化的双重任务，因此发展新能源是保障国家能源安全的重要措施，发展新能源已成为大势所趋。根据《能源生产和消费革命战略（2016—2030）》与党的十九大报告要求，“十四五”期间我国可再生能源、天然气和核能利用将持续增长，高碳化石能源利用将大幅减少，新能源市场潜力巨大，发展前景广阔。截至2017年底，我国风电累计装机容量达到1.88亿千瓦，在全球市场中的占比达到35%；光伏发电累计装机容量达到1.3亿千瓦，增速高达54%；水电累计装机容量突破3亿千瓦，在全球市场中的占比达到27%。我国清洁可再生能源装机容量持续扩大，发展态势良好，有利于我国能源结构的调整。

（三）面临新的发展机遇，巩固新能源产业发展基础

根据《2017中国可再生能源发展报告》显示，世界能源发展的清洁化、低碳化趋势明显。到2017年全球可再生资能源消费占比达到10.4%，中国的可再生能源消费占比达到11.7%，高于全球可再生能源发展的水平，且未来很长一段时间，这个比重仍将持续增大。与过去能源消耗过程中日益明显的资源枯竭和环境污染相比，新能源产业具有储量大、再生潜力大、环境保护优良等优点。由于它是解决人类能源需求的唯一途径，同时新能源产业与高科技产业密切相关，对于未来的经济发展，新能源产业是具有强大生命力的产业，具有较大的发展空间和广阔的前景未来。迫切需要发挥强大的推动作用，抓住战略规划，加快新能源产业的成长。

三、新能源产业发展融资

（一）新能源融资现状

数据显示，2003—2019年，中国新能源投资金额和投资数量呈上升趋势。其中，2017年中国新能源投资数量最多，达39笔。2019年投资金额最高，达1248528.5亿元。图2–1可见我国对新能源的融资总体趋势是逐渐增加。

2003—2019年，我国对新型能源相关项目投资情况如图2–1所示，我国为全面落实政府部门推出的相关政策，继续为新能源产业的发展和进步提供财政援助。2014—2018年，我国对清洁能源及技术行业的投资情况如图2–2所示，可以看出，在过去17年中，环保和节能减排技术的投资数量一直保持在较高水平；其中清洁能源是新能源产业的代表性工程，获得了较好的资金支持。

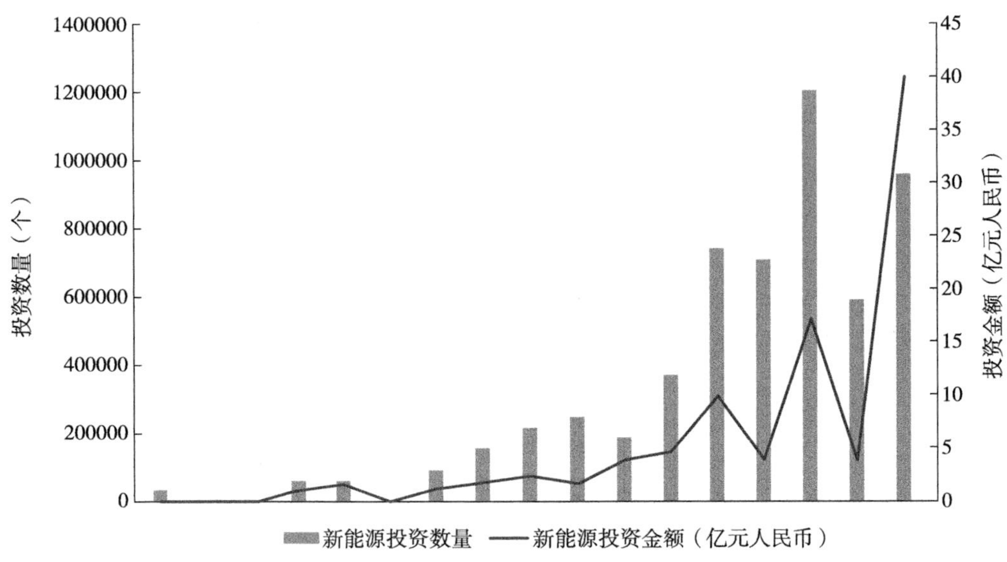

图2-1　2003—2019年中国新能源投资金额（单位：亿元人民币）和数量

数据来源：艾媒数据中心（data.iimedia.cn）

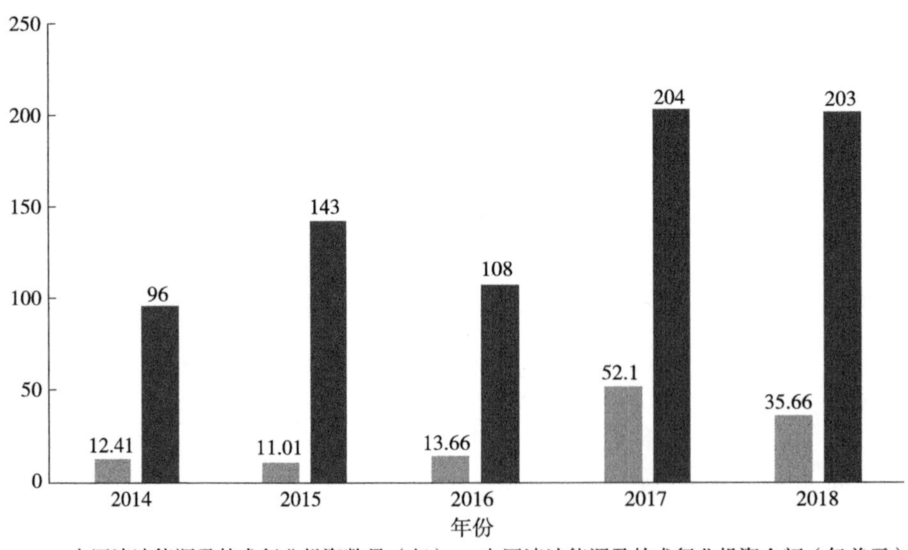

图2-2　2014—2018年中国新能源投资金额和数量

资料来源：中国产业信息网

（二）新能源融资方式

目前，我国有很多种新能源产业上的融资方式，依据不同规模大小的能源公司，融资方式有银行贷款、政府资助、债券融资、股票融资及部分风险资本。随着时代的发展，我国新能源产业的融资方式发生了多样化的变化，但是我国的新能源产业的发展正处于起步时期，在多方面的影响下，新能源产业的发展也面临着一些融资问题。

我国在新能源上的基金主要用于促进新能源开发利用技术上的研发，为新能源项目的发展建设提供运营支持，并为推动企业的发展前景进而募集。相比于其他的新型产业，新能源产业的融资形式也是以私募股权基金的融资方式为主。2005年以来，新能源产业的发展经过了“白手起家”的过程，对新能源产业发展提供多层次的资本支持市场也正在逐步地完善，从最近十年的发展来看，我国新能源不管是自身发展还是融资方式都有了迅速的发展。

新能源技术需要稳定、有效和多元化形式的投融资渠道，并通过优先投资和融资政策来减少成本，虽然运营成本相对来说较低，但初期投资高。在新能源行业的发展过程中，必须强调上层、中层、下层的统一规划，将财税政策、金融政策和投资政策联系起来，结合政府推动和发展新能源产业的金融融资，通过政策的方式来唤起发展的协调作用，共同创造新能源发展质的飞跃。

当前来看，我国的水力发电的技术逐渐趋于高端，技术进展水平相对来说比较稳定，所面临的风险小，投融资的渠道相对来说比较宽广。其他可再生能源发电技术仍处于起步阶段，为实现跨越式发展，对于新能源的投融资来说，政府资助和开发型金融会处于主导的地位。

我国的新能源产业的基金融资仍然处于上升发展时期，另外，在管理、组织、技术、策略和募集方式等方面的发展状况相比于其他发达的国家来说，具有很大的发展空间和前景。

第三节　新能源产业发展现状

一、风电产业状况

（一）装机容量

一直以来，风电是我国发展可再生能源的重要领域之一，随着世界各国对环境问题认识的不断深入，以及可再生能源综合利用技术的不断提升，近年来全球风力发电行业高速发展，预计到2023年，全球每年陆上和海上风电新增装机将超过55吉瓦。据全球风能理事会（GWEC）发布第14期《2018全球风电发展报告》，报告指出2018年是风电行业坚实发展的一年，全球风能产业新增装机容量为51.3吉瓦，比2017年略有下降（–4.0%），总装机容量为519吉瓦（与2017年相比增长了9%）。据国际能源网，陆上风电总装机容量为568.41吉瓦，新增装机容量为46.82吉瓦。其中美洲区域总装机容量135.04吉瓦，新增装机容量11.94吉瓦；非洲、中东区域总装机容量5.72吉瓦，新增装机容量0.96吉瓦；亚太区域总装机容量256.32吉瓦，新增装机容量24.9吉瓦；欧洲区域总装机容量171.33吉瓦，新增装机容量9.02吉瓦。2019年中国和美国分别拥有21.2吉瓦和7.59吉瓦的新增装机容量，仍然是全球最大的陆上风电市场。

从时间序列来看，我国风电装机容量逐年增加。截至2017年底，全球风电累计装机容量达到539123兆瓦，过去16年复合增长率为21.50%。从企业角度来看，共有8家整机企业的新增装机容量突破了100万千瓦，其中2家更是超过200万千瓦；共有7家开发企业的新增装机容量在100万千瓦以上，但只有1家高于200万千瓦。2010—2017年期间，我国电力工业发展规模迈上新台阶，电力建设步伐不断加快，能源结构调整取得新成就，非化石电源发展明显加快。其中，风电规模实现高速增长，装机容量占比由2010年的3.1%提高至2017年的9.2%，跃升为我国第三大电力来源。

我国风电新增装机容量（图2–3）在华北地区居多，其次是华东地区和华中地区，然后是西北地区、华南地区和西南地区较少，东北地区最少，其缘由是东部地区和中部地区的风能资源较为匮乏，风能产业的消费市场与当地风能的资源禀赋密切相关，风能资源更为丰富的地区倾向于建设更多的风电装机。风电装机总量上亦是如此，2018年华北地区风电累计装机容量为60766兆瓦，占同期国内风电累计装机的29.0%；东北地区风电累计装机容量为20970兆瓦，占比为10.0%；华东地区风电累计装机容量为34740兆瓦，占比为16.6%；华中地区风电累计装机容量为14910兆瓦，占比为7.1%；华南地区风电累计装机容量为8555兆瓦，占比为4.1%；西南地区风电累计装机容量为16810兆瓦，占比为8.0%；西北地区风电累计装机容量为52781兆瓦，占比为25.2%（图2–4）。

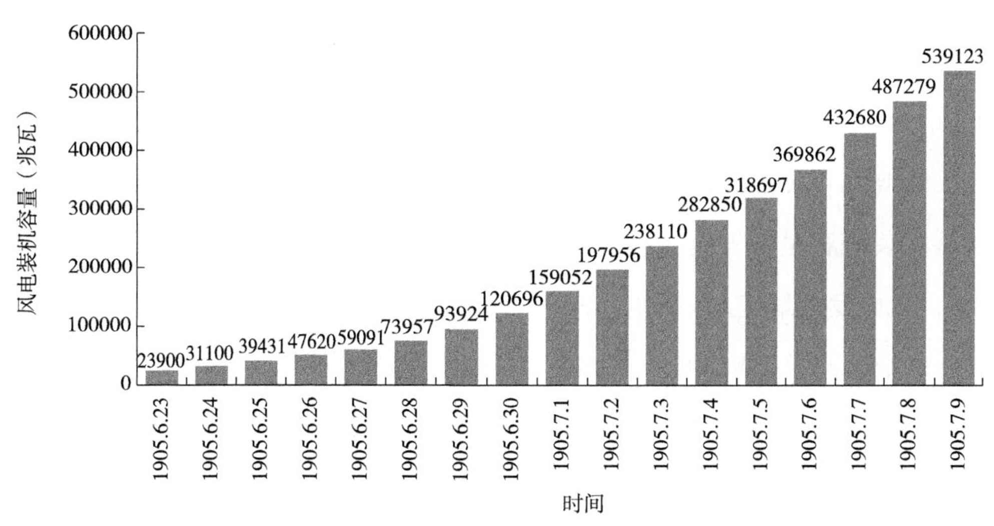

图2–3　2001—2017年全球风电年累计装机容量

资料来源：中国报告网

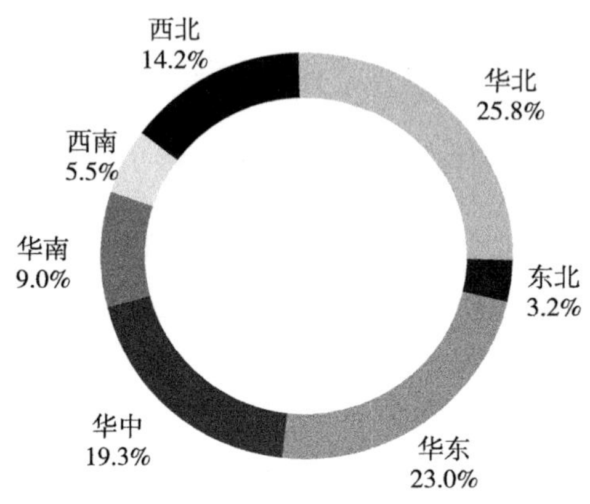

图2-4　2018年我国风电新增装机容量区域分布格局

资料来源：中国产业信息网

（二）发电量

据国家能源局公开披露数据显示，2019年1月至6月，全国风电发电量2145亿千瓦·时，同比增长11.5%；全国平均风电利用小时数1133小时，同比下降10小时。全国风电发电量平稳上升，发电发电量同装机总容量基本同步，同时，全国风能装机容量与发电量存在明显的不匹配问题，2017年，占总装机容量8.93%，风电发电量仅占3.92%，表明风电设备的实际利用率较低。实际上，在风电发电量快速增长的同时，弃风限电的情况也愈发严重，2016年弃风电量高达497亿千瓦·时，弃风情况最严重的五个省（自治区）分别是甘肃（43%）、新疆（38%）、吉林（30%）、内蒙古（21%）、黑龙江（19%）。造成弃风弃光的主要原因既有技术上的原因，也就是新能源电力生产与消费的不匹配问题，也有基础设施建设的问题：中西部地区风电并网后难以向外输送，总体来说全国风电发电量仍然逐年增加（图2-5）。

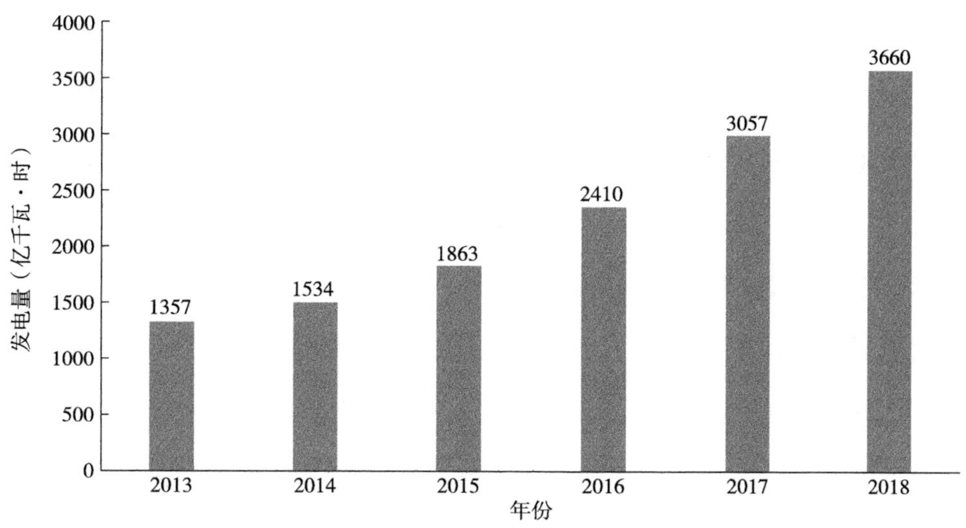

图2-5　2013—2019上半年全国风电发电量

资料来源：华经产业研究院

近期数据显示，分省（市、自治区）来看，风电发电量较高的省份是内蒙古自治区（356.2亿千瓦·时）、新疆维吾尔自治区（207.9亿千瓦·时），最低的是海南省和西藏自治区，没有应用风力发电。

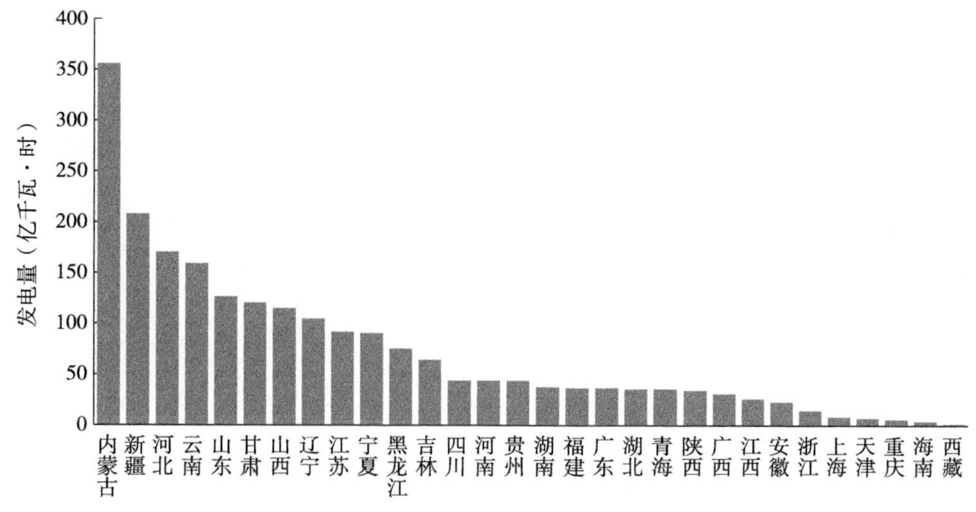

图2-6　2019上半年全国各省（市、自治区）风电发电量

资料来源：华经情报网

（三）发展方向

一体化、国际化、大型化是风电产业未来的主要发展方向，结构简单化、体积减小化是风电机组未来的发展方向，要实现在发展中领跑，就必须加大对相关技术的研发与创新。其中，风电机组的总体设计和关键零部件设计能力是制约风能产业发展的最大瓶颈。因此，要积极重视对这两部分的投入。

利用风力发电非常环保，且风能蕴量巨大，因此日益受到世界各国的重视。早在2012年风电就已跃居成为我国第三大电源，而从细分领域看来，海上风电将是未来风电行业重要的增量。风电发展已经进入了新的时期，海上风电迎来了发展机遇期。近年来，伴随着陆上风电可开发的区域逐渐减少，陆上风电装机量增速下降，海上风电由于资源丰富，靠近沿海经济发达地区，增长增速逐渐高于陆上风电。

根据《风电发展“十三五”规划》，到2020年底，风电并网累计装机容量将超过2.1亿千瓦，其中海上风电并网装机将达到500万千瓦以上；每年的风力发电能力将确保达到4200亿千瓦·时，约占全国总发电量的6%。尽管八个最大的千万千瓦级风电基地是中国风电最集中的地区，但它们的发展空间仍然非常广阔。根据国家《新能源产业振兴规划》草案，到2020年，八个最大的千万千瓦级风电基地的装机容量将超过1.35亿千瓦，确保产销超过3000亿千瓦·时电能，实现国家可再生能源中长期规划的目标。在“十三五”期间，中国将在一些资源及建设条件较好的地区发展和建设中小型风电项目。在江苏、山东、河北、上海、浙江、福建、广东、广西和海南等沿海地区开发和建设海上风电场。

随着社会对电力总需求量的缓步回升，预计风力发电消纳问题有望得到部分缓解，改善趋势明显。2016年以来，中国月度风力发电量增速保持高速增长。预计2021年风力发电量将达到3252亿千瓦·时，风力发电收入将达到1643亿元。

二、光伏产业状况

（一）装机容量

在国家政策支持下，中国光伏发电取得了举世瞩目的发展成绩。据人民网2018年6月28日发布的消息显示：我国新增装机容量从2013年至2017年连续五年居全球首位，截至2018年5月，中国并网光伏装机容量已经超过1.4亿千瓦，光伏发电在推动中国能源转型发展中发挥了重要的作用。根据国家能源局统计，2020年1到5月，中国光伏发电量达660亿千瓦·时，同比增长61%，光伏发电利用率达到了96%，累计弃光率为4%，同比下降3.5%。受政策影响，2018年我国光伏新增装机容量超过43吉瓦，同比下降18%；其中，集中式电站下滑31%。未来，在政策和资本的作用下，光伏行业整合将成为发展的焦点。

图2–7为2013—2017年全国光伏新增装机容量。2013—2016年，我国光伏产业链成本持续下降，光伏产业链经济性逐渐显现。2017年在补贴下调政策催化

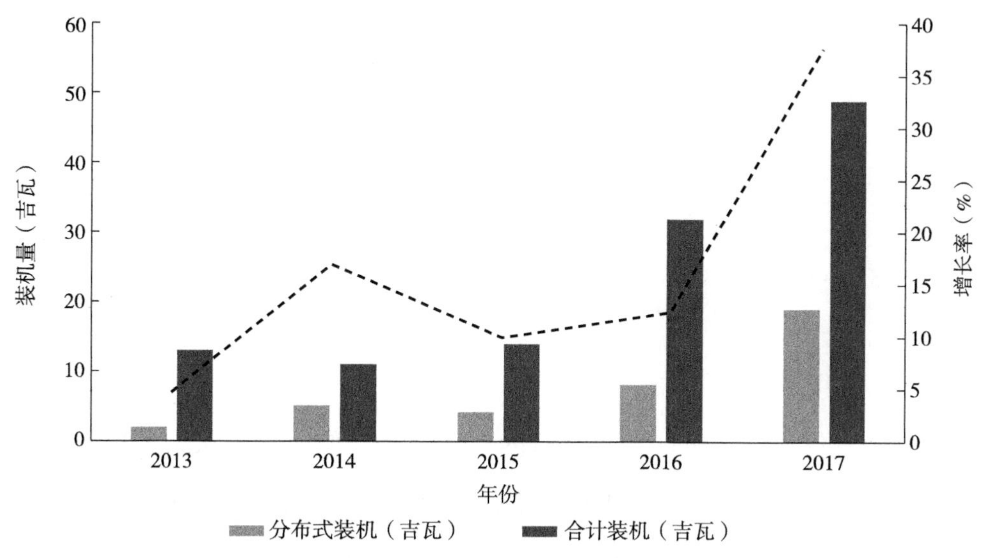

图2–7　2013—2017年我国光伏新增装机增长情况

资料来源：中国产业信息网

下，我国光伏产业实现爆发式增长，全年新增装机53吉瓦，其中分布式装机19.4吉瓦，占比接近40%，较2016年有大幅提升。

图2-8为2016年全国累计装机容量地域分布，从中不难看出，我国太阳能光伏产业的新增装机容量存在显著的地域性差异，差异主要源于各省之间的差异。华东地区的江苏、浙江、山东、河北等地不仅实现了太阳能光伏发电从无到有，同时实现了太阳能光伏发电总量的跨越式发展；西部地区太阳能光伏装机容量增长最快，凭借丰富的资源禀赋与较低的地价占据了中国总装机容量的半数以上。相比之下，北京、天津、福建、上海等东部地区由于行政区域面积较小、土地租金较高等因素限制了太阳能发电在当地的发展。

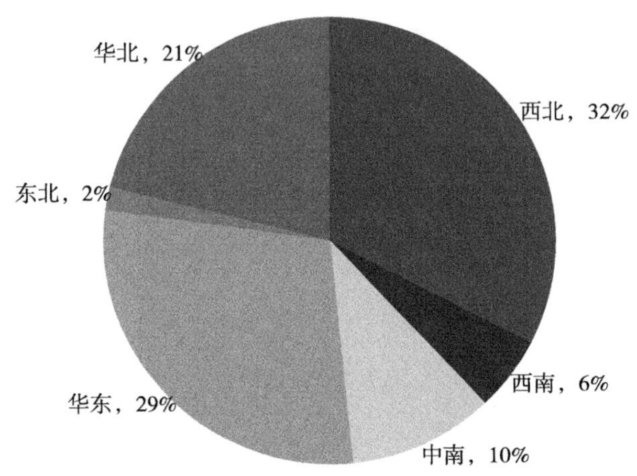

图2-8　2016年全国累计装机容量地域分布

资料来源：中国产业信息网

（二）发电量

太阳能光伏的发电量同装机容量的发展历程类似，据国家统计局公布的统计年鉴数据显示，2011年全国光伏发电量为6亿千瓦·时，在全国总发电占比仅为0.00012%。经过数年的发展，2016年全国光伏发电量为662亿千瓦·时，较2011年增长近110倍。2016年光伏发电量排名前五的省（自治区）为青海省（90

亿千瓦·时）、内蒙古自治区（83亿千瓦·时）、新疆维吾尔自治区（67亿千瓦·时）、甘肃省（60亿千瓦·时）、宁夏回族自治区（55亿千瓦·时）。可以看出，光伏发电大部分集中在西部地区。其原因有以下几点：我国太阳能资源禀赋分布区域间不平衡，西部地区明显高于中东部地区；中西部地区土地租金较低，适合于太阳能发电场的建设；集中式发电或者分散式发电都适用于西部地区，扩大了太阳能光伏产业的产业空间。

图2–9显示了2013年到2019年上半年中国光伏发电情况。中国太阳能光伏发电以2013年为标志存在一个显著的拐点，在该拐点之前，太阳能光伏发电量同风电类似，以相对平稳的速度稳步推进；但是2013年之后，太阳能光伏发电量呈现跨越式发展，其年均复合增速超过68%，出现该现象的主要原因在于政策的推动。目前，中国光伏产业正处于从"产能扩张"到"降本增效"的转型升级阶段。国内光伏产能急剧扩张，但光伏新增装机容量增速大幅放缓，供需失衡较为严重。

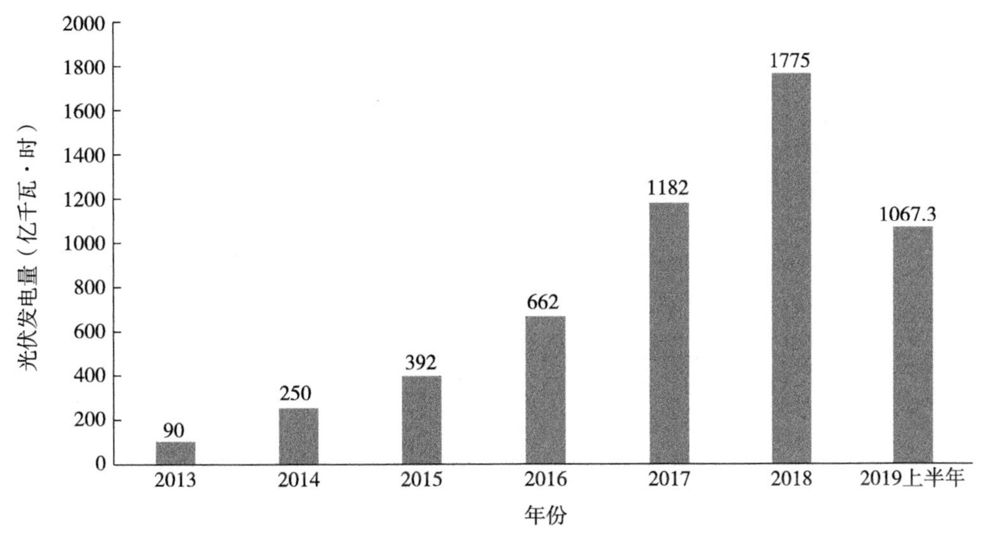

图2–9　2013—2019年上半年中国光伏发电情况

资料来源：中国产业信息网

（三）资源分布

太阳能具有环保、高效、无耗竭和地理位置条件要求低的特点，因此中国太阳能光伏市场正在快速发展。从运用中的布局看，36%的太阳能发电集中在通信和工业运用中，51%的太阳能发电聚集在偏远地区，一些计算器和手表使用光伏技术。此外，太阳能的应用是多元化的，可联合农业、扶贫和环境共同发展。

太阳能量通常用一年的总辐射量和总日照时间表示。中国土地面积上的年阳光辐射总量为3300～8400000千焦/平方米，它相当于240亿吨标准煤。我国的西藏、宁夏、新疆、青海、甘肃和内蒙古高原是全国辐射和日照时数最多的地区。

表2–1　我国各地区的太阳能资源及分布

类型	区域	年日照时数	年辐射总量（千焦/平方米）
1	西藏西部、新疆东南部、青海西部和甘肃西部	2800～3300	160～200
2	西藏东南部、新疆南部、青海东部、宁夏南部、甘肃中部、内蒙古、山西北部、河北西北部	3000～3200	140～160
3	新疆北部、甘肃东南部、山西南部、陕西北部、河北东南部、山东、河南、吉林、辽宁、云南、广东南部、闽南、江北、皖北	2200～3000	120～140

数据来源：中国新能源和可再生能源白皮书

表2–2　能源替代时间表及太阳能在其中所占的比重

年份	可再生能源替代常规能源比例（%）	太阳能占比（%）
2010	10	5
2020	25	12
2040	55	25
2060	90以上	50

资料来源：中国新能源网

国务院在2013年提出了支持国内太阳能产业发展的政策，促进了我国太阳能光伏发电产业的成长。近几年太阳能发电产业快速前进，2016年太阳能的发电总量达7.742亿千瓦·时，其中新建的太阳能设备发电容量为3157万千瓦；到2017年11月我国的太阳能装机容量为120.67亿千瓦（图2–10）。截至2018年底，全国光伏发电装机容量达到1.74亿千瓦，较2017年新增4426万千瓦，同比增长34%；其中，集中式电站12384万千瓦，较2017年新增2330万千瓦，同比增长23%；分布式光伏装机容量5061万千瓦，较2017年新增2096万千瓦，同比增长71%。

三、生物质能产业状况

生物质能是储存在生物质中的能量。像煤、天然气这样的化石能源也能够由其转化而来（丁利杰，2016）。生物质能源属于可再生能源，通常包含以下六个来源：木材及森林工业废弃物、农业废弃物、水生植物、油料植物、城市和工业有机废弃物及动物粪便。从全球范围来看，生物质能源消耗约占14%，而在未开发地区占60%以上。世界上约有25亿人的90%以上的生物能源是生物质能。生物质能具有污染少、易燃烧的特点，但也有不便之处。直接燃烧生物质的热效率仅为10%至30%。

近年来，生物质能源是一个迅速成长的新能源，其低污染、分布广泛、数量丰富，使其具有广泛适用性。生物质能源仍然主要基于直接燃烧。此外，生物质也可用于发电并生产乙醇汽油燃料。作为一颗不断成长的“明星”，生物质能源迅速发展，成为资本市场的新热点。在中国，由于其渗透率感知不足、政府补贴过高、资源分散、收集程度落后，但随着我国生态文明建设的深入推进，生物质能源的发展地位将得到加强。

据2017年新能源产业研究现状，生物质能行业的公司的收入约为4520亿元，在总的能源收入中占据15.96个百分比；风能行业的公司的收入约为3270亿元，占总的能源收入中占据11.54个百分点；新能源产业，主要是储能电池，其收入大约是1321亿元，占比4.66%；太阳能行业的公司的收入为6875亿元，占营业总收入的24.27%。基本上，这种变动体现了新能源产业的成长动向，生物质能源具有储量充足、分布广、总成本低（全生命周期）的优势。近年来，中国相关部门一直十分重视生物质能源的开采和应用，并为此制订了一系列相关的法律法规，初期取得了一些生物质能源产业相关的尖端技术成效（表2–3）。

表2–3　我国生物质能技术利用情况

<table>
<tr><th>技术</th><th>状况</th></tr>
<tr><td>沼气技术</td><td>技术水平与使用规模范围都处于国际先进水准。经过几年的研发应用，国内沼气技术日趋成熟，处于国际顶尖水平，沼气工程技术也更加完善，具备了实现产业化的相关基础条件</td></tr>
<tr><td>秸秆能源利用技术</td><td>南方地区有很多工厂采用甘蔗渣供电，总发电容量约为800兆瓦，具备一定规模的生物质能发电技术，即通过燃烧生物质发电</td></tr>
<tr><td>固体成型燃料技术</td><td>初具规模，作为研发和应用的良好开端</td></tr>
<tr><td rowspan="4">能源作物方面</td><td>培育出“醇甜系列”等杂交的甜高粱品种，建成了产业化示范基地；培养、引荐一些品质上好的木薯种类，每亩生产三吨</td></tr>
<tr><td>已经成功种植了一些具有能源的新甘蔗品种及可以与糖一起使用的品种，并且已经选择了适合于甘蔗汁和活性干酵母菌株的发酵的菌株</td></tr>
<tr><td>研发了含油量很高的油菜等品种，其油含量在50%以上</td></tr>
<tr><td>利用麻风树果实、黄连木籽等生产生物柴油技术的使用已成为商业化发展的基础</td></tr>
</table>

资料来源：中国能源网

由我国能源局印发的《2016年度全国可再生能源电力发展监测评价报告》提到当年国家总的生物质能发电总量为1.214亿千瓦·时，其中不包括自备的发电厂，占据全国范围里发电设备总量、可再生能源的电力设备总量及非水的可再生能源电力设备总量的比重分别为0.7%、5.1%和2.1%。截至2017年底，全国生物质发电并网装机容量1476万千瓦（不含自备电厂），同比增长

21.6%；2017年生物质发电量795亿千瓦·时，同比增长22.9%。截至2018年底，生物质发电装机容量1781万千瓦，同比增长20.7%；2018年可再生能源发电量达1.87万亿千瓦·时；其中生物质发电906亿千瓦·时，同比增长14.0%，2018年我国生物质能装机容量和发电保持了持续快速增长态势，且装机容量和发电量不断创新高（图2–10）。

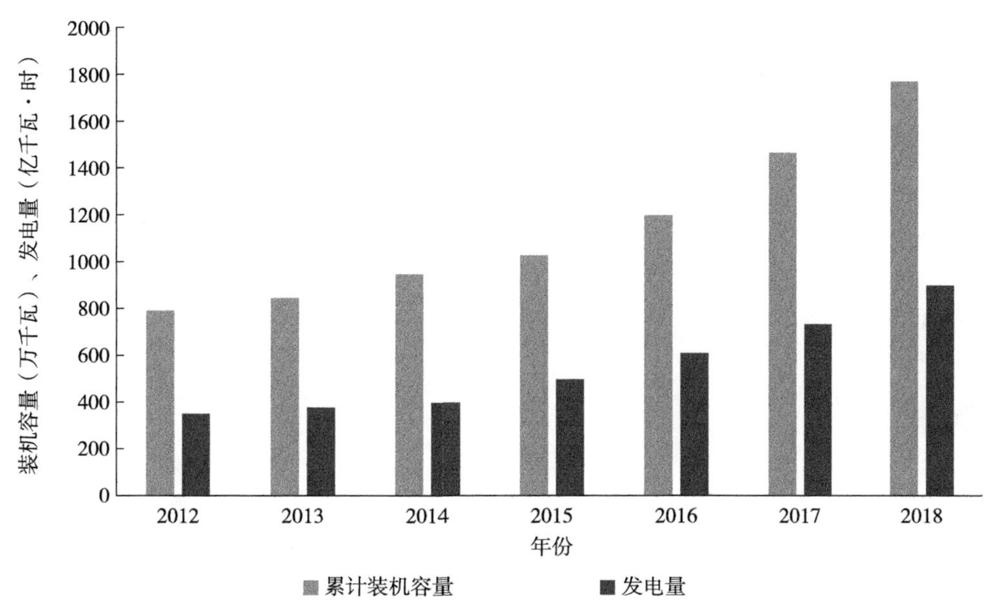

图2–10　2012—2018年生物质能发电装机容量与发电量情况

资料来源：前瞻产业研究院整理

四、核电产业状况

核能是一种洁净、无污染、接近于无释放的不可再生能源。随着各地区核电工程建设的逐步完成，近几年来我国的核力发电电站总量逐渐上升。2016年我国的核电站总发电量在2000亿～2500亿千瓦·时，核电装机容量3364万千瓦，同比增长23.8%。截至2017年底，我国投入商业运行的核电机组共37台，装机容量达到约3750万千瓦，各运行核电厂严格控制机组运行风险，持续保持机组安全、稳定运行，商运核电机组累计发电量为2474.69亿千瓦·时，约占全国累计发电量的3.94%。与燃煤发电相比，核能发电可相当于减少燃烧标准煤7646.79万吨，减少排放二氧化碳20034.60万吨，减少排放二氧化硫65.00万吨，减少排放氮氧化物56.59万吨（图2-11）。截至2018年，我国投入商业运行的核电机组共44台，装机容量达到4468万千瓦，全国累计发电量为67914.20亿千瓦·时，与燃煤发电相比，核能发电相当于减少燃烧标准煤8824.54万吨，减少排放二氧化碳23120.29万吨，减少排放二氧化硫75.01万吨，减少排放氮氧化物65.30万吨。

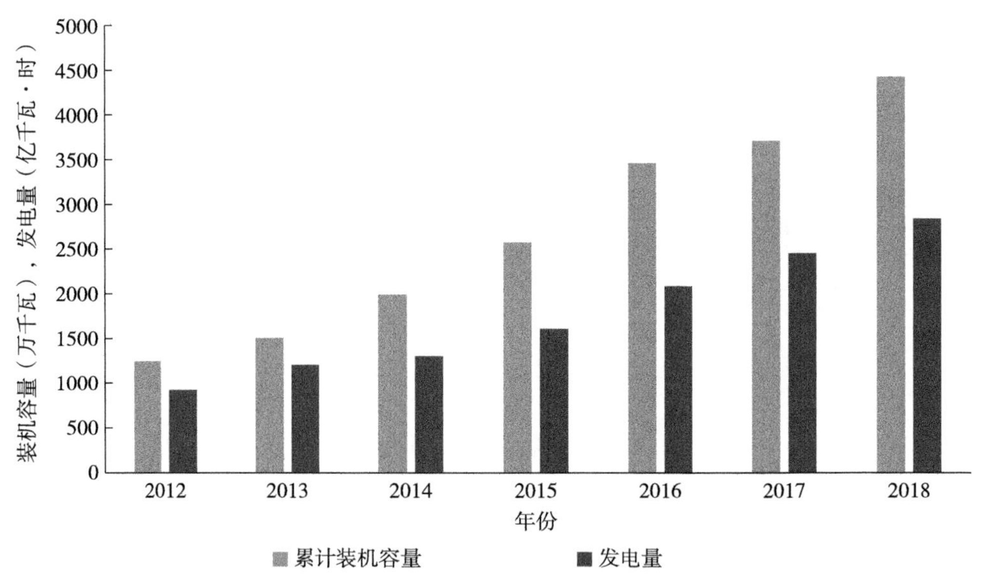

图2-11　2012—2017年核电装机容量与发电量情况

资料来源：前瞻产业研究院整理

近年来，随着核电成为东南部沿海地区清洁能源的主力之一，促进了我国能源消费和生产结构向低碳化和清洁化演进。铀资源具有能量密度高、储存空间小，便于运输、管理和储存成本低等优点，且其化学性质稳定，能够长时间大量安全储存。从长远发展的角度看，我国核电规模不断增加，要掌握天然铀的供应保障的主动权，或者为了掌控市场和价格，国内天然铀产能必须要保持相当的比例；综合研究测算，到2035年国内天然铀供应占比至少要达到20%。这是发展核电天然铀保障供应的基础。

核能是我国清洁低碳、安全高效的现代能源体系建设的重要组成部分，可在保障国家能源安全、促进能源结构优化调整和向低碳转型升级，以及深化能源供给侧结构性改革等方面，担当起其应有的责任和使命。核能作为可大规模利用的替代能源，应明确其作为替代能源的地位。

从中长期发展看，核能作为替代能源，除了电力供应，还可以应用于核能供热、供汽及制氢等领域，因此核能发展应向综合利用、多功能化方向拓展。

五、新能源汽车发展状况

由于能源短缺、环境污染等问题越来越突出，低碳化、清洁化发展已经成为世界经济转型升级的共识。汽车作为空气污染与传统化石能源消耗的重要原因之一，其领域的环保探索与发展自然而然地成为社会关注的重点，而世界各国对其发展的扶持力度也不断加大。发展新能源汽车是低碳经济快速发展的趋势，也是新时期我国汽车行业实现快速发展、由汽车大国向汽车强国转变的必由之路。自“十二五”进入七大战略新兴产业以来，新能源汽车产业一直是国家政策引导的持续发力点。不管是试点推广，以财政政策的形式鼓励公交、出租、公务、环卫和邮政等公共服务事业领域率先推广使用节能汽车与新能源汽车；还是扩大推广范围，对个人购买实行购置补贴，都在政策上给予了国内自主品牌的新能源汽车很大的支持和优惠，这使得我国的新能源汽车在短期之内取得了较为突出的成就。虽然目前市场对我国新能源汽车产业的驱动作用效果不够明显，使得人们对新能源汽车产业失去政策扶持之后的发展前景还秉持着怀疑的态度，但是随着市场机制和相关产业技术的不断发展完善，以及生态环保观念的不断加深，未来新能源汽车行业的发展会呈现充满希望。

由图2–12可见，发展新能源汽车作为一项国家战略，在国家及地方政府配套政策的支持下，经过10余年的研究开发和示范运行，已经形成了从原材料供应、动力电池、整车控制器等关键零部件研发生产，到整车设计制造，以及充电基础设施的配套建设等完整的产业链，为产业化奠定了基础。

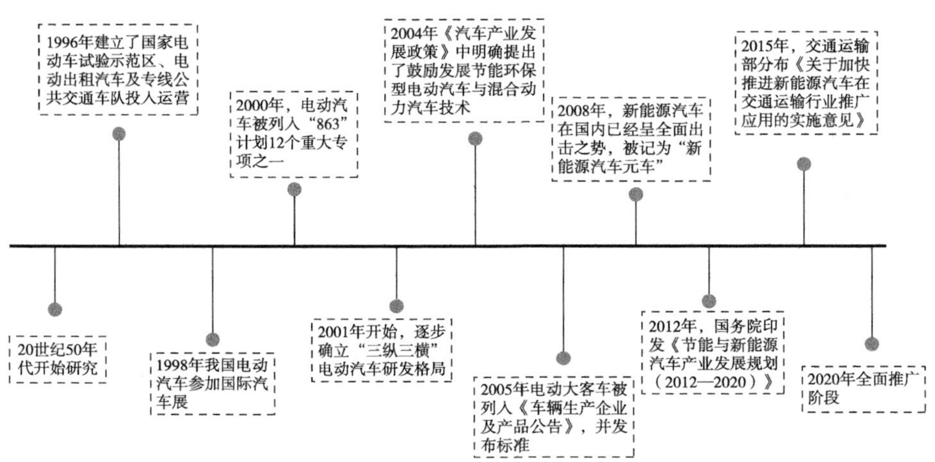

图2–12　我国新能源汽车发展情况

资料来源：前瞻产业研究院整理

图2–14为2013—2017年我国新能源汽车产销量走势。自2015年以来，无论是销量、增速还是全球市场份额，我国已经连续三年位居全球第一。其中，2017年，我国新能源乘用车销售57.8万台，约占新能源汽车总销量的74%；新能源客车销售8.7万台、新能源专用车销售15.2万辆。截至2017年底，全国充电桩数量达45万个，公共充电桩21万个，同比增长了51%。按172万辆的新能源汽车保有量计算，新能源汽车的车桩比约为3.8：1，充电基础设施仍然是新能源汽车发展的短板。

据中国汽车工业协会统计，2017年我国完成新能源汽车产量79.4万辆，完成销量77.7万辆，产量占比达到了汽车总产量的2.7%，连续三年位居世界首位（图2-13）。2018年上半年新能源汽车销量比2017年同期增长了111.5%，达到41.2万辆；个人汽车消费市场正在快速兴起，新能源乘用车销量约为35万辆，达到2017年同期的2.3倍。随着智能家居、智能购物、智能楼宇、智能机器、智能医疗等现代科技信息技术产物逐渐走进人们的生活，汽车发展的电动化、网联化、智能化、共享化，已成为汽车行业公认的未来趋势，智能网联汽车也已经成为新能源汽车发展的战略制高点。有专家预计：到2028年，在新购车用户中，“00后”将占7.2%，“90后”占41.8%，“80后”占35.4%，汽车消费者将逐渐向年轻化方向发展，且由于这几代人是在互联网环境中成长起来的，因此，汽车发展的网联化与智能化将是汽车产业发展的方向。汽车必将向高级智能移动终端演变，而新能源汽车也将迎来高速发展阶段。

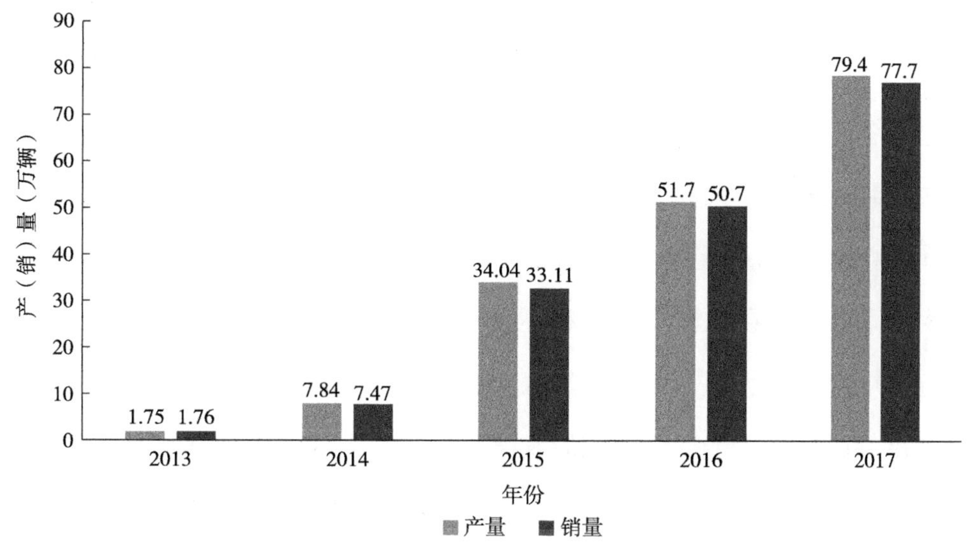

图2-13　2013—2017年我国新能源汽车产销量走势

资料来源：中国产业信息网

第四节　新能源产业发展格局

一、新能源产业发展总体布局

目前，我们国家的新能源总体看来我国新能源产业在空间上形成东中部、东部及西部和谐发展的局势，加速新能源产业集群化分布的呈现：在长三角和环渤海等地区，开始出现以它们为核心的东部沿海的新能源产业集聚区。在河南省、江西省、内蒙古自治区、四川省和新疆维吾尔自治区等中西部地区的新能源产业具有较好的发展形势，还在中国中西部地区形成了一个新的能源产业集群。

我国的新能源产业大多聚集在长江三角洲、渤海、西南地区和西北地区，其中有20%的风电设备生产公司和60%的太阳能光伏公司集中在了我国长江三角洲地区；大约30%的风电设备生产公司集中在环渤海地区；我国的大多硅材料和核电设备生产基地集中在西南地区；对于较大的光伏和风电项目，它们通常集中在西北地区。

在这些地区里的分工又有着各自的特点，其中新能源产业的研究开发和先进的生产业务集中在长江三角洲和环渤海地区；对于核心材料的研究开发和制造业务由中部地区负责；由于新能源产业的资源性问题，主要集中在自然资源十分富足的西部地区进行新能源的发电项目，利用这种无污染的发电工程进行发电，电力通过电网设备传输到中部、华北和华南等不同地区。从全局来看，我国的新能源产业的发展目前已形成中部、东部、西部地区协调发展的场面。当前，在中国新能源产业的大规模应用中，如太阳能、风能、核能、生物质能等新能源行业，然而在这些细分市场分别具有不同的凝聚力和自有特征。

二、新能源产业区域分工布局

（一）环渤海地区：重要的研发和装备制造基地

环渤海地区是指北京市、河北省、天津市、山东省和辽宁省等地区，目前这些地方集中了大约30%的风电设备生产企业，是我国对新能源产业研究开发和设备制造的基础性地点（周静立，2010）。

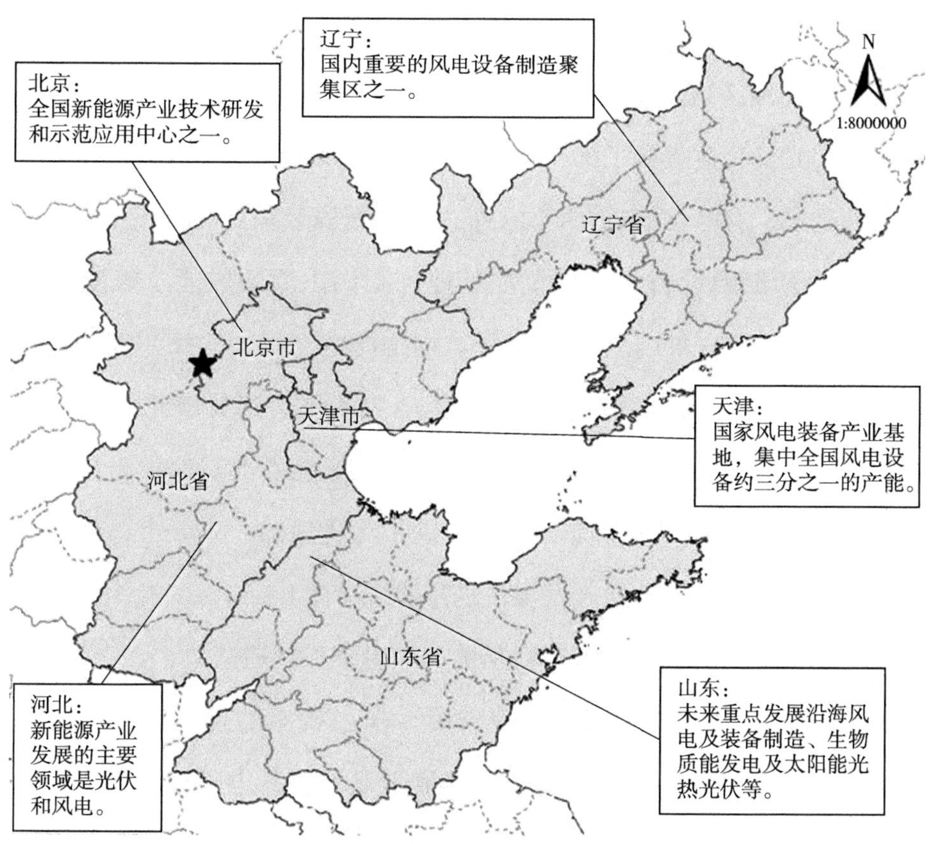

图2–14　环渤海区域新能源产业发展概况

资料来源：赛迪顾问新能源产业数据库

北京市是世界新能源行业中技术的研究开发和数模应用中心的地区之一；河北省不仅具有优越的自然资源风能，还有不错的设备生产根底；天津市是我国风电设备制造基础性地区，它集聚了我国风电行业中1/3的产能；山东省是一个综合性丰富自然资源地区，当前它的光热应用在我国名列前茅，将来它的新能源产业发展战略重点是沿海地区风能利用和设备制造、光伏和生物质能发电等项目；辽宁省是我国范围风电设备生产集中地区之一，它有优秀的设备制造业务的根基（图2–14）。

（二）长三角地区：中国新能源产业发展的高地

长江三角洲地区指上海市、江苏省和浙江省等省市，中国新能源有1/3的产能集中在此，光伏企业集聚了60%，风电设备生产企业集聚了20%，有一半的核电站安装在这里，有将约40%的生物质能发电装机安装在这。

上海市是新能源设备生产重要性基地，我国主要的风能、核能发电等新能源的设备生产商之一的集团位于上海，即上海电气集团；江苏省是我国光伏产业规模最大的基础性研究基地，其光伏产业规模达到我国光伏产业规模的60%，我国七大风力发电基地之一且唯一的海上风能发电基地位于江苏省沿海地区；浙江省是最近几年里新能源产业发展最为迅速的一个城市，在将来其光伏和海上风能发电将作为首要开发项目进行建设（图2–15）。

（三）西南地区：重要的硅材料基地和核电装备制造基地

西南地区包括四川省和重庆市等省市，依托雄厚的自然资源和重工业基础，是我国重要的硅材料基地和核电装备制造基地。其中，四川集中了全国多晶硅的产值的20%和产能的30%，占据了国内核电核岛核心设备50%的市场（图2–16）。

四川省是我国重要的硅材料及核电生产基地，我国有诸多知名企业位于四川省，如新光硅业、东方电气、东汽峨半和中国二重等。

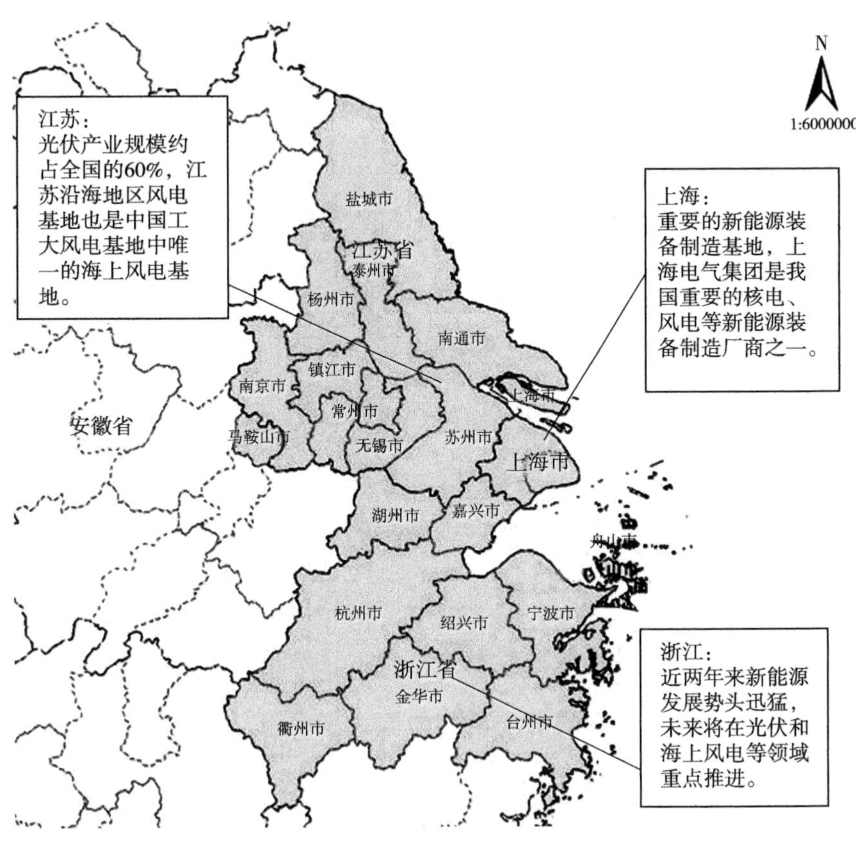

图2–15　长三角区域新能源产业发展概况

资料来源：赛迪顾问新能源产业数据库

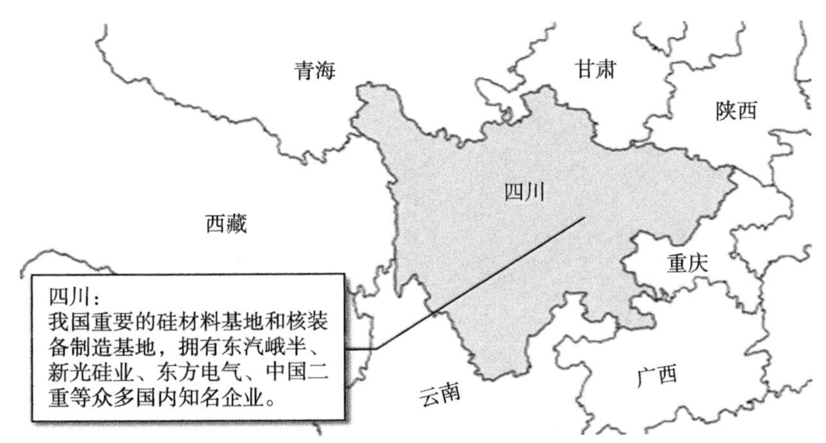

图2–16　西南区域新能源产业发展概况

资料来源：赛迪顾问新能源产业数据库

（四）西北地区：重要的新能源应用基地

西北地区是指内蒙古自治区、新疆维吾尔自治区和甘肃省等地区，是我国能源应用的重要地区，该地区拥有富足的太阳能和风能自然资源，大型光伏发电、风能发电的相关产业集聚于此，集中了我国较大型的光伏发电项目和风能发电项目。

我国一半的风能和太阳能自然资源在内蒙古自治区，最近几年，该地区的风能发电产业突飞猛进，着力建设“风电三峡”，打造绿色能源建设大区域；新疆维吾尔自治区初步形成了新能源产业规模，初步形成以新疆新能源企业为代表的光伏太阳能发电产业集群，以金风科技为代表的风能发电行业集群；甘肃省是风力资源最为充足的地区之一，它的其他清洁能源相对也比较丰富；甘肃酒泉风电基地是中国首个千万千瓦级别的风能发电基地，它的超大规模集中开发、超远距离输电的开发模式，突破了国内外现有的风电发展理论，创新了风电发展理念，为世界风电发展提供了一种全新的选择和机遇。

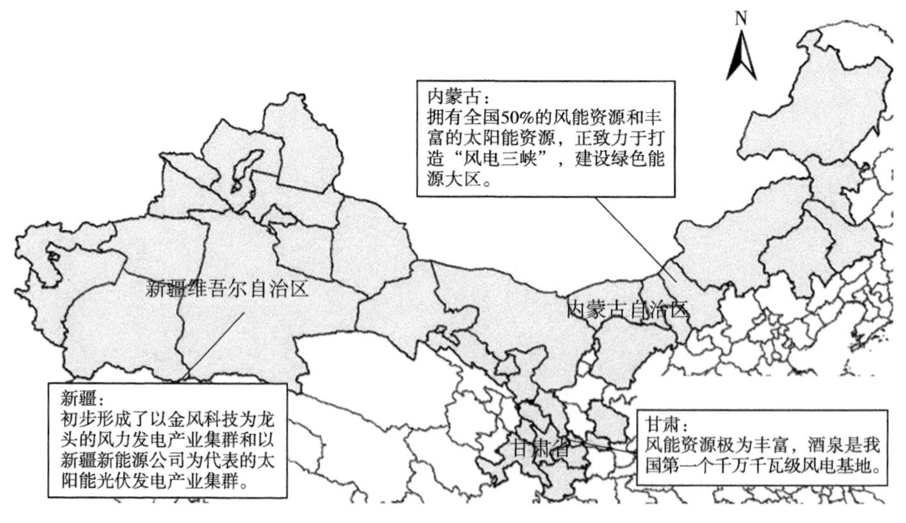

图2-17　西北区域新能源产业发展概况

资料来源：赛迪顾问新能源产业数据库

三、新能源产业细分行业布局

（一）太阳能光伏行业

太阳能光伏产业的发展主要是由沿海地区持续向内陆延伸，中西部地区作为提供原材料的区域，长江三角洲作为制造生产区域，从而形成以长三角地区为制造区域和中西部为提供原料区域的新能源产业分布格局。我国最早生产光伏的地区是长江三角洲，随着新能源产业的发展及产业链的不断延伸，江西省新余市、河南省洛阳市、四川省乐山市等地区逐步成为我国硅片生产及多晶硅原材料基地（表2–4）。

太阳能光伏产业是资本密集型和技术密集型行业的代表，我国的光伏产业属于显著的出口导向型产业，大多集聚在长江三角洲地区，长江三角洲地理位置优越、政策扶持良好、物流便利、资金丰富、技术先进，是我国最先发展光伏行业的地域，从而逐渐变成我国光伏行业最主要的集聚地区。

表2–4　重点省份光伏产业基地与光伏企业名称

省份	产业基地	光伏企业
河南省	洛阳国家硅材料及光伏高新技术产业化基地	洛阳中硅
四川省	乐山国家硅材料开发与副产物利用产业化基地、成都国家新能源装备高新技术产业化基地等	东汽峨半、新光硅业等
江西省	新余国家硅材料及光伏应用产业化基地、上饶国家光伏高新技术产业化基地等	江西赛维LDK
河北省	保定新能源与能源设备产业基地、宁晋太阳能硅材料产业基地；邢台国家光伏高新技术产业化基地等	保定天威英利、河北晶澳太阳能等
江苏省	东海硅材料产业基地、昆山可再生能源特色产业基地、江宁可再生能源特色产业基地、徐州经济开发区新能源特色产业基地、常州国家可再生能源产业化基地等	无锡尚德、江苏林洋、苏州阿特斯、常州天合光能、南京中电、江苏中能等

资料来源：赛迪顾问整理

（二）风力发电行业

风能发电聚集在风力自然资源富足的地区及设备生产基础丰厚的地区。其中我国的环渤海地区在国内外都是著名的风力发电设备生产企业集聚区域，长江三角洲地区也造就了很多风力发电设备生产企业，我国的西北地区也是风力发电场建设的集中区域（表2-5）。

表2-5　千万千瓦级风电基地（单位：万千瓦）

时间	新疆哈密	河北	蒙东地区	吉林	甘肃酒泉	蒙西地区	江苏沿海
2010	200	416	421	190	516	346	180
2015	700	898	1321	620	—	1795	580
2020	1080	1413	2000	1120	1217	3830	1000

数据来源：中国信息产业网

风能是一种以内需为导向型的产业，其发展要求是基础设备丰厚且要靠近终端市场，此外，大规模的风能发电设备制造业对公司的制造生产基础和自身能力有非常高的要求，我国的风力发电产业是在我国强大的风电市场促进带动下迅速成长起来的，因此我国的风电行业主要面向国内市场。长江三角洲、西北地区和环渤海地区都是风能发电设备生产行业的聚集区域，我国超过80%的自然风能资源是在西北地区和东部沿海地区，凭借着丰富的自然风能资源和丰厚的制造生产基础，我国风力发电设备企业规模及数量都集中在长江三角洲、环渤海和西北地区三个区域。

（三）核电行业

从生活安全和市场需求两个角度出发，我国的核电产业主要分布在沿海区域和内地重工业基础雄厚的区域，一般核电站建设在沿海地区，设备生产重点处于西南地区和东北地区，截至2019年6月30日,我国大陆运行核电机组共47台，分布在浙江、广东、福建、 江苏、辽宁、山东、广西、海南8个沿海省区的13个核电基地，装机容量4873万千瓦；在建机组11台，装机容量约1134万千瓦，多年来保持全球首位。2018年，我国大陆共有7台核电机组具备商业运行条件并实现投产，按时间顺序依次为田湾核电3号机组、阳江核电5号机组、三门核电1号机组、海阳核电1号机组、三门核电2号机组、台山核电1号机组和田湾核电4号机组。《中国核能行业协会统计报告》显示，2018年，我国大陆共有44台商运核电机组，总装机容量4464.516万千瓦，占全国电力总装机容量的2.35%；全年核发电量为 2865.11亿千瓦时，约占全国累计发电量的4.22%，全年核电设备平均利用小时数为7499.22 小时，设备平均利用率为85.61%。与燃煤发电相比，核发电相当于减少燃烧标准煤8824.54 万吨，减少排放二氧化碳23120.29万吨，减少排放二氧化硫75.01万吨，减少排放氮氧化物 65.30万吨。

经过30多年持续不断的发展，我国不仅跻身世界核电大国行列，成功地实现了由“二代”向“三代”的技术跨越，还形成了涵盖铀资源开发、核燃料供应、工程设计与研发、工程管理、设备制造、建设安装、运行维护和放射性废物处理处置等完整先进的核电产业链和保障能力，为我国核电安全高效发展打下了坚实基础。

（四）生物质能行业

我国生物质能分布在东部地区、东北地区和西部地区，根据因地制宜的原理以不同的开发方式用于不同的地区。从具体地区来说，我国2/3以上的生物质能资源集中在四川省、内蒙古自治区、河南省、安徽省、山东省、江苏省和河北省等12个地区，将近70%的生物质能发电、气体燃料和生物质能液体的产业都分布在这些区域，分布在其他地区的较少。

一是生物质能发电项目。华东地区集中了我国主要的生物质能发电应用，截至2010年末，华东地区的生物质能发电总量在国内生物质能发电总量的一半以上（占比达到52%）；此外，是中南地区次之，该地区生物质能的发电容量在国内的生物质能发电总量中占24%；在其他地区，生物质能发电容量的比例相对较小，东北地区占13%，华北地区占7%，西南地区的占比为4%，西北地区的占比同样为4%左右。

二是生物柴油项目。近年来，上海、重庆、江苏、福建、安徽、新疆维吾尔自治区和贵州省的生物柴油燃料增长迅速；已启动数个超过10万吨的项目，例如：安徽国丰生物能源有限公司的生物柴油设计年产能为60万吨，南京清江生物能源科技有限公司设计年产75万吨生物柴油。我国现有约100个生物柴油项目。我国部分公司已经研发拥有自己的知识产权技术，并不断建设完成大型的生产厂，例如海南正和生物能源公司、福建卓越新源开发公司和四川鼓山油脂化工公司，我国大部分生物柴油项目集中在西南和中部地区（吕翠英，2014）。

三是燃料乙醇项目。2009年，我国的燃料乙醇的总生产量为170余万吨，成为世界范围内燃料生产量排名第三的国家，紧跟在巴西、美国之后；2016年，我国的燃料乙醇的产能达到271万吨/年，它的消费量达到260万吨，在我国的油气消费量中乙醇油气销量占据了1/5；2017年9月，国家发布《关于扩大生物燃料乙醇生产和推广使用车用乙醇汽油的实施方案》，该计划提出，中国的乙醇汽油将于2020年在中国得到覆盖和应用。到2020年，中国乙醇燃料的年应用量将达到1570万吨。我国燃料乙醇项目已经形成北部和南部两个主要燃料乙醇基地，依据不同的资源情况，开发利用的方式将不同，适用于广西壮族自治区和海南省、山东省、内蒙古自治区的木薯资源及其他原料的开发，黑龙江、新疆维吾尔自治区等地区适合开发在盐碱土壤里成长的甜高粱自然资源作为原料。

第五节　新能源产业发展未来趋势

一、新能源的分布式发展

全国工商联新能源商会专业副会长兼秘书长曾少军认为，由于单一能源很难挑起能源革命的大梁，因此，未来新能源一定是朝分布式方向发展。分布式新能源（distributed new energy sources）是指将新能源以规模化、模块化、分散式的方式安装在用户端，形成可独立地输出冷、热、电能的新能源系统。分布式新能源系统利用多种新能源技术和系统匹配技术及智能控制技术，将多种新能源进行综合利用，辅以少量的常规能源，可满足用户对能源的各种需求，实现能源的最大化利用，凸显新能源的节能效益。

2016年12月国家发改委发布的《能源生产消费革命战略（2016—2030）》提出“坚持集中式和分布式开发并举，以分布式利用为主，推动可再生能源高比例发展”。当前我国分布式能源发展呈现如下特点：

首先，分布式能源已经从启动阶段过渡到快速发展阶段，并且开发模型也已从单一模型过渡到集成模型。严格说来，我国的分布式能源发展始于2000年以后，且制冷、供热、供电相结合是其主要利用形式。但是，由于受到天然气供应不足和价格上涨等因素的限制，早期发展缓慢。近年来，随着国家政策支持力度的不断加大及配套保障的不断完善，分布式能源发展速度得到了很大提升。从2015年开始，国家审批通过了23个多能源互补整合与优化示范项目、28个新能源微电网示范项目、55个“互联网+”智能能源等系列试点项目，共108个试点示范项目，可以看出，一体化已成为分布式能源开发的新形式。

其次，由于分布式能源与市场化改革的协同发展，使得其成为一些利益主体进入配售电领域的重要突破口。2017年10月，国家能源局发布了《关于开展分布式发电市场化交易试点通知》；2018年3月，国家发改委发布了《增量配电业务配电区域划分实施办法（试行）》《关于进一步推进增量配电业务改革的通知（征求意见稿）》。随着电力体制改革的不断推进，增量配电改革投资方可通过建设分布式电源，形成区域发配售一体化模式。虽然当前分布式能源在能源生产中占比较小，但也已成为一些利益主体进入配售电领域的重要突破口。

再者，促使许多具有丰富多样业务模型的综合能源服务公司的出现。传统的分布式能源系统通常是将各部相互独立（其设计、构建、运行、控制和管理均分属不同部门）的组件集成在一起而形成的整体。所以，由于在其运作的整个过程中会广泛涉及电力公司、供热公司、天然气公司等相关机构和单位，而当其之间的协调作用不足时，整个能源系统的高效运营管理效果难以实现。而分布式能源系统的飞速发展，促使市场上涌现了众多的综合能源服务公司，且其业务覆盖广泛：在能源生产方面，覆盖了各种分布式能源从设计、安装到运行等全过程；在能源供应网络方面，包括了电力、天然气和热力等各种网络的设计、安装和运行；在系统互联方面，涉及了上游网络与下游用户的互联和集成；在运行管理方面，基于大数据等先进技术对各种能源进行统一的运行和管理。

最后，分布式能源所承担的角色越来越重要：提高资源利用效率，缓解环境气候问题。近年来，中国分布式电源，尤其是分布式光伏快速发展，2018年中国新增装机容量中分布式光伏和集中式光伏电站比例约为1：1.2。据预测，2020年和2030年我国分布式电源发展规模为1.6亿～1.9亿千瓦·时和3.5亿～5.7亿千瓦·时，分别占全国电源装机容量的比例在7.7%～9.3%和11.5%～19.1%。分布式电源将是大机组大电网的有益补充。

“十四五”时期，从我国能源发展的思路上，将改变过去主要依靠基地式大发展的路径，重点转向户用分布式发展，形成大规模集中利用与分布式生产、就地消纳有机结合，分布式与集中利用“两条腿”走路的格局。

分布式能源的发展潜力十分巨大，为了充分发挥分布式能源的发展潜力，技术是至关重要的；但成本降低其实不是推动分布式能源技术发展的主要动力，而创造一个革命性的产品才真正能够推动其技术发展，就像是手机和汽车的出现一样，分布式能源能够让更多人参与到能源的生产当中，这是分布式能源系统与集中式能源系统相比能够脱颖而出的重要原因。分布式能源系统的出现，让普通的个体户可以生产、储存能源，拥有自己的智能电器设备，为分布式能源的推广带来了更大的意义和动力。但这种分散式系统同样也让人很难直接预测分布式能源的成功，与集中式系统不同，集中的大型电厂往往只有一个最终目的，那就是利益最大化。而分布式能源正是因为其分散的特质，不同终端用户的决定往往可能是经济因素或非经济因素叠加所产生的结果，其发展非常多样化，充满不确定性。但根据当前发展趋势预测，分布式能源可能为行业带来变化。

分布式能源具有利用效率高、运行耗能少、经济效益好。受环境以外因素影响小、产品系统安全可靠性高、生产排放少、环境负面影响小等特点，已成为世界能源技术重要发展方向。分布式开发模式，既可实现电力就地消纳，避免弃风弃光，又能避免远距离电力传输，节省投资，减少输电损耗，同时还能满足东部发达地区经济能源需求与消纳重心的匹配不均衡问题。

在国际能源转型升级和国内能源形势日益严峻的背景下，新能源的智能化发展是能源革命的主战场。当前，在我国人口稠密、电力需求旺盛、用电价格较高的中东部地区，新能源分布式发电已具有较好的经济性，具备了较大规模应用的条件。“十四五”期间，光伏、风电、生物质能、地热能等能源系统的分布式应用、创新发展将成为我国应对气候变化、保障能源安全的重要内容（马翠萍等，2014）。

二、传统能源的清洁化利用

以煤炭为代表的传统能源普遍具有高污染、高能耗等不良特点。在过去相当长一段时间内，世界能源结构都由传统能源占据主导地位，由此带来的能源短缺和环境污染问题严重阻碍了世界各国的绿色、健康和可持续发展，使得能源问题上升为国家战略问题。由于受到能源资源和技术等方面的影响，我国能源结构长期都由煤占据主导，而煤炭的高排放、高污染特点及由此造成的环境问题迫使我国对能源结构进行优化，推动能源利用技术的快速发展，提高传统化石能源的清洁高效利用，实现能源产业的绿色、健康、高质量发展。加快传统能源清洁化利用，加大非常规油气勘探开发将成为未来一段时间内我国能源战略的重要任务。能源价格市场化改革有望进一步提速。在市场准入方面，将不断淡化企业身份限制，调动多元资本资源，共同构建安全、稳定、经济、清洁的现代能源产业体系。

“十四五”时期，我国仍将面临复杂的国际和国内能源革命状况。且在很长的一段时间内，煤炭仍将主导我国的一次能源消费。为了加快能源消费革命，进一步改善煤炭和其他传统化石能源的利用方式，提高利用水平，促使其向着清洁高效利用方向发展将成为我国“十四五”期间能源发展的重要任务。具体来讲，要大力推广煤基醇醚燃料、煤制油、天然气替代等清洁利用方式，以多种方式促进传统能源的清洁、高效、循环发展。传统能源的清洁高效利用虽然不能完全解决环境污染和低碳减排的问题，但可以在一定程度上相对实现污染控制和温室气体减排。因此，传统能源的清洁使用将成为能源未来发展的重要方向。

三、传统能源与新能源的包容式发展

中国能源结构改革近年来的主要方向之一就是发展清洁低碳能源。中国能源革命有减量革命、增量革命和效率革命三条路径。能源减量革命主要指的是国家、社会和企业利用行政约束、低碳理念引领及能源的清洁高效利用等手段，实现对高污染、高排放、高消耗的化石能源的减量。能源增量革命包括传统能源、新能源和海外能源。传统能源发展主要指的是通过绿色开采、清洁利用、效率提高使得所增加的能源消耗满足低碳清洁高效等原则。新能源发展要着力于实现成本有效降低、推广普及活动有效开展及应用市场有效扩大，以助力新能源成为能源消耗增加的主体。能源效率革命指的是通过有效破除发展障碍，加快定价的市场化进程，对利益进行科学合理分配，以充分调动影响到能源利用效率的各利益主体积极性，实现能源利用技术的突破性发展、能源效率提升的动力机制完善及能源利用效率的革命性发展。

就当前的情况来看，我国的传统能源主要由国有经济主导、新能源主要体现在私营经济的参与上。而就我国能源发展的总体格局来看，传统能源和新能源的利用与发展应是有机整合、分工合理、合作有序，而不是对立的。要平稳和有序地实现新能源替代传统能源，就必须有效协调两者之间的发展关系。因此，在“十四五”能源结构总体布局中，政府应加大力度支持鼓励民营新能源企业和国有传统能源企业协调包容发展，创建民营新能源企业与国有企业融合发展的合作机制，鼓励传统能源公司积极参与新能源领域，促进传统能源和新能源的共同发展。这不仅是中国能源格局的合理调整，还是国有经济和私营经济互相包容，协调发展的体现，将对中国经济和社会的长期稳定与高质量发展产生重要影响（邵源春等，2018）。

四、建立以储能为核心的多能互补能源体系

作为应对新能源并网问题的有效解决措施，储能是能源互联网中能源供需互动的核心环节，储能技术可作为电网与天然气网络、供热系统、电气化交通网等其他网络的连接桥梁。储能特性将由高成本、低性能、短寿命、低密度向低成本、高性能、长寿命、高密度转变，由此可预见，未来储能以轻量、小型、低价、高效、即插即用的形式存在，这为能源供需提供了与传统电网完全不同的形式。当前，我国正处于能源结构转型的重要阶段。在这个过程中显现的突出问题之一就是：单一能源品种的利用会受到多方面的限制，无法满足长期需求、实现长效发展。因此，“十四五”期间能源发展的重点之一就是建立高效灵活的综合能源系统。但是，由于不同的能源系统之间通常存在差异，并且系统中各种能源的供应容易出现诸如缺乏协调和利用率低的问题。因此，对具有峰值和调频等优势的储能技术及辅助服务的需求十分迫切。通过这些相关技术和服务将风、水、火储能有效结合，充分发挥各种能源的优势，实现优势互补、相辅相成。提高国内发电能力和电力供应保障能力，提高新能源在能源消费结构中的占比，减轻弃风、弃光、弃水等问题，减轻传统化石能源消耗带来的能源短缺与环境污染问题，大力发展以储能为核心的多能源互补体系，实现我国能源经济持续、稳定、高质量发展。

五、关键技术研发与重大工程布局

通过技术创新和成本控制来供应更清洁、更经济的能源产品是能源经济发展的希望。关键技术的突破和重大项目的布局仍然是在我国未来高质量能源发展进程中的重点问题。自从2006年《中华人民共和国可再生能源法》推行以来，依托技术创新驱动发展，我国新能源产业的规模持续性扩张，技术也不断

冲击新的世界纪录。在过去的10年中，我国的光伏发电成本下降了90%，每千瓦·时陆上风电的成本下降了40%以上。伴随着技术的飞速发展，在“十四五”期间，以风电和光伏发电为主的新能源产业将逐步实现平价。“十四五”期间，传统的速度和规模能源发展观将会转化为质量和效率，以顺应供给侧结构性改革。关键技术的研究开发是必须被重视的，以促进新能源产业的发展力。

在进行关键技术的创新时，既要突出国家在重大项目上的战略布局，还要将民营企业的力量充分发挥出来，尤其要注意激发行业组织和大型能源企业的研发热情。首先，绿色清洁的能源变革方向一定要引起国家的重视，部署规划长期战略在关键核心技术领域并强化政策引导。其次，技术的创新突破是行业组织和能源公司所不能忽视的，要想建成现代化能源体系，就必须在核心技术领域做到“领头羊”地位，在多元化的有机结合之下，打造真正的创新主体。

六、深化改革以市场化为导向的能源体制机制

促进创新型发展战略的实施，切实发挥市场在资源配置中的重大作用，落实政府的引导作用，打破所有遏制创新的思想和制服障碍，让整个社会的创新能力和创造潜力被激发出来，让工作、信息、知识、技术、管理和资本的效率和效能得到最大限度地增强，强化科技同经济对接、创新成果同产业对接、创新项目同现实生产力对接、研发人员创新劳动同其利益收入对接，让科技进步能为经济发展做出更多的贡献，以大众创业、万众创新为原则，营造出合理恰当的政策环境和制度环境。

坚持以需求为导向。以经济社会发展重大需求为根基，且科技成果转化为现实生产力通道不应该有任何限制，科学家、科技人员、企业家及创业者创新的障碍要重点破除，促进解决要素驱动和投资驱动向创新驱动转变的制约问题，让创新真正匹配到创造新的增长点上，化创新成果为实实在在的产业

活动。

坚持人才优先。创新的第一资源应该是人才，选聘、培养、吸引各类人才显得尤为重要，应该保证人才的合理流动、优化合理配置，实现人才培养模式的创新；要明确强化激励体质的作用，让科技人员可以获得更多、更好的物质回报及精神上的激励；为保障全社会的创新活力得到激发，应该更加注重发挥企业家和技术技能人才队伍的创新作用。

坚持遵循客观规律。为了营造出良好的条件和宽松的环境氛围给科学家进行潜心研究、发明创造及技术上的突破，要以科学技术活动的特点为基础，切实掌握科学研究的探索发现规律。技术创新的市场规律应该被重视，培育市场变成优化配置创新资源的主要方法，扶持企业作为技术创新的“主力军”，以知识产权制度最大限度地保障创新；以勇于探索、鼓励创新、宽容地对待失败的思想观念为依据，营造出进取型的文化氛围和社会氛围。

坚持全方位综合性创新。国家发展全局的关键核心位置应该是科技创新，促进改革科技体制改革和经济社会领域，全方位推进创新科学技术、管理能力、品牌效应、组织及商业模式，推动融合创新的军民模式，推行引进来与走出去合作创新观念，以确保有机统一的实现科技创新、制度创新、开放创新。

以2020年为期限，我国进入创新型国家行列需要适应创新驱动发展要求的制度环境和政策法律体系来提供强有力的保障。自由流动的人才、资本、技术及知识，协同创新的企业、科研院所和高等学校，创新的积极性空前高涨，充分保护创新成果，最大限度地体现创新价值，促进快速提高创新资源的配置效率，创新收益可以被创新人才合理地参与分享，真正落实创新驱动发展战略，建成促进经济增长和就业创业的新动力源，构筑在国际竞争合作中的新优势，推动可持续发展新格局的形成，促进经济发展方式的转变。

在能源领域中，以市场为导向的改革程度不断深化的表现是：建立起以市场为导向的制度和机制，促进能源革命的深层次发展。自从我国在2002年启动电力市场改革至今，市场在资源分配中的主导性作用已经具备了一定的规模结构，在能源经济的发展过程中，已经持续发挥了十几年的重大影响，形成了积极的发展态势于发电、输配电的各个环节，并取得了相当的成果。我国经济由高速增长向高质量发展转变的关键决胜时期就是“十四五”规划期，这也是能源行业进行全面深化改革的关键阶段，这要求能源的消耗、供给、技术和体制革命及深化国际合作等方面都要有全方位、全面的进步。在这个进程之中，我国应继续保持以市场为导向的机制作用的发挥，保障新能源领域的市场导向改革的稳步推进，落实优化能源供应方式。在此期间，当前非市场化的声音和趋势都要引起关注和警惕，始终明确深化市场化改革的路线及信心不变，推动能源行业健康稳定的可持续性发展。

第六节　小结

本章通过对新能源发展历程的回顾，从政策支持的时间角度来阐述多年来新能源产业发展经历的时期，并对我国新能源产业发展的基础和优势等外部支持状况进行阐述。同时对新能源产业中主要的新能源行业的发展状况进行叙述。此外，本章节综合国内文献资料，对新能源产业的地区分布状况进行描述，通过相关报告和文献资料，了解到目前我国的新能源产业总体上在空间上形成东中部、东部及西部和谐发展的局势，在长三角和环渤海等地区，开始出现以它们为核心的东部沿海的新能源产业集聚区，呈现出新能源产业集群化分布的加速迹象。最后根据相关文献资料对我国新能源在“十四五”期间发展趋势进行了梳理总结。

第三章
四川省新能源产业发展现状

纵观整个四川省的新能源概况，其太阳能资源、风能资源、生物质能资源、水能资源丰富，整体优势明显，在资源、技术、装备制造和市场等方面具有一定的特色。进一步加快新能源产业发展，推动新能源生产和消费革命，构建清洁、低碳、安全、高效的现代能源产业格局，四川省有其独具特色的根基和优势。

第一节　四川省发展新能源产业的必要性

从四川省能源资源构成情况来看，主要能源占比如下：煤炭资源占23.5%，水能资源约占75%，石油和天然气资源占1.5%。从上面的数据可以看出，四川省的水能资源是非常丰富的，但是由于气候的影响，水能发电会在枯水期受到限制，导致利用率低；而在煤炭资源方面，四川省的煤炭质量相对较差，含硫量较高，生产水平不能满足消费；天然气资源方面，已被发现的储量较丰富，但开采和利用方面仍有较大的困难。（罗强，1998）。必须寻求突破，以更好地解决原油储备和原油替代的问题。

相关数据显示，四川省对能源的需求量随GDP的稳步增长也在不断增加。2011—2018年四川省能源消费需求短缺量分别为3322.68万吨标准煤、3689.46万吨标准煤、4226.9万吨标准煤、5814.8吨标准煤、5349万吨标准煤、5388.3万吨标准煤、5151.2万吨标准煤、5070.2万吨标准煤，年均消费需求缺口量增长率为10.75%。依此趋势，2020年四川能源消费短缺量将达到7207.33万吨标准煤左右，由此可见，能源需求量逐渐升高，导致能源短缺逐年增大，从而呈现“整体供不应求”的格局。

其次，各能源所占百分比在一定程度上可以反映能源结构的合理化水平。从能源生产和消费结构来看，四川省以煤炭为主的不可再生能源占主导地位，而可再生能源和新兴能源所占比例相对较低。以2018年的数据统计分析为例，四川能源生产类型主要包括石油、煤炭、水、天然气、核电等，在能源生产结构中所占的比例分别为0.1%、27.1%、33%、37.6%；在能源消费结构中所占比例分别为39.5%、27.2%、15.5%、23.2%。由此可以看出能源结构调整的必要性，从而体现出发展新能源产业必要性的客观要求与积极的主观意向。

在“十三五”发展规划期间，国际能源形势及能源产业结构发生变化，逐渐出现了许多问题。能源的供应也已由短缺变为相对过剩。首先，常规能源产能过剩，煤炭生产量和消费量大幅下降，动力煤平均利用小时持续下降，煤炭、火电企业经营难度日益加大。与此同时，天然气产能利用率开始下滑，出现供过于求的现象；其次，由于水电工程项目的大规模集中投产，加上光伏发电和风电项目的落地实施，电力也开始出现“供大于求”的现象，由长期“丰余枯缺”转为“丰裕枯余”，在2015年首次出现了负增长，统计数据显示，“十三五”期间的全社会用电量年均增长率从“十二五”期间的8.4%下降到了5.4%；并且随着全川各区域的水电站并网运行导致弃水量逐年增加，且“水电消纳”的矛盾也越来越严重。以上各类客观现实给出了一个警示信号：四川省要紧跟世界节能减排及新能源发展的趋势，摆脱依赖传统能源发展的困局，以区域的发展能力为基础，开拓一条清洁安全的新能源产业发展道路。

第二节　四川省发展新能源产业的优势

一、良好的区位优势

四川省辖区面积为486052平方千米，位于中国西南地区，是该区经济发展水平排名第一的省份。全省常住人口达8302万，在全国排名第三。四川省西接青海、西藏，东邻重庆，北连甘肃、陕西，南衔云南、贵州，是西部地区重要的经济、贸易、交通和运输中心。而且，随着引领新经济全球化的“一带一路”建设，长江经济带、西部大开发、成渝经济区相互重叠，四川省与全国乃至世界的联系越来越紧密，合作领域越来越广。“一带一路”沿线国家中有些地区电力市场潜力巨大，有超过10亿人口还没有用上电，每年的用电需求量高达3万亿千瓦·时。在“一带一路”倡议发展机遇下，四川省可将自身无法吸收的水电、风电、光电能通过电网输出至其他地区，为新能源产业发展创造更好的环境和更宽广的空间。

二、良好的资源禀赋条件

四川省地貌复杂，以山地为主要特色，土壤类型丰富，有“天府之国”的美誉，拥有丰富的太阳能资源和生物质能等新能源资源。

（一）太阳能资源

四川省太阳能资源在地域分布上呈现明显的不均衡性。从径向上来看，从东到西，省内太阳能资源的丰富度呈现东低西高的特征。石渠、色达至理塘、稻城、攀枝花一带是川内太阳能资源最丰富的地区，年总辐射量达6000兆焦耳/平方米以上，年日照时数在2400 ~ 2600小时；川西高原大部分地区属于太阳能比较丰富的地域，在全区拥有较大的覆盖面积，具有5000兆焦耳/平方米以上的年总辐射量，大多数地区的年日照时数都能达到1800个小时以上；川西高原向盆地过渡的山地区基本为太阳能比较贫瘠的地区。4000～5000兆焦耳/平方米的年总辐射量，其中大多数地区的年日照时数都为1700个小时以下；四川省及我国太阳能最弱地区为盆地区，总辐射量基本在4000兆焦耳/平方米以下，也拥有比较少的日照时数，因此，利用该区太阳能没有重大意义。

（二）风能资源

四川省的地理位置较独特，受复杂地形的影响，在全国属于风能资源贫乏的省份之一。但是近年来，全国风电产业快速发展，华北、西北、东北和东部沿海等地区的大型风电场的建设开发逐渐饱和，并且风电技术水平也有了长足的进步，加之分布式发电场和中小型风电场的开发逐渐兴起，使得我国高原、山地等复杂地形的风能资源也开始受到关注，包括四川省在内的原本风能资源贫乏的省份也具有广阔的开发前景。最具有开发利用价值的区域就是以德昌、茂县和丹巴为中心的岷江河谷、安宁河谷和大渡河谷等，其离地50米高度风能资源理论储量约有8835万千瓦，潜在开发量约有1500万千瓦。

（三）生物质能资源

生物质能资源的来源种类呈多样化，涉及种类较多，比如来自农村城市地区的各种垃圾、畜禽粪便和农作物秸秆等。四川省作为农业大省之一，覆盖了大面积的农林作物，而且气候温暖、潮湿，适合农林作物的生长，一些农林废弃物能折合的能源（标准煤）相当可观。因此四川省在发展生物质能源方面有着相当大的优势。

（四）新能源矿物资源

四川省拥有丰富的新能源矿物资源，如太阳能利用中可以替代的新材料碲铋矿。四川石棉县大水沟碲铋硫铁矿是迄今为止世界上有报道的唯一“碲独立原生矿床”。截至2008年四川石棉勘测到碲铋矿1500吨，其提炼出来的产品通过与镉合成后生产形成的太阳能电池，所能产生的发电瓦数相当于再造3个三峡发电站。此外，四川丰富的钒矿、锂矿和稀土资源（储量分别位列全国第一、第二、第四位）（王朝全，2012），为发展新能源汽车用钒离子动力、锂离子、镍氢电池提供了原材料保障。

三、现实基础和技术优势显著

自实施西部大开发战略以来，在国家政策的推动以及四川省委、四川省政府的带领下，四川在科技工作方面取得了长足的进步，科技创新实力不断提高，在科技成果转化以支撑社会经济发展方面，能力也在逐渐增强，“科技强省”的标签逐渐显现。近年来，四川省逐渐形成了强大的科技研发体系，不仅学科项目配套，而且科研种类齐全，为重大科技研发成果的诞生打下了坚实的基础。2018年，四川省的科学研究与试验发展（research and development，R&D）投入总额在西部所有省份中排名第一，科技进步对经济增长的贡献率高达54%，并且全年高新技术产业实现总产值1.7万亿元，较2017年增长9.1%（据《四川日报》2019年3月6日的文章《2018年四川省国民经济和社会发展统计公报》）。

其次，四川省拥有独特的设备制造优势。目前，四川已经成为中国西南部最重要的装备制造业基地之一。截至2017年5月底，四川全省实有装备制造业企业2.3万户，资本总额3345.63亿元，作为全省重点培育的五大万亿级支柱产业之一，2018年四川省政府发布了《关于加快构建“5+1”现代产业体系推动工业高质量发展的意见》给出明确“时间表”和“路线图”即建设具有国际影响力的高端装备制造基地，到2022年产业规模突破1.2万亿元。

四、初步形成的产业化集群

四川省新能源产业基地建设已显成效的区域是成都市双流区。2008年以来，双流区作为成都市发展新能源产业的核心区域，积极推进新能源产业链发展，初步形成了：汉能集团、南玻集团、新源圣光、天威新能源等产业集群，成都佳电、川开集团在西南物理研究院、中国核动力研究院、四川大学等高校及科研机构的大力支持下发展核能产业集群，森兰变频作为龙头引领形成了风能产业集群。

综合来看，四川省在发展新能源产业方面拥有一定的产业基础和优势，随着低碳经济的提出，四川省能源结构的演变迎来了非常大的机遇，发展振兴新能源产业将有助于四川省整合资源优势，优化产业结构，寻找经济腾飞新的增长点。

第三节　四川省主要发展新能源产业种类

发展和振兴新能源是中国能源革命的重要战略之一：新能源可以替代化石能源。同时，发展新能源产业也为促进经济发展方式的转变创造了新机会及提供了新动力。在四川省委、省政府的高度重视和相关部门的在支持与合作下，四川省充分挖掘新能源潜力，推出一系列项目，多种新能源从无到有，企业数量和产量均保持强劲增长态势。“十三五”期间，随着“1+3+n”产业体系（“1”是指以装备制造为核心的传统优势产业，“3”是指生物医药、电子信息、新能源三大新兴产业，“n”是指若干个新兴产品集群。）的快速发展，四川省不断扩展新能源产业的规模，以风能、太阳能光伏、生物质能及新能源汽车为核心的产业格局逐渐形成。截至2017年，四川省已完成新能源项目89个，总装机容量353.7万千瓦。生物质发电项目累计安装134.5万千瓦，其中风力发电项目134.5万千瓦。

一、风能

四川省位于青藏高原和长江中下游平原的过渡带。东部为盆地和丘陵，海拔高度值大多在500至2000米之间，西部为高原和山地，海拔大多在3000米以上。整体上来看，西高东低的特征非常明显，地形相对高度差异显著。四川地形类型有四种地貌：山地、丘陵、平原和高原，分别占全省面积的74.2%、10.3%、8.2%、7.3%。四川省辽阔的地域和复杂的地形导致了其风能资源分布的不均匀性，川西北的高原地区和川北、川西南山区及川东部分地区风速相对较大，而盆地内风速较小。

四川省风能资源评价报告指出，川西高原山区为全省风能资源丰富区，其10米高度的风能资源年平均功率密度在3.8～105.0瓦/平方米之间。从风向来看，大部分地区北和偏北风向方位的风能超过了当地总风能的一半。据测算，四川省全省风能资源的实际可开发量在2000万千瓦以上，理论开发总量约为4850万千瓦。从空间分布来看，四川省的风能资源富集区主要是在川西高原和盆周山区。从时间分布来看，四川风能资源富集时节主要集中在冬春季节，川内的河流基本上处于枯水期。因此，大力发展风电产业，可以弥补河流枯水期水力发电的不足。目前，经济可开发的风能资源相对较集中，主要分布在川北山区和川南的高原山区，包括凉山彝族自治州、攀枝花、广元、巴中等地区。

二、太阳能

在四川省甘孜藏族自治州、阿坝藏族羌族自治州、凉山彝族自治州三州和攀枝花市有丰富的太阳能资源，其中，攀枝花市还被誉为“世界第二阳光城”。按照太阳辐射能资源的划分标准，四川省太阳能资源最丰富的地区为甘孜藏族自治州，太阳能资源很丰富的地区为阿坝藏族羌族自治州、凉山彝族自治州、攀枝花市。

高原多、盆地少为四川省日照分布的基本特点。在高原地区，冬春季日照相比夏秋季要多；在盆地地区，秋冬季日照要少于春夏季。径向分布为太阳辐射年总量的呈现方式，其东西的差异高达一倍以上；四川省内太阳能资源最为富足的地区为川西高原，其也是全国太阳能资源的三级分布区之一，在未来的发掘利用过程之中必将大放异彩。

三、生物质能

作为中国农业生产大省，四川省在利用和开发生物质能源上有着得天独厚的优势，拥有丰富的可供开发的生物质能源原材料。四川农村生物质资源潜力巨大，主要包括农作物秸秆、人畜粪便、农村地区生活垃圾、能源作物四个方面。

四、新能源汽车

四川省拥有良好的传统汽车产业基础，且拥有丰富且集中的自然资源和雄厚的科研资源和人才资源，对新能源汽车产业集群的发展及未来新能源汽车的推广提供了良好的基础。成都市自2013年入选首批新能源汽车推广应用城市以来，一直积极推动且带动着全省新能源汽车产业的发展。新能源汽车以成都、泸州、南充和达州等地为核心发展区，形成成都平原城市群、川南城市群、川东北城市群三大新能汽车应用基地。

第四节　四川省风电产业发展现状分析

中国疆域辽阔、海岸线长，拥有丰富且分布广泛的风能资源。风能是当下运用最广泛的新能源，从开发至今经历了快速发展。从最开始的欧洲风电技术输出，并通过赠款及贷款的方式来寻求发展，到实现技术吸收、消化，开始自主研发，本土化势力崛起，行业进行规模化发展。现如今，中国风电技术已达到全球领先地位，已经具备多元化输出的能力。根据国家气象局绘制的全国风能资源分布图，四川省属于风能资源贫乏区域。但是随着风电产业的发展，风电场开发技术及风力发电机组设计、制造都在不断进步，同时风能资源开发区域和方式也在不断转变，由“三北”（东北、华北、西北）地区集中式转变成“三北”地区集中式和南方地区分散式相结合，使得风能资源贫乏区域（包括四川省）在一定程度上也具备开发价值。

一、四川风电产业发展的总体状况

在过去的几年间，四川省的风电产业发展迅速，截至2018年末风电产业累计核准容量和累计在建容量都呈逐年增长趋势，2018年的累计核准容量同比增长124.77%，2018年的累计在建容量同比增长125.70%。

据测算，四川省风能资源实际可开发量在2000万千瓦以上，而全省风能资源理论开发总量约为4850万千瓦。四川省风能资源丰富，主要分布在凉山彝族自治州、攀枝花山区和川西高原地区。凉山彝族自治州是国家能源局批准的西南地区首个千万千瓦风电基地，初步形成了集风电开发、设备制造、运营维护服务为一体的完整产业链（仲涛，2014）。2015年，国内领先水平的发电设备企业东方电气集团在德昌县建厂，相关配套企业陆续落户，形成了集风电开发、设备制造、运输、维修服务于一体的完整产业链。到2019年，德昌安宁江峡风电场将分五期共建，总装机容量20.2万千瓦。在建山风电场在未来计划装机容量可达61.6万千瓦，年发电量3.84亿千瓦·时，每年的销售额达2.34亿元。同时，伴随“三北”地区的“弃风”问题逐渐严重，风电发展所覆盖的范围开始逐渐由南向北迁移，以其长叶片、低风速的优势吸引了行业内的眼光，凉山彝族自治州在风电行业的发展迅速。到目前为止，凉山彝族自治州在风电方面的投产装机容量有123.6万千瓦，计划之中的项目装机容量也有240万千瓦，未来的发展空间巨大。

二、四川省发展风电产业的基础和优势

（一）东汽具有专业生产大型风电机组技术

目前，我国急需风电设备，这为四川省风电制造业的发展带来了良好的商机和市场空间。然而，国内风电机组制造业的发展趋势却一触即发。2019年，我国风电整机厂商有29家，但真正有经验的专业工厂却寥寥无几。所有风电机组都是在恶劣条件下运行的，这对产品质量和运行可靠性提出了很高的要求。兆瓦级风力发电设备的制造难度更大。在这方面，东方汽轮机有着明显的优势。它是一家“五电一体化”（即核电、风电、水电、煤电、气电）企业，是中国汽轮机制造基地之一，以汽轮机为主导产品，因其技术水平高，占据了我国的汽轮机市场30%的份额；目前拥有约7000名员工。

（二）四川省水电和风电的资源互补性极具利用价值

甘孜藏族自治州、阿坝藏族羌族自治州、攀枝花、凉山地区是四川风力资源的主要分布区，具有大约200万千瓦的可开发风电资源。如西昌市黄连关至德昌的安宁河狭长河段，大风频繁发生，风向多为南北向。四川省主电网和凉山州地方电网以水电站为主，调节能力差；季节性强；冬春季节水量小，电力供应不足。而安宁河谷冬春季风能资源最为丰富，每年11月至次年5月可与水电互补。

三、四川风电产业发展面临的约束与问题

由于四川省风电产业的高速发展，以及规模的不断扩大，风电开发中存在的问题，和发展中遇到的障碍逐渐显现出来，阻碍了风电产业的健康发展。

（一）高成本

在我国风电产业发展过程中，由于风电整体生产成本较高，风电上网电价也高于市场价，这使得市场难以接受风电。同时，为了促进清洁能源的利用和发展，政府给予政策性的电价补贴，这使得风电产业的发展严重依赖国家政策，这种发展模式不符合商业规则（吕文春，2018）。由于相关政策的出台，四川省大力发展风电产业，水电装机容量占总装机容量的60%以上，给国家能源建设投资带来了严重的负担。因此，通过提高风电开发技术来降低风电开发成本及降低电价、促进风电产业健康发展是如今急于攻克的难题。

（二）自主创新能力差

我国风电产业发展起步较晚，在初步吸收和消化国外先进技术后，风电产业规模持续快速扩大。虽然经过20多年的研发和经验积累，我国风电自主研发技术取得了长足进步，但是与国外先进技术相比还是有一定的差距。由于缺乏核心技术上的竞争力，导致我国风电企业在“一带一路”倡议发展机遇下走出国门、走向世界的过程中存在阻碍，不利于我国风电产业的海外拓展。

（三）制造和配套能力有待提升

在国家政策的引导和支持下，我国风电产业经历了20多年的“井喷式”发展。风电机组生产装配及零部件配套制造企业数量再创新高。整个风电产业实现了规模化生产布局。但是，目前依然有大量的企业争先恐后地进入，技术共享平台的建设也十分落后，和国外先进的生产水平比较而言，我国风电产业的整体制造能力较差。同时，风电发展中的许多核心关键技术在很大程度上依赖

进口，阻碍了我国风电产业的发展。

（四）标准体系建设滞后

长久以来，我国风电行业管理部门较多，职能相对分散，国土资源、能源、科技、水利等各部门管理职能交叉，政出多门，扶持资金分散，很难形成合力，在较大程度上削弱了对行业发展的助力。至今，风电产业仍未形成完善的国家标准、行业标准和不同国家、地区间标准互认机制，严重制约了风电产业的规模化发展和向海外市场的拓展。

四、四川风电产业的发展前景

（一）紧紧抓住发展风能产业的难得机遇

根据预测，未来为适应全国GDP平均7.2%的增长速度，所需发电装机容量约为10亿千瓦。按最大容量计算，水电开发可达到2.6亿千瓦，煤电可达到6亿千瓦，核电可达到4000万千瓦，还有1亿千瓦的缺口，这为风能、生物质能发电等可再生能源提供了巨大的市场空间。四川要抓住机遇，进一步完善新能源发展规划，加强风能资源调查，充分利用本地优势，争取制造业和风电场建设在风能产业中的比重，拓宽新的经济增长点。

（二）将攀西地区规划建设为新能源应用开发试验区

攀西地区的环境比较特殊，生物质能丰富，其中，适宜麻疯树（其果实含油率高达60%，可以提炼出不含硫、无污染、符合欧盟排放标准的生物柴油，是中国重点开发的绿色能源树种）生长的土地潜力可达700万亩；太阳能资源丰富，阳光充足，时间长；风能具有很大的开发价值。加大攀西地区新能源投资建设力度，把攀西地区建设成为四川省新能源（风能、太阳能、生物质能）开发应用试验区，对凉山彝族自治州少数民族地区经济快速发展具有重要意义，为西南地区科学合理利用新能源发电发挥重要作用。

（三）扶持能源设备制造企业，形成规模化生产能力

一般来说，风电投资的70%是机组设备。对此，政府采取一系列的相关措施，例如加大对东方汽车的支持力度，把四川省建设成为中国风电装备制造基地之一。国产兆瓦机组已成为国外新建风电场的主要机型，东方汽车也已进入这一领域。在CREP项目（即合作、可重复和教育项目，其任务是通过集群资源式的重复实验来培养本科生的科研能力）的支持下，该厂联合设计开发了2.5兆瓦双馈变速恒频风力发电机组；此外，还需要加强对成都“天马牌”轴承的支持，打造风电轴承第一品牌。对于德阳开发区来说，以风电项目为开发重点，重视风电项目，将企业的力量整合起来，与各大高校和科研所形成技术上的互通，推动形成风电装备产业集团，促进系列产品的研究开发，并形成相当的规模，将德阳市建设成为风电典范城市。与之相对的，机电设备制造、钢铁制造、道路、建材及工程安装等行业的发展将会受到风电产业的推动作用，这对经济发展、就业都有着积极作用。

（四）对风电开发加大监管力度

四川省在风电产业未来的发展过程中，需要特别重视对于风电产业的监管力度，例如通过采取罚款、延长开发期限等强制性手段，合理监管风电产业的市场。

（五）加大扶持激励性政策

借鉴国际上风电行业发展的经验来看，政策支持是风电初步发展的关键点，如引导市场的开发拓展、税收上的优惠政策、资金周转补贴、低价用电、低息贷款优惠政策。当前阶段我国还没有形成较完整的定价制度，导致在短时间内的经济效益没有得到可观的增长，严重阻碍了投资者的规划，对可持续发展产生了不良的影响。新能源的融资手段和投资方案相对简单，产品和产业的发展有一部分原因是国际市场和民间融资能力较差的制约。四川要加强这方面

的专项研究，增强财政支持力度，明确在可再生能源方面国家的财政支持重点和方向，建立专属新能源基金会，推动市场发展。

第五节　四川省太阳能产业现状分析

太阳能在使用上极为便利，对地理位置的要求不高，同时具有高效、环保、可再生无枯竭的特点，因此，光伏产业发展相对较快。从太阳能的利用和分配来看，光伏发电主要应用在偏远农村地区的电力使用上，这一部分占比51%，另外有36%的光伏发电主要应用在工业和通信上，剩下的一小部分应用于太阳能产品，如计算器、手表等；同时，光伏的应用模式也多样化。近年来，光伏产业逐步与扶贫、农业和环境相结合发挥作用；例如，光伏农业温室的迅速扩张已成为光伏应用的一种重要形式。在太阳能电池生产的整个过程中，光伏系统的平均每瓦功耗只有2千瓦。太阳能光伏系统生产所用的能量可在两年左右回收，光伏系统的使用寿命至少为25年，由此可见，太阳能光伏发电是一种无可争议的低能耗、轻污染的清洁能源。随着光伏发电的大规模发展，未来的市场发展速度也将提升。我国在开发利用太阳能资源方面的潜力是巨大的。从长久的角度来看，光伏发电在未来发展中将占据市场的主要份额，成为主要供应手段。在我国，大规模的发展光伏并网发电成为改变电力系统结构的理想选择，也是可持续供电的最理想模式。光伏发电应得到更高的重视程度和更大的支持力度。总而言之，在市场需求被不断激发的情况下，同时加之国家相关政策的出台，光伏发电产业正以迅猛的姿势不断地增长。

一、四川省太阳能光伏产业的布局

四川省主要根据各个地区发展光伏产业的比较优势来进行光伏产业布局。

太阳能光伏产业链具有比较长的特点，晶体硅、硅棒、硅锭及硅片的生产归属于产业链的上游，光伏电池及其组件的生产归属于产业链的中游，光伏发电系统、光伏应用产品等光伏系统应用产品的生产归属于产业链的下游。四川省太阳能光伏产业形成了涉及产业链上游、中游、下游的布局（孟弋琳，2014）。

（一）光伏产业链上游

乐山、眉山、雅安蕴藏着丰富的硅资源、磷矿资源、天然气资源及水电资源，这些都是生产光伏产业原材料——多晶硅、单晶硅等必不可少的原料资源。此三个地区现有四川永祥多晶硅有限公司、四川新光硅业科技有限责任公司、乐山乐电天威硅业科技有限责任公司、乐山新天源太阳能科技公司、四川瑞能硅材料公司、永旺硅业有限公司等企业，以多晶硅、单晶硅、硅锭以及硅片的生产为主要业务。

（二）光伏产业链中游

成都市双流区拥有着扎实的产业基础而且具备交通的便利条件，尤其匹配薄膜太阳能电池的发展及光伏组件和配套设备的生产制造。现有企业有主营业务为薄膜太阳能电池制造的四川汉能光伏有限公司，以生产电池片和组件为主营业务的通威太阳能有限公司，以制造光伏电池、光伏组件、光伏系统工程为主要业务的天威新能源控股有限公司，生产太阳能聚光热发电镜场设备的成都禅德太阳能电力有限公司，以研发及生产高纯超高纯稀散金属半导体材料为主要业务的四川阿波罗太阳能科技有限公司。

（三）光伏产业链下游

攀枝花市、凉山彝族自治州的年日照时数均在2000小时以上，太阳能资源在甘孜藏族自治州及阿坝藏族羌族自治州也非常富集，它们是政府着力推动发展光伏电站的地区，有多个正在规划和建设中的项目。四川于2013年在凉山彝族自治州会理开工建设首个省内太阳能光伏并网发电站，该项目投资7.5亿元，兴建装机50兆瓦太阳能光伏并网发电站，具有6738.9万千瓦·时的年发电量。在阿坝藏族羌族自治州的阿坝、红原、若尔盖和壤塘4个县，安装太阳能光伏发电装置6000多套，集体组织光伏屋顶计划。截至2015年，甘孜藏族自治州拥有6个光伏项目，累计装机容量为195兆瓦，占四川省总装机容量的42.9%。其中获得路条的有2个，累计装机容量为75兆瓦；备案的有2个，累计装机容量为60兆瓦，属于“十三五”规划的有2个，累计装机容量为60兆瓦。凉山彝族自治州拥有7个光伏项目，累计装机容量为180兆瓦，占四川省总装机容量的39.6%。其中已经建成的有1个，容量为30兆瓦；已经核准的有3个，累计装机容量为50兆瓦；获得路条的有2个，累计装机容量为80兆瓦；备案的有1个，装机容量为20兆瓦。阿坝藏族羌族自治州拥有3个光伏项目，累计装机容量为50兆瓦，占四川省总装机容量的11%。这3个光伏项目均属于“十三五”规划。攀枝花拥有1个光伏项目，装机容量为30兆瓦。

二、四川太阳能光伏产业发展中存在的问题分析

2012年，全球太阳能产业开始走入低迷状态，我国的太阳能行业发展呈下滑趋势。四川省太阳能产业比较发达，涵盖上游、中游、下游产品，因此受到的影响尤为突出。

（一）欠缺核心技术，对外依存度高

国内太阳能产业遭遇了前所未有的巨大挑战。四川省虽然拥有丰富的硅资源，但是缺少先进的多晶硅原材料生产技术，欧美及日本仍旧掌握着核心生产技术，生产成本较高。尽管硅相关的制造业已在四川省打下了一定的基础，但是，光伏电池生产技术及设备制造技术等还是位于刚起步的阶段。光伏产业仍旧需要国际市场的辅助，只能依靠进口的半导体设备，没有充足的自主研发能力，很容易受到海外市场的影响。除此之外，当前产能过剩的现象也要归因于

四川太阳能光伏制造产业发展初期的盲目扩张。

（二）行业发展初期盲目

对企业和地方政府而言，光伏产业的诱惑力极强。由于我国光伏产业采取的是审批制与备案制，政府对此具有领导权，同时，受过去几年敢于投资就一定可以有利可盈的光伏产业发展风潮影响。近年来，全国各地都在推动光伏产业的发展，但却忽略了自身的实力，直接导致光伏产业产能过剩和低水平竞争的症状。

第六节　四川省生物质能产业现状分析

生物质能由于污染性小、涉及资源类别多且分布广泛，在近几年也快速、广泛地发展起来。但是在我国生物质能源的推广受到一定的阻碍，原因在于人们对生物质能的认识普及程度不足，且政府出台的政策对开发生物质能的补贴门槛过高，加上国内技术的落后等原因。但是，随着我国生态文明建设的进一步发展，生物质能的地位得到进一步提高。从收入上来对比，太阳能行业作为龙头产业其竞争优势正在渐渐萎缩，而以生物质能为代表的新生代能源势头正旺（佚名，2017）。

在液体燃料和生物质发电方面已形成了一定的规模，已经开始发展生物天然气及生物质成型燃料等产业，并且表现出了未来市场的丰富潜能。生物天然气和生物质成型煤燃料供热技术和商业化运行模式已基本成熟，并渐渐成为生物质能的重要发展方向。生物天然气将在汽车用气和天然气供应方面继续拓宽市场。中小城镇逐渐加大生物质供热的发展空间。生物液体燃料也被推广到生化工业。技术的重点在于如何多元化的结合非粮食生物质资源来完成生物炼制，使混合醇、生物柴油、燃料乙醇等衍生品来替代原油产品，更多地拓宽化工领域和航天领域的原材料。（冯为为，2019）。

一、四川生物质资源潜力现状

四川农村生物质资源具备巨大的潜力，由农作物秸秆、人畜粪便、农村地区生活垃圾及能源种植物四个方面构成（曾婷，2014）。

（一）农作物秸秆

切实分析四川省农作物种植的实际情况，水稻和小麦为主要粮食作物；选油料作物为主要经济作物。2012年，四川省水稻和小麦的产量分别达到1527万吨和436万吨，油料作物产量也高达278万吨，由此可估算得到：水稻秸秆1222万吨、小麦秸秆523万吨及油料秸秆695万吨。

（二）人畜粪便

截至2012年，四川省总计6987.8万人次农村人口，主要畜禽类存栏数：约968.3万头牛、103.3万头牛、5101.6万头猪及1661.7万只羊。根据常见生产资源干物质量估算得到，每年有干物质总量为1710.9387万吨的人畜排泄物。

（三）农村地区生活垃圾

在对农村生活垃圾处理方面，四川省尚且处在敞开式收集的落后回收方式，没有形成一个以堆积、收运、无害化处理为过程的一体化的管理。四川省具有近7000万人的农村乡村人口总数，假设农村人口平均年产365公斤的垃圾量，那么整个农村每年可产生高达2555万吨的垃圾量。

（四）能源植物种植

四川省能源作物大多都种植于贫瘠之地，大部分都在遥远的山区农村。一类是可以用于发酵制取酒精的薯类、甘蔗、高粱、玉米。2012年，四川省年产442万吨的薯类作物（主要包括马铃薯和红薯），年产77万吨的甘蔗、约18万吨的高粱及701万吨的玉米。另一类是以生产柴油为主的油桐（麻疯树）。四川省早期在攀西地区种植了20余万亩麻疯树，还有20余万亩的野生麻疯树。同时，整个四川省拥有700万亩的理论种植面积，金沙江、雅砻江及干热河谷部分地区为主要聚集区。

生物质发电、沼气、生物柴油等方面为四川省生物质资源的主要利用方式。

1. 生物质发电

根据粗略统计，四川省约有4250万吨的农作物秸秆资源量、4140万吨的理论可利用量。将各地的秸秆品种构成、用途、交通运输、资源供求等因素考虑在内，理论可利用量的50%为秸秆的实际可利用量。成都平原、川中丘陵、川东北及攀西地区为主要的资源集中区。鉴于四川省的城市规模逐年扩大，年产近100万吨的垃圾量，可新建大约30个垃圾焚烧发电厂（单个规模2.4万千瓦，日耗垃圾800吨）。

2. 沼气

四川省约有1000万的农村养殖户，数量上位居全国第一，理论上可年产沼气量近35亿立方米。具有10488户的全省规模化畜禽养殖场，约5.3亿立方米的年可产沼气量，成都平原、盆地丘陵及周边山区为资源集中区。

3. 生物柴油

四川省林木生物能源基地发展的主要树种为麻疯树，约有2.26万平方千米的适宜麻疯树生长的能源林土地总面积，小桐子为世界公认的较好的生物柴油开发树种，雅砻江、金沙江、安宁河流域海拔700～1600米的河谷地带为资源集中区。

二、四川生物质能产业发展现状及特色

四川省生物质能产业呈多元化发展趋势，逐步显现出其综合效益。截至2014年，已经通过核准了朝天、苍溪、盐亭、南部生物质发电4个项目，总规

模为12万千瓦；4个正在开展项目前期工作的项目，也达到了12万千瓦的总规模。四川省有525万户农村户使用沼气池，占到了全国的1/7，位居全国第一，高达57.34%的适宜建池农户沼气普及率。四川省已经建成了1701处大中型养殖场沼气工程，达到了43万立方米的总容积，更是达到了1151万吨的年处理畜禽粪污能力，年产约7000万立方米的沼气量。南充建设年产6万吨小桐子生物柴油项目已经被国家发改委所批准，目前正开展项目建设前期准备工作（李良县，2014）。

（一）四川省坐拥丰富生物质能资源和较为完善的人才团队

四川省的优势在于生物柴油和燃料乙醇的开发。麻疯树种子提取生物柴油等技术已经在全球处于领先地位，产业化初级目标已经达成。从国际大环境来看，我国在生物发酵方面占据一定的领先优势。在燃料技术（乙醇）方面已经处于国际领先水平，沼气技术已经应用多年并取得卓越的成效。

（二）加大能源林种植力度

攀枝花麻疯树资源丰富，其在攀枝花干热河谷地区已有数百年的生长历史，2005年四川开始了对麻疯树的规模化种植基地的培育。2006年，攀西地区就已种植了15883万平方米的麻疯树。此外，四川省的甘薯在全国范围内种植范围最广，并通过甘薯来生产原料，此项工艺在全国占据领先地位。

（三）推进沼气工程发展

四川省拥有国内唯一的国家级沼气研究机构——农业农村部沼气科学研究所，沼气研究处于世界领先地位。沼气相关产品已逐渐形成一个独立、快速发展的能源产业。首先，应该重视农村沼气并优先发展。攀枝花、成都及遂宁被四川省政府考核认定为沼气化市，在未来将会形成一个沼气化的片区在四川省东北部，四川省大半数城市的能源供给需求问题将会得以解决。其次，养殖场的规模化及养殖小区的沼气工程。32个畜牧业重点市（县）于2012被四川省政府审批通过，极力推动规模化养殖场的发展及养殖小区沼气工程，形成能源自给自足，同时还要起到带头引领作用。

三、四川省生物质能产业发展中存在的问题

（一）生产及其技术问题

对于大多数的生物质来说其自身的能量和体积密度比较低，且比较分散，在运输储存过程中的成本巨大，极大地阻碍了生物质能源的正常利用。由于季节性因素，生物质资源在供应端方面也存在波动，这也给生物质能源的产业化规模的发展和利用方面带来了难题。生物质的水分、热值、灰分等化学成分存在较大的差异，给生物质能源的利用方面带来了困难；由于生物质能源生产设备昂贵、生产工艺落后、生产水平低，生物质能源的利用和开发成本较高，无法在各行业大规模应用。生物质能想要实现产业化，首先要解决的是如何实现原料的规模化供应。我国还没有建立起有效的生物质原料收集模式，给生物质资源的收集带来困难。

（二）生物质能标准体系不完善

我国尚未建立生物天然气和生物型煤燃料的行业标准体系，缺乏设备、产品和工程技术的标准规范。生物质锅炉和沼气项目尚未出台排放标准。在生物质能的检测认证体系建设方面，进度相对落后，阻碍了其标准化和专业化的进展，还缺乏对产品和质量的技术监督。

（三）财政投入不足，融资能力薄弱

四川省生物质发电审批权下放到地方后，出现了严重的“乱批乱建”现象，导致了生物质原料价格快速上涨，不仅新建的生物质发电项目存活不了，甚至还影响到了以前运行很好的项目（冯为为，2019）。其次，就目前来看，四川省生物质能产业发展缺乏基本的投资保障、必要的基础设施和技术条件。

一方面，在各级政府的预算和计划中，生物柴油投入的资金量太少，重点和方向也很不明确；另一方面，由于生物柴油研发经费高、周期长、见效慢等客观因素的存在，难以吸引社会资本的积极流入。生物柴油的投资和融资方面，模式单一；且没有足够高的民间和国际资本市场的融资能力，生物柴油产品规模化、产业化发展受到了阻滞。

（四）缺少税收政策支持

从增值税来说，我国目前还没有形成较完善的制度，只是在增值税方面给予了一些优惠政策，但是这些优惠政策在生物柴油方面比较有限，所以并没有起到实质性的作用，缺少实质性的制度。在市场上监管中，也没有很大力度的支持生物柴油。这会让生物柴油在市场的大环境竞争中处于劣势，即使在同样的价格下，在利益驱使和行业垄断下，常规能源也将生物柴油挤出了市场。

第七节　四川省新能源汽车产业现状分析

一、四川省新能源汽车产业发展基本状况

（一）自身优势

四川省的自然资源优势十分突出，有利于新能源汽车的发展。其中锂矿资源作为新能源汽车电池生产制造的主要原料，截至2019年，四川省锂矿资源的探明总量就已超过了200万吨。全国的锂材料和锂电池生产基地也在四川建成；截至2020年5月，四川省在全国水电资源的排名中也名列第一。其次，四川省新能源汽车的市场潜力巨大，2019年上半年四川省内的汽车保有量已有1152万辆，位居西部第一，为新能源汽车产业的未来发展提高保障。与此同时，四川省成立了新能源汽车发展小组，为新能源汽车产业发展提供了有力的市场保障

机制。

（二）产业布局

放眼最近几年，四川汽车工业保持平稳较快发展，2015年至2019年连续五年产量超过100万辆。在新能源汽车生产方面，已经形成了一条比较完整的产品线，涵盖纯电动汽车和混合动力汽车、SUV、乘用车、重载列车和特种作业车等，从汽车的核心零部件、关键材料到充换电设施，智能化服务的新能源汽车产业链已经初具规模。

在产业布局方面，将四川省分为核心发展区和重点扩展区两大区域，其中，核心发展区以成都、泸州、南充和达州等地为主体，重点扩展区以德阳、绵阳、广元、遂宁、乐山、宜宾、广安、巴中、资阳等地为主体，联合辐射带动四川省其他地区新能源汽车产业发展。成都市将纯电动客车、轿车、专用车、插电式混合动力客车、燃料电池客车、轿车、专用车作为重点发展对象，着力打造完整的新能源汽车产业链。泸州在市政府的大力推动与支持下，建成了西部新汽车产业园和智能充电服务平台，并在小型电动车的生产及新能源汽车电池、电机、电控三大核心技术的研发和制造方面也取得了显著的成绩，成为西部清洁能源汽车产业基地。南充市以研发纯电动、增程式等新能源商用车和甲醇、LNG等清洁汽车为重点，成为西部新能源商用车和清洁能源汽车研发生产基地。

（三）生产规模

截至2017年，四川共有新能源汽车重点企业100户，其中，汽车整车制造企业18户，动力电池等关键零部件企业68户，研发销售运营企业14户。2017年，四川省生产新能源汽车2.4万辆，产品覆盖乘用车、商用车、专用车等领域，产值约200亿元，四川新能源汽车整车生产已经初具规模。西华大学汽车与交通学院院长彭忆强认为四川具备了发展新能源汽车产业的完整产业链条。

四川省的整车企业，如重汽王牌、沃尔沃成都公司、川汽野马、成都客车在企业发展方向进行研发和生产中逐渐以新能源汽车为主，沃尔沃新能源车、纯电动汽车总装项目已投产，正在加紧建设年产15000辆客车物流车的银龙成都新能源产业园和年产10万辆的文华通捷新能源汽车制造基地；联腾动力巴莫科技等汽车零部件企业围绕厂商积极开展配套产品研发和生产，以泰坦豪特为代表的充电桩企业密集布局，四川省“整车+零部件+充（换）换设备”的全产业链制造体系正在渐渐形成。预计到2020年，全省节能与新能源汽车产量将达到30万辆，并努力打造千亿级的产业集群。

（四）产业结构

四川省新能源汽车的产业链主要由电机、电池、充电设备等构成，投入资金最多的是电池行业。

从高动力电池方面来说，正极材料大致分为三类，主要由三元材料、磷酸铁锂、锰酸锂构成，磷酸铁锂和三元电池是应用最为广泛的。目前，四川省新能源汽车电池生产企业已达10余家，从材料加工到电池生产，已初步形成相对完善的产业链。在驱动电机和电控两大领域四川省也具备较强的竞争力，但隔膜、电池热管理系统等核心技术领域仍是四川省新能源汽车产业发展的薄弱环节，在研发领域进行的投入相对较少，与整车企业的合作仍不紧密。

在电控系统和驱动电机方面，永磁同步电机、交流异步电机、开关磁阻电机等新能源汽车电机类型是我国应用最为广泛的；其中永磁同步电机和交流异步电机在市场中占主导地位，目前四川省已取得相关技术发明专利17项。四川省纯电动大巴电驱系统市场份额占全国的30%，居市场首位，但是与本地整车企业合作较少，对产业整体发展贡献较低。

四川省新能源汽车在研发和生产方面来说相对汇集，逐渐成为新能源产业的主要力量。产品的种类相对比较丰富，包括了新能源乘用车、货车、专用车等。全国20多家整车生产企业中主要包括成都大运、成都客车、中植一客、成都银隆新能源等。成都大运为国家定点的产、销、研三位一体的商用车整车制造企业，“十三五”期间，成都大运将投资建成年产10万辆以上的各类轻（中、重）型节能、环保、舒适、智能的商用车及汽车零部件产业园区，产值近200亿元；成都客车长期致力于环保客车节能技术的研究与应用，建有省级技术与研发中心，是国内最早研发天然气客车的企业和新能源客车研发基地之一。技术研发中心下设发动机、车身、仿真分析、底盘、电器、电动汽车等专业实验室，有较强的自主研发和创新能力，形成了以节能为特色的产品技术优势燃气巴士和新能源巴士。

二、四川新能源汽车发展中遇到的问题

近年来，四川省新能源汽车产业得到了长足的发展，取得了一定的成绩，但也还存在一些问题和困难。除了部分关键技术领域（动力电池、电控、电机）发展滞后，存在行驶里程短、充电时间较长、配套设施不够完善及消费者认知不成熟导致新能源汽车无法进入规模化生产阶段这些全国性普遍性的问题之外，四川省发展新能源汽车还面临着不少具体问题（邵兴全，2015）。

（一）新能源汽车销量快速增长，但对政府补贴依赖较大

在国家对新能源汽车行业大力支持以及汽车产业快速发展的大背景下，各类造车企业，如蔚来、威马、小鹏、奇点、车和家、云度等数十个新能源汽车品牌如雨后春笋般涌现。从销量情况来看，放量主要集中于第三、四季度，具有明显的季节性，即每年第四季度为新能源汽车销售旺季，而每年年初销售量则会出现大幅下滑，下滑时点基本与政府补贴于年初下调及有资格获得补贴的汽车列表更新情况一致。从销售车型方面来看，由于政策释放信号明显，未来补贴将向高品质、高续航里程的车型倾斜，从而消费者在购车时逐渐倾向于选

择中高端车型。同时政府的补贴政策仅考虑了续航里程数、能量密度等，忽略了其自身的安全问题和稳定问题，这种情况不利于新能源汽车产业的健康长远发展（刘传富，2015）。

（二）新能源汽车制造成本高

驱动电机、动力电池和电控系统三部分是新能源汽车构成的核心，简称“三电系统”，三大组成部分约占整车车成本的70%。但是新能源汽车的发展受到了严重阻碍，主要原因是生产成本过高，约为燃油车的两倍成本，多出的成本价格需要由政府来补贴。以2020年上半年的价格来看，其成本核心的锂离子电池的价格为1.2～1.6元/瓦·时，电池系统的价格在1.8～2.5元/瓦·时之间。按照平均值来算的话，补贴11万元左右的电动车携带30千瓦·时电池的成本约为10.5万元。

（三）新能源汽车使用便利性差

新能源汽车使用便捷性差主要体现在充电方面。四川省充电设施建设方式现有四种，主要是以公共服务领域的大型充电站（桩群）为主，以社会服务领域的分散式充电桩为主，在企业建设和使用的工商企业用地和居民住宅区私人住宅用地。据四川省新能源汽车推广办公室调查，在四种收费建设模式中，住宅小区私桩施工难度居首位。打桩过程涉及的私人部门多，施工过程复杂。除了有固定的停车位外，建设单个充电桩还需要住宅区物业单位的许可。此外，许多老旧小区承载能力低，需要增加电网容量，以及建设、造价等问题，导致私人充电桩条件多、阻力大、比例不足。其次，所需充电时间长也是影响新能源汽车使用性的主要影响因素。在考虑价格因素的前提下，个人消费者通常选择安装成本较低的慢充桩。一次性充电时间为6～8小时。即使选择快速充电桩，也需要1小时才能充80%的电量，这并不像传统燃油汽车那样方便。

（四）新能源汽车产业在核心竞争力方面不足

四川省能源汽车产业的核心在于装配制造，核心技术中的电池、电控技术、电机等基本上以采购的形式，在主要的核心技术领域、材料、零部件等方面的自主研发能力较弱，在驱动电机、动力电池组、电控系统的研发和制造方面没有掌握自主的核心技术，特别是缺乏智能化技术、轻量化材料的研究和应用，局部配套薄弱核心零部件和关键零部件的能力和匹配率低，这些因素将影响四川省新能源汽车产品的技术升级、升级、规模化生产和竞争力的提升。

三、四川新能源汽车产业发展前景

四川省已形成从电池、电机、电控到整车制造的完整产业链。正加强新能源汽车关键核心技术研究，拟提升品牌影响力，建成国家新能源汽车产业基地。“十三五”期间，四川省加强新能源汽车关键核心技术研究，大力支持新能源汽车推广应用，形成成都平原城市群、川南城市群、川东北城市群三大新能源汽车应用基地。大力推动电动汽车充换电设施网络建设。着力扩大规模、提升产能，重点推进一批新能源汽车整车项目，大力支持整车企业开发具有自主知识产权的乘用车、商用车及专用车等整车产品（何文洋，2017）。

为补足短板，四川省颁布的《四川省新能源汽车产业发展规划》政策表明，未来的发展过程中从研发创新工程，从平台建设、技术攻关、标准制定三个方面大力推动四川省的新能源汽车产业发展。四川省将与各大高校、研究所等达成合作，建设发展新能源汽车生产基地，同时依靠吉利集团在南充设立新能源汽车研究部，达成新能源汽车的实施标准，最终达到构建高效协同的创新体系的目的。发展规划指出泸州和成都打头阵，再扩散到广元、广安、乐山、绵阳等地，培育成都平原城市群、川南城市群、川东北城市群三大“新能源汽车应用基地”。

2017年《关于党和政府机关在新能源汽车配备管理办法》中规定，逐步扩大党政机关公务用车配备比例。其中指出，公车、国有企业（中央企业）、学校、医院使用车辆、公交车、出租车、邮政物流车辆、警车等。此办法出台后，首先，公共部门率先使用新能源汽车作为公务用车，新能源公务用车将占比30%。其次，将新能源汽车推广到景区、学校、医院等公共场所。三是在机场、物流等固定场所引入新能源汽车。最后，要加强在民营领域的应用，作为新能源汽车的主要消费力量，要注重推动民营消费。另外从空间角度也将推进这些步骤。鼓励社会资本参与建设、运营充换电基础设施。新能源汽车发展如“白纸绘画”，具有巨大的发挥空间。不只要求产品性能过硬，生产工艺和流程也要更加智能化、自动化，这也是四川新能源汽车产业发展的方向与目标所在。

第八节　小结

四川省具备发展新能源产业的基础，在资源、技术、装备制造等方面都独具特色，丰富的自然资源加上先进的研发水平和机械装备制造能力，四川省在新能源产业的发展上已初具规模。四川省成都市（双流区）、攀枝花、德阳、乐山等地在人力资源、核心技术、新能源企业、主导新能源发展和产业潜在的优势资源等方面处于领先水平，是四川省发展新能源产业实力最强、发展程度最高的城市；双流县（未改双流区之前）曾多次位居“全国新能源产业百强县”榜首，共引进天威新能源、汉能光伏、旭双太阳能、通威太阳能等亿元以上重大新能源项目50多个，着力打造新能源产业基地；雅安石棉、四川甘阿凉（甘孜藏族自治州、阿坝藏族羌族自治州、凉山彝族自治州）地区、南充、川西高原在生物质能、风能、地热能方面取得了进步，初步实现产业化集群发展，新能源产业初具规模，处于新能源产业初步发展状态，发展前景很好。

经过几十年的“三线建设”，四川省在新能源产业领域的技术研发和设备制造居于全国领先地位，为四川省新能源产业的发展提供了先天性的优势条件。但四川省目前的新能源产业比较分散、规模较小，仍处于起步阶段；四川省依据国家颁布的相关政策来发展新能源产业，例如《中华人民共和国可再生能源法》《可再生能源专项资金管理暂行办法》等，新能源的发展政策还处于一个“空架子”的阶段，并没有提出较具体的政策措施方案。未来如何保持新能源持续稳定增长，扩大新能源产业规模，是四川省面临的难题。

第四章
新能源产业集群化发展的机理分析

自然资源始终是制约地区乃至国家经济增长的关键生产要素之一，而自然资源会产生“挤出效应”，因而导致“荷兰病”的产生。已有大量研究证明了产业集群与经济增长之间的关系，指出产业集群化发展能够有效应对“挤出效应”产生的负面影响。学者提出空间与地理位置上的集聚，将逐步形成规模与结构差异的经济中心，并呈现出相应的空间特性。已有研究将这样的特性统称为“扩散（或辐射）效应”。Marshall（1891）最先从经济活动聚集角度探讨产业空间布局与经济增长之间的关系。产业集群通过规模报酬递增、技术外溢和不完全竞争引导要素和经济活动在空间集中，已成为现代产业发展的特征性事实。Ottaviana（1998）等提出OTT框架，围绕规模经济、运输成本、贸易自由度等关键因素，在D–S框架的基础上进一步探讨分析了产业集群的经济关联机制。

20世纪初，西方学者以Romer、Lacas等为代表，就产业集聚对区域经济的增长效应与影响作用机制进行了较为系统的研究。在已有研究成果中，大多证明了区域经济增长水平会受到产业集聚程度的正向影响，即集聚程度越高将直接导致区域经济高水平增长的概率也越高，区域经济增长在很大程度上得益于产业集聚。值得一提的是，Feser（2000）围绕“时间维度（周期，timed）”“地理维度（位置，geography）”和“关系维度（关联，linkage）”3个关键因素构建产业集群与区域经济增长的分析框架，为后续研究奠定了良好的理论基础。

由此可见，产业集聚对经济增长具有推动力，新能源作为新型产业，虽已初步形成集聚现象，对于不同区域来说，具有特殊性，因此有必要对新能源产业集群化发展的内在本质进行分析，本章将从动力机制分析、竞争力评价、发展模式归纳、影响因素分析四个方面来对新能源产业集群化发展进行阐述。

第一节　新能源产业集群化发展模式分析

一、产业集群发展模式分类

按不同的划分标准，从不同的研究视角，产业集群发展模式均有不同。本章通过梳理国内外文献，总结出不同的分类标准至少有以下几类：以组织制度为标准，张淑梅（2015）将发展模式粗略地分为政府主导型、市场自发型、企业主导型；以政府干预程度为标准，王华等（2009）认为可分为自然生成型和政府规划型；以规划建设程度为标准，王华又将发展模式分为成熟型、持续建设型、新规划建设型三类。研究视角至少有以下几类：从生态学的视角，周浩（2003）基于生态学逻辑斯蒂模型，提出了两种模型分别是网络产业聚集和正式产业聚集；李中斌（2009）基于生态学理论，将产业集群分为蚁窝式、窝群式、食物链式、丛林式四种。从企业共生的视角，齐振宏（2008）研究了生态工业园区企业共生的三种主要模式，即对称企业共生、嵌套式企业共生和重点企业共生网络的形成机理和运作方式。罗璇（2009）对中国产业集聚的发展模式进行全面梳理，总结出成本追逐型、外源型集聚模式，地区自发型集聚模式、政府主导的工业园模式三种发展模式。同时，还有学者从生物种群理论、跨国公司嵌入及空间集聚的视角，对产业聚集模式进行了分类。

此外，部分专业学者还对高新技术产业集群的发展模式进行了专门的案例研究。齐园（2010）将国际科技园主要的发展模式归纳为四种：高新技术地带发展模式、技术城发展模式、科学城发展模式、尼克斯的科技工业园区发展模式。秋祎飞等（2010）认为在实践中，我国虚拟软件园主要有三种形式——依托传统产业的嵌入式软件集聚发展模式、依托地方特色的服务外包式软件集聚发展模式和依托中心城市的“园·基地”型软件集聚发展模式。曹允春（2013）从新经济地理的研究视角对临空产业进行剖析，提出了航空产业链的机场空间延伸模式、承接国内外产业转移模式和区域产业升级模式。孙艳（2014）将湖北省高新技术产业集群发展模式概括为集群模型基于供应链的整合、集群模型基于技术模仿的传播、集群模型基于“产学研”合作。马霞等（2014）就美国硅谷、日本筑波科技城、韩国大德科技园三个世界著名的产业集群的发展模式进行分析，总结出世界型的产业集群具有政府宏观调控、官产学研结合、研发投入稳增、集聚大量人才的共同特征。张冀新等（2019）对创新型产业集群进行区域性分类，根据省市效率和能力的平均分对29个省市的绩效进行排名，效率和能力发展的模型分为四类：强能力弱效应、弱能量强效应、强能力强效应，弱能量弱效应。

综上所述，产业集群的研究文献较多，但新能源产业与其他产业相比，学术界对其集群发展的研究并不多，近几年，随着温室效应、能源危机等问题的兴起，新能源产业才得以较快地发展。但在少有的文献中，可发现新能源产业的集聚经济效应明显，于是，新能源产业集群化的发展模式也应成为研究重点。新能源产业属于新兴、高科技、资金密集型、风险偏好型、具有知识溢出效应的产业，郭立伟（2014）认为新能源产业集群是多样性的差异性产业集群，并基于大量的国内外相关文献研究，提出新能源产业集群形成初期的发展模式：市场主导型（国外资本推动型模式、本土企业自发型模式）、政府主导型；新能源产业集群发展阶段的三种发展模式：基于供应链式整合的新能源产业集群、基于技术创新推动型的新能源产业集群、基于制度创新保障型的新能源产业集群。

四川省新能源产业集群发展水平还处于初级阶段，尚未形成有效的集聚新能源产业区，但四川省在发展新能源产业集群上具有较大的潜力和空间。四川省新能源产业集群发展的特点，第一，四川省拥有四川大学、电子科技大学、西南交通大学等多所高校及多个研究所，智力资源丰富；第二，具有明显的区位优势，四川地区水电能富余，水电价均低于全国平均水平；第三，四川省新能源产业未形成规模化，处于初级水平，缺乏大型的核心新能源企业；第四，四川省政府鼎力支持新能源产业，四川省政府办公厅已下发了多个新能源产业政策文件，如《四川省新能源汽车产业发展规划2015—2020》《四川省“十三五”工业绿色发展规划》，并有四川省新能源产业促进会为该产业的发展保驾护航。本章结合四川省新能源产业集群的发展现状和特点，从多视角来分析四川省的新能源产业集群，主要划分为四种类型：技术模仿扩散型、供应链式整合型、制度创新保障型和“产—学—研”协同创新型。

本节对四川省新能源产业集群的模式选择依据了以下三点：第一，本土性原则，所选择的模式能够适应四川省新能源产业集群的特点，在某种程度上，可以使四川省的新能源产业集群快速发展；第二，选择的集群发展模式与四川省新能源产业集群的发展水平相结合要求是合理的；第三，科学的选择集群发展模式能够充分发挥四川省的资源禀赋优势，形成独具特色的新能源产业集聚区，带动区域经济发展。总之，四川省新能源产业集群的发展要以自身实际为指导，不能照搬现有的发展模式，要借鉴先进经验。

二、新能源产业集群发展模式的特性及适用条件

（一）基于供应链整合的新能源产业集群特征及适用条件研究

供应链集群的特点是供应链松散，物流和企业网络，竞争与合作共存（吕宏芬等，2007）。通过供应链对新能源产业进行整合的特点主要体现在以下几方面：（1）由周围多家能源企业组成的集群为中心，促进周边中小型企业的发展；（2）以生产技术研发组织为核心：传统产业集群适应市场需求，其驱动力依靠市场需求而形成；对于新能源产业集群来说，属于高科技行业，它们依靠新能源技术升级来促进市场发展，并且该行业的力量越来越受到技术的驱动（黎继子等，2005）；（3）整个集群网络的运行主要依靠核心企业来带动，同时向周边上下游的中小企业提供专业的知识和技术；（4）核心企业的生产过程是整个集群运行的关键，产业链上下游的生产和配套服务由周边的其他相关企业提供，如中间产品、产品销售、系统安装等；（5）完整的价值链：该供应链和同一地区的集成服务是新能源公司高效物流运作的关键，从而降低了物流成本，缩短了产品交付时间，使整个集群的生产成本都大幅减少，提高了集群的整体竞争优势。

新能源产业是横向和纵向的双向竞争。在产业价值链方面也存在部分问题。在未来的发展过程中要想在新能源产业价值链分得一杯羹，需要有效整合产业链（上海财经大学产业经济研究中心，2011）。新能源产业集群的发展在供应链整合的基础上，注重网络体系的发展建设。产业链的构建要相对完整、内部工作要协调分工、互联互通的网络体系遍布上中下游，但是环节相对分散，配套服务较差，沟通贫乏。因此，在产业链整合过程中，采用市场化和开放的方式，注重资源整合，要以大中型的科技企业为首，剖析分解生产过程，这样，相关公司可以分工合作，并同时通过新能源公司的“介绍”和“发行”

加强集群的本地基础和公司间的特征，构建完善的新能源产业链需要整合集群所需资源，进而带动产业集群的发展（上海财经大学产业经济研究中心，2011）。然而，占主导地位的是技术研发型的企业，这些企业的实力和市场是中小型企业无法撼动的。因此，创新对于中小型企来说尤为重要。

（二）基于技术创新促进的新能源产业集群特征及适用条件研究

新能源产业创新集群是一个产业集群，致力于组织之间思想和知识的相互作用，特别是相关经验的交流。“经济网络（工业）”不仅是人际网络。（王辑慈等，2010）。基技术模仿扩散集群模式的主要特点是：（1）一个或多个顶尖企业构成是集群构成主要因素，集群内其他企业为新能源领域的中小企业。这些企业技术特征相似，但新能源技术创新水平和能力存在差异；（2）随着核心组织机构之间的激烈竞争，它继续追求技术创新以保持其核心地位。随着技术的扩散，其他公司也在进行复制和创新，以求赶超。因此，整个集群的技术创新水平的提高依赖于创新和发散；（3）受技术的互通、知识的交流，在未来市场终将被广泛应用。上下游企业众多，需要相互合作；新能源产业集群为了将更多的主体和环节带入价值链内，需要通过对价值链进行增值，新能源产业集群的知识链也是需要相关的技术和知识来完成创新协作；（4）产—学—研结合一起承担所要面临的风险和利益，使技术创新链日趋完善（李林等，2010）。

以技术创新为基础的新能源产业集群发展，十分重视集群创新网络的构建。创新网络是指各大高校、政府、企业之间相互协作，形成了以同一社会文化为背景正式和非正式关系的总和（盖文启，2002）。创新是一个永无止境的过程，也是社会化的进程，创造新成果需要学科之间不断创新。在高度互动的本地创新机构的基础上形成的创新环境是创建创新网络的基础（王辑慈等，2010）。目前我国相关产业的主体间沟通交流还是比较少的，创新网络尚在规划之中；在集群之中企业间也缺乏沟通，不利于知识和技术的共享及传播；集群内一些新能源企业与高校、科研院所基本上无合作，研发靠国外技术，使得高校和科研院所无法同时获得更多的技术供给，整个产业集群的能力发展受到阻碍。

（三）基于制度创新保障的新能源产业集群特征及适用条件研究

在大多数发展中国家，产业集群的形成与机构中政府工作的划分密切相关，尤其是发展中国家大力推进的新兴产业集群来带动区域经济建设、产业结构转型升级、深化对外开放等均是区域产业政策的直接产物（李恒，2005）。作为新兴的战略性产业集群，离不开产业政策的支持。基于制度创新保障的新能源产业集群的主要特征是：（1）受制度的约束及过度依靠政府。新能源产业作为政策导向型产业，它的形成受制度的影响。在硬性规定条件下，只可以从事指定范围内的生产经营，活动范围有限，这使新能源企业逐渐在一个范围里聚集；在诱导性制度分工的条件下，政府依据相应政策规划园区，只有在范围内的企业，才能享受减税、财政补贴、创新项目申报支持等优惠，引导或吸引新能源企业集聚（任寿根，2004）。（2）依靠社交网络。由于新能源产业的特点之一就是高风险、高技术，新能源产业集群很少受制度的约束，在产业组织结构影响下，传统产业没有一个明确的界限，这使得新能源产业集群更加依赖于当地的社会网络（包括人流量、信息流和知识流），也就是说，更依赖于地方社会网络，即地方政府公共管理的服务水平和效率（任寿根，2004）。（3）企业自身的制度创新改革是内在的动力源泉。新能源技术创新的主体是企业，制度创新的主体是政府。为了有效实施商业产权制度的创新，有必要从组织的组织结构和产权制度上进行创新。这迫使新能源公司按照市场经济规律建立现代的组织体系，阐明产权，并参与市场竞争。根据Henrik Lund教授（2011）选择认知理论的分析，效益和成本不是新能源技术引进的两个唯一因素。与维护旧系统相比，维护新系统更需要清洁。由此可见，新能源产业集群的发展也离不开制度创新的保障。事实上，可再生能源的发展过程中最大的难处在于运行机制，相比经济和技术而言更难去解决（王敦清等，2006）。能源工业的新领域需要经济激励系统，产学合作体系（研究、风险投资和知识产权制度）方面的政府支持，需要不断的体制创新。以成都为例，成都新能源企业的知识产权管理体系有待进一步加强，侵权和盗取成果屡见不鲜，缺少保护，在知识产权领域，需要进一步改进。尽管与成都大学的产业合作研究取得了一些成果，但是相关系统尚未到位。以经济激励体系中的补贴为例，扩大对生产者或消费者补贴、补贴金额、补贴方式、产业发展与补贴之间的关系的研究，以及补贴与经济发展之间的关系。避免经济放慢和因随意分散而引起的产能增加的技术双极现象（如过剩）是新能源企业发展的"血液"。资金紧张、融资难是当下成都新能源企业普遍所要面临的问题。因此，为了积极利用大量私人资本，有必要建立以公共资金为主导并与私人资本结合的合资融资体系，以改变城市资本支配地位和投资效率低的现状。

三、新能源产业集群化发展模式选择的影响因素分析

魏玮等（2009）建立"四因素钻石模型"，将企业、禀赋、行业和政府因素作为高新技术产业集群模式选择的影响因素。梅巧萍（2016）在参考该模型的基础上，构建了福建高新技术产业集群发展模式选择指标体系，以集群主体规模、集群主体联系方式、集群周围劳动力分布、集群所在产业区域、集群周边资源分布为指标体系的标准层。郭立伟（2014）在借鉴李楠（2007）对高新技术产业集群模式选择的影响因素研究的基础上，将企业之间的关系、自身特性和外部环境归为新能源产业集群发展模式选择的影响因素。基于以上学者的研究，结合科学性、可行性、实用性、系统性、定量指标与定性指标相结合等原则，建立新能源产业集群发展模式选择的指标体系（图4–1）。

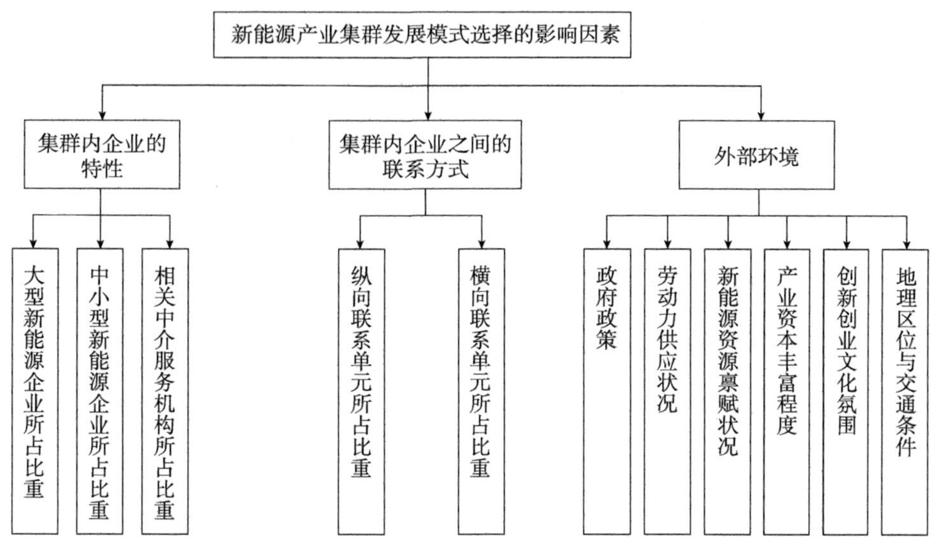

图4-1 新能源产业集群发展模式选择的影响因素分析框架

在产业集群的发展过程中，会受到来自集群内外部多种因素的影响。借鉴李楠（2007）对影响高科技产业集群模型选择的因素的研究表明，集群公司的性质，集群公司与外部环境之间的联系。（包括政府政策、劳动力招聘、劳动力、捐赠、新能源、工业资本等，以及创新和企业家精神的文化氛围）是影响新能源产业集群发展模式选择的三大因素，对新能源产业集群发展模式的选择起着重要作用。

（一）企业在集群内的特性

在集群内按照大、中、小三种类别来对新能源企业进行划分。大型企业的资产雄厚，制度和体系相对完善。以智能电网装备产业集群龙头企业——英利集团和保定新能源为例，它们的多晶GUI电池跻身全球最佳之列，并且是从材料生产向整个安装产业链全面转型的光伏企业。光伏系统工程通常由于技术研发和资本链的供应链限制，中小型企业只能在特定的链接上执行生产。在初期，企业自身的结构特征会对它们的发展模式产生影响。如果某家大型企业作为集群的核心企业，且与之相关的中小企业较多，那么这种新能源产业集群适合选择基于供应链整合的集群模式；如果集群内的企业拥有一些核心新能源技术，也可以发展成为以技术模仿扩散为基础的集群模式；拥有丰富科研资源的高校和科研院所，众多的中小企业应以产学研合作创新集群模式为重点发展。

（二）集群内企业之间的联系方式

一般来说，集群内企业之间的联系方式有横纵两种。集群中的企业是同一产业的上中下游企业。企业之间分工合理，生产过程中存在投入产出关系。而且，产业链的长度影响到垂直连接的集群，容易延伸的产业链主要指可以细分的产业。以风力发电为例，这种较长的产业链上中下游相对完整，纵向联系下的新能源产业集群内企业适合以供应链式整合为基础的集群模式。水平连接的集群中的公司倾向于完全划分专业职位，集群公司可以看作是大型公司的不同子部分，例如光伏发电行业中的电池公司合理地划分工作，分为光伏安装、销售、研发、光伏技术、电池制造和售后服务。再结合各高校和研究所的合作探讨，确定其基于“产—学—研”协同创新的集群模式。如果横纵双向新能源产业集群组织具有新能源技术的高水平技术特征，并且具有模仿创新的良好能力，还可以选择以模仿技术的分散集群模式进行发展，这将缩短创新周期。

（三）外部环境因素

对于新能源产业集群来说，其外部环境因素包括政府政策、劳动力供给、新能源资源禀赋、产业资本充足度、创新创业文化氛围、地理位置和交通条件等。这些是新能源产业必不可少的外部因素，其中劳动力供给、新能源资源禀赋、文化和资本是主要因素。新能源产业受政策导向的影响，所以政策和制度对新能源的发展至关重要。在行业发展的初期，保证系统创新至关重要。生产工作和技术工作是两种类型的工作。在拥有熟练劳动力的地区，需要更大比例的人才。因此，基于技术的模拟传播群集模型非常合适，这些地区拥有充足的原材料，更有可能选择基于供应链集成的集群开发。工业资本是新能源公司的

“血液”。如果该地区的产业拥有强大的资本，可以考虑增加研发资金的投入，这将有助于将来建立完整的产业链组织。各种各样的产品也适用于使用供应链的公司。开发集成的集群模型强大的创新区域和企业家文化不惧怕失败，并积极鼓励创新和发展。因此，具有较强创新创业文化氛围的区域，适宜发展为“产—学—研”协同创新的集群模式。

综上分析，对于产业集群的发展模式是灵活多变的，一般是多种模式相结合使用，区别只是在于不同的阶段每种模式所带来的影响结果不同。所以要全面考虑各种内部和外部因素的影响，然后选择适当的发展模型。总之，在能源产业的新集群初始阶段，要以政府为导向，产业竞争力和技术创新具有一定成熟度后，逐渐过渡到市场主导模式，但最主要的还是制度创新和技术创新。

四、新能源产业集群化发展模式选择结果分析

（一）新能源产业集群化发展模式一级指标分析

集群内主体规模情况方面：供应链式整合型（模式1）水平最高，“产—学—研”协同创新型（模式3）次之，技术模仿扩散型（模式2）与前两者的差距较大，而制度创新保障型（模式4）的发展水平是该指标的负理想解。究其原因，供应链式整合型集群的发展必须要有核心大企业和小企业的存在，可是制度创新保障型对企业的规模要求很低，处于中间位置的模式3和模式4的发展，需要集群拥有一定的企业规模。

集群内主体间的联系方式方面：技术模仿扩散型（模式2）水平最高，因为该模式需要新能源产业集群的企业能够进行横向联系和纵向联系，供应链式整合型（模式1）和“产—学—研”协同创新型（模式3）次之，原因在于两者模式分别需要企业进行纵向联系和横向联系，模式4偏向于政策主导，与主体间的联系方式关联性较弱。

集群周边劳动力供应状况方面：技术模仿扩散型（模式2）水平遥遥领先，技术模仿不仅需要大量的技术型人才，还需要生产型的劳动力，模式1和模式2对劳动力的需求都较大；模式4中，劳动的供应状况对其影响很小。

集群周边新能源资源禀赋状况方面：供应链式整合型（模式1）对新能源资源的需求比模式2和模式3强，需要充足的原材料，才能实现模式1，而在制度创新保障型（模式4）集群发展模式中，资源禀赋指标非常不显著。

集群的政策环境方面：通过调查发现，制度创新保障型（模式4）就是基于政府创建的良好政策环境而产生的，因此该指标下，模式4毫无疑问地排名第一，值得注意的是，供应链式整合型（模式1）和技术模仿创新型（模式2）主要是靠企业自身壮大和发展形成的，政策环境只是起到辅助作用，并不是该模式下的重要影响因素。

集群的创新创业环境方面：四种模式均需要适宜的创新创业气氛，其中，由于“产—学—研”体系是依托了企业、高校、研究院所之间相互交流而构建的，创新创业则是三者之间搭建沟通桥梁的动力来源，于是，“产—学—研”协同创新型（模式3）对创新创业环境要求颇高，其他模式对创新创业环境要求不高，但也必须在此基础上，才能顺利发展。

（二）新能源产业集群化发展模式综合分析

在模式综合评价排名上，总相对接近度模式2＞模式1＞模式3＞模式4，因此，技术模仿扩散型排名第一，供应链式整合型排名第二，“产—学—研”协同创新型排名第三，制度创新保障型排名第四。究其原因，主要是技术模仿扩散型集群发展模式在集群内主体间的联系方式、集群周边劳动力供应状况两方面优于其他模式。通过对比可以发现，集群内主体间的联系方式、集群周边劳动力供应状况这两个指标在对模式进行综合评价上起到重要作用，而集群的政策环境并不能起到关键作用，导致了制度创新保障型集群发展模式位于末尾。

综上所述，认为基于熵权—TOPSIS法的新能源产业集群化发展模式选择，可以作为四川省新能源产业集群化选择发展模式的参考依据，认识到哪些因素会影响四川省新能源产业集群化，四川省新能源产业集群化又该选择何种发展模式。使用这一模型进行评价，有助于寻找不同发展模式之间的差距及其产生的原因，助力提高四川省新能源产业集群化的经济效益。

第二节　新能源产业集群化发展的动力机制分析

一、产业集群动力机制的内涵

产业集群的动力机制是产业集群内在的核心问题，是驱动产业集群形成、发展和升级的有利因素。查阅国内外文献，发现“产业集群动力机制”未有明确定义，刘恒江等（2004）首先确定了产业集群具有稳定性和规律性。于树江等（2010）明确指出产业集群的动力机制是指在一定的动力因素作用下，促进产业集群形成、发展和演化的一种内生动力和运行规律。这种动力机制作为一种生成和发展的动力机制，反映在产业集群发展的不同阶段。

早期的学者更多的是专注于产业集群生成动力的认识和描述，但鉴于“机制”的稳定性，生产动力并不是动力机制，实际上产业集群动力机制主要是指发展动力机制。赵璐等（2019）提议发展工业中心网络“一个轴、三个机制和五个阶段”，创建一个具有三个轴的治理系统。“市场—政府集群”以旨在发展产业集群网络并以合作组织和产业集群网络为指导的国家战略为指导。枢纽以网络化产业集群的创新为动力，以类型和程序为工具，实施动态监控和评估，这是建立多维和多层次命运共同体的起点，可为集群的发展及集群的创新和竞争力的不断提高提供帮助。新时代有利于中国将工业融入产业集群，可为工业转型升级等提供决策参考。

Iammarino等根据集群演化论得出集群升级主要依靠新的国际环境和技术的结构变化和内部创新力。部分学者认为，外部动力不仅是学习和创新驱动，还包括市场需求；刘恒江（2004）等在集群升级的外在动力因素中还加入了以科技为基础的产业集群政策。结合专家的研究成果，将驱动因素分为内部驱动因素和外部驱动因素。通过创新学习驱动型，使组织的建设更加合理，增强知识溢出，扩散技术，实现高效的产业集群创新网络。因此，产业集群升级的动力因素应包括集群创新网络结构、集群品牌价值、专业市场驱动和集群政策。

新能源产业属于高技术密集型的新兴产业，新能源产业集群的动力机制分析从本质上来说是产业集群相关理论的具体产业化，因此，产业集群的相关理论对于新能源产业集群的研究同样适用。但当前对新能源产业集群的相关研究较少，具体到某一区域的研究更是鲜有。

二、产业集群动力机制的理论基础

近年来，关于产业集群动力机制的研究越来越丰富，主要集中在产业集群的成长与发展中的动力源泉、动力之间关系和作用机制研究，赵丽州等（2009）从动力因素交替、更迭的角度分析不同阶段影响产业集群演进的动力机制，认为处于初期形成阶段的产业集群，产业传统、优势资源、企业家资源、政府集群政策、集群文化是其发展主要动力。范纯增和姜虹（2011）研究了产业集群间的发展动力主要是来源于企业、高校、科研机构、政府、行业协会及其他因素（医院、金融机构、非营利组织等）的推动。王娇俐等（2013）提出核心企业、大学和科研院所、生产型服务机构及政府机构四个动力要素在本地化更新过程中的作用机制。在中国的区域经济发展过程中存在产业集群与专业市场之间互动的经济现象，陆立军和余斌斌（2010）基于修正的“钻石模型”对产业集群与专业市场的互动发展动力机制进行剖析。

熊广勤（2012）总结了产业集群形成和发展机制的主要观点，即产业集群是市场自发形成的，具有偶然性；由地区特殊的要素禀赋优势、供给和需求结构、文化氛围及地方政府政策等引致；既有市场作用，又有地区禀赋和地方政府战略的影响。随着产业集群研究的深入，研究视角也开始多元化，产业集群动力机制的研究经历了产业集聚理论研究的三个巅峰，从生物学新角度到复杂科学理论的实践，最后到多学科的融会贯通。

现今比较主流的研究视角有生命周期理论，产业集群在不同生命周期阶段的演化动力是不同的。从创新性角度，基于产业集群创新相关理论，产业集群创新的动力机制包括竞争合作机制、集群学习机制、扩散溢出机制和组织机制，四个机制相互联系、相互依存，共同发挥作用。从研究方法来看，动力机制的研究已从定性研究走向了定量分析，同时逐步转向系统动态分析。

三、新能源产业集群发展的动力机制

现阶段，新能源产业发展只在部分地区呈现出新能源产业集群的雏形，但仍处于初级阶段。王治平（2014）建议在一系列创建过程中总结说明：产业集群的形成和发展受到地理区域、资源捐赠、工业特征、技术创新、文化、制度和基础设施的限制和影响。大部分驱动力来自五个主要领域：资本、市场、政策，内部凝聚力和自我增强。何柯润等（2018）提出我国产业集群升级主要来源于创新能力，并从增强创新动力、降低创新成本、减少创新风险、提高创新效率四方面做了进一步论述，产业集群的创新不仅促进了人力资源，技术，资本和其他投入的共享，实现了投入的灵活利用和组合；还增加了组织适应市场的灵活性，从而提高了业务创新的效率。孙国民等（2018）从全新视角界定了包含新能源产业在内的国家七大战略性新兴产业集群战略性新兴产业集群，对新能源产业集群的产业构成、主导力量和产业链关键节点、市场需求形成及状况等进行了概括，并型构了"四环"层级相互联结的战略性新兴产业集群发展的动力动态演化模型，对不同生命周期下新兴产业集群的主要特征、优势、劣势、典型轨迹、政策干预五个维度进行了总结，并结合发展实践进一步提出了集群发展的四个新趋势，对新能源产业集群指明了发展方向（图4–2至图4–4）。

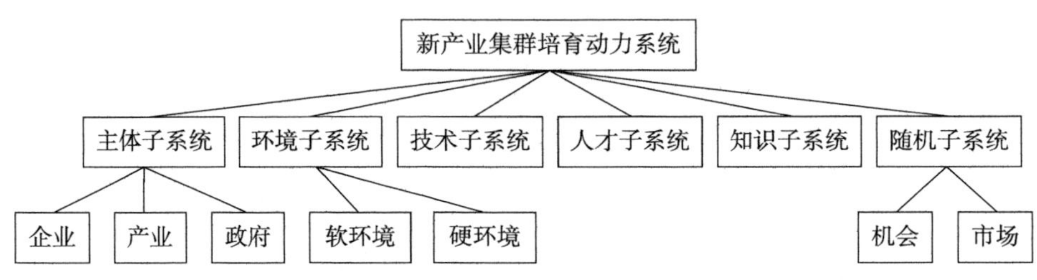

图4–2　新产业集群培育动力系统

资料来源：资源枯竭城市新产业集群培育的动力机制研究

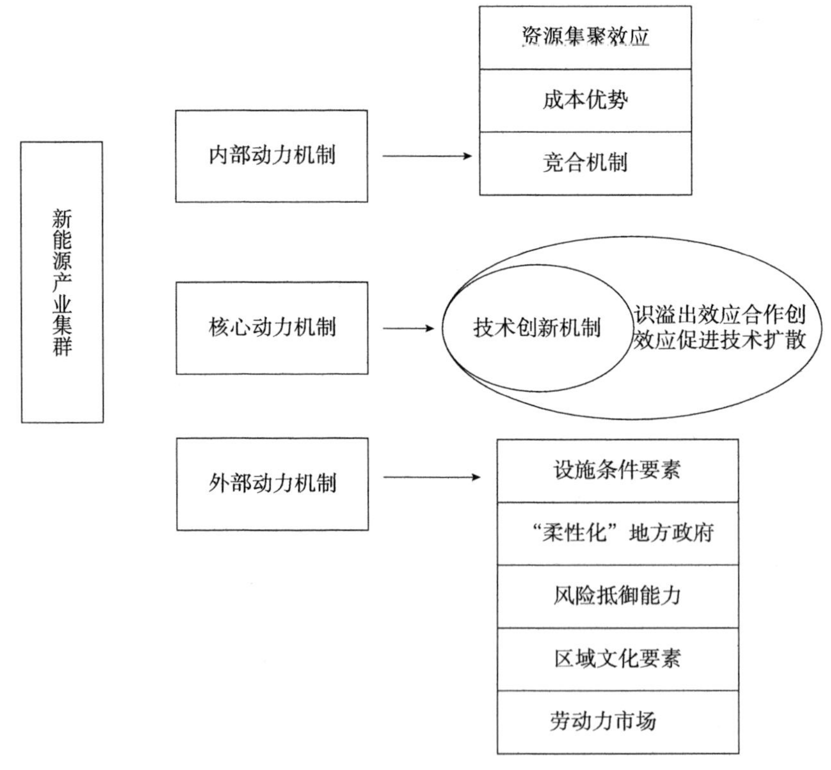

图4–3　新能源产业集群发展的动力机制框架

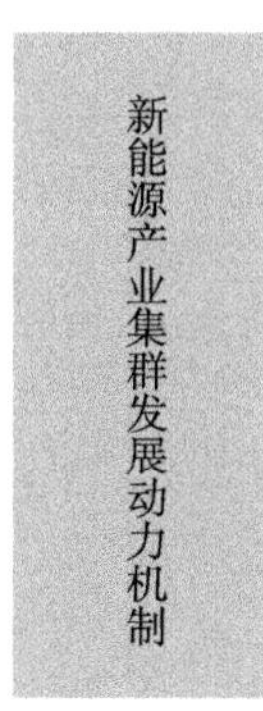

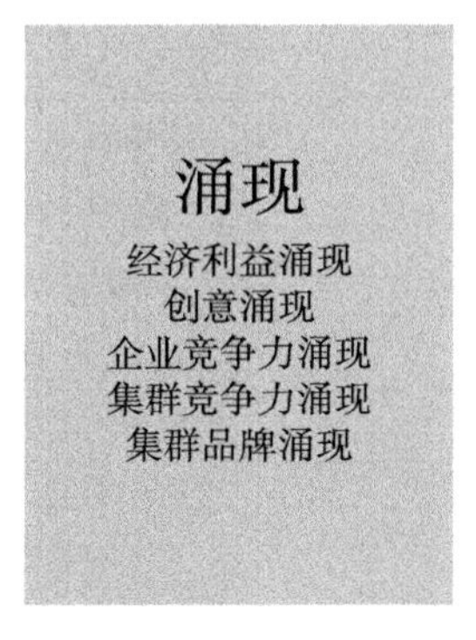

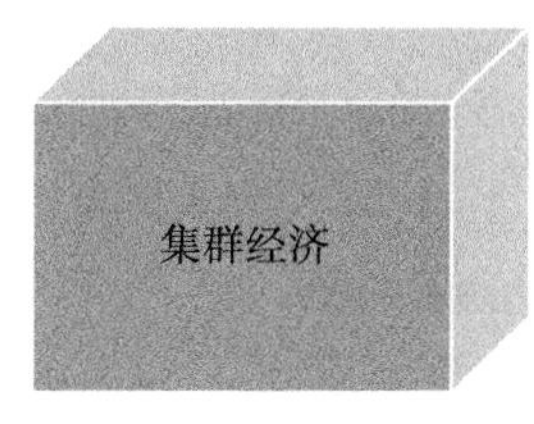

图4-4 新能源产业集群产生的动力机制

第三节 新能源产业集群化发展的模式归纳

一、关于产业集群发展影响因素的研究

对产业集群发展影响因素的研究主要集中在经典理论的剖析、研究视角的创新及具体案例的分析。众多学者对产业集群相关的经典理论进行了研究，主要的经典理论有古典集聚理论、工业区位理论、竞争优势理论、产业费用理论、新熊彼特主义理论等，表4-1是不同经典理论认为重要的影响因素。

上述经典理论多次被不同的研究所引用，具有代表性，为产业集群影响因素的研究奠定了理论基础。通过大量地阅读和整理文献，本节还整理了关于产业集群影响因素的相关研究，王松梅（2009）认为产业集群的形成和发展过程中，其影响因素是多方面的，主要包括市场的完善程度、政府的政策引导和扶持、合理的专业化分工与合作、当地的文化和制度环境、技术和人才支持、广泛的社会资本和统一的“集群品牌”等。何雄浪等（2009）从经济学角度，分别论述了自然资源优势、集聚经济优势、厂商异质、政府作用对产业集群的影响。Su—Hyun Berget等（2012）认为产业集群的出现不能用机会和偶然因素来进行解释，集群

表4-1　经典理论对产业集群影响因素描述的归纳表

理论名称	影响因素
古典集聚理论	创新环境
	产业链
	劳动力市场
	集群文化
	企业经营成本
	企业信用
工业区位理论	设备和技术的进步
	劳动力组织的发展
	市场化因素
	经常性开支成本
竞争优势理论	要素条件
	需求条件
	相关及支撑产业
	企业的战略
	结构与竞争
	机遇
	政府
交易费用理论	距离因素
	企业数量因素
	企业对地方的社会属性
新熊彼特主义理论	知识溢出
	技术创新
	经济增长
	贸易分析
创新环境理论	制度安排
社会网络理论	企业信任
报酬递增理论	科技创新
	制度创新
增长极理论	政府政策
区域比较优势理论	区域内基础设施建设和公共事业现状
	资本、技术、信息、人力资源等生产要素拥有状况
	影响生产要素流动的当地政治、经济、文化因素
理论名称	影响因素

的形成与现有的经验、知识、能力和企业家联系以前的产业发展道路是密切相关的。另外，从不同角度提出了产业集群发展的影响因素，即集群分析水平的差异，赵蓓等（2014）从企业、行业和城市三层面分析产业集群升级的影响因素。边云等（2009）参考J.A.Robelandt对集群的分析层次，从宏观（国家）、中观（产业）和微观（企业）3个层次对高新技术产业集群发展的影响因素精心研究。张晓盈等（2015）从直接、潜在和保障三方面分析新能源产业集群发展的制约因素。

纵观国内外文献，不少学者对具体产业进行了案例或专题分析。黄任群（2006）在高技术产业集群影响因素的研究中，强调高技术产业是由技术和人才的积聚形成的新兴产业集群，认为专业人才是高技术型或高知识型产业集群的主要依赖因素；相应地，影响人才生存和发展的当地生活成本、再学习成本、区域内知识交流的便利性等间接地成为产业集群的影响因素。根据不同的分析层次，边云等（2009）对高新技术产业集群发展的影响因素精心研究，并从上自下，提出三个层面的影响因素，即宏观（科技环境、经济环境、制度环境、社会文化环境）、中观（集群吸引力、社会化服务体系、集群与外界的关联度）、微观（企业战略、竞合环境、企业技术创新能力）。彭澎等（2007）基于协同学原理，提出区位禀赋、产业特性、市场需求、企业家和机遇是影响高新技术集群生成的主要因素。谢俊（2010）把高新技术产业看作“高智力、高投入、高竞争、高风险、高效益和高势能”的产业，因此，人才资源的质量和资金投入的持续性对该产业有着关键作用。除此之外，集群的创新能力、企业间的共生协作、相关政策法规的支撑服务体系、集群内文化都在一定程度上对高新技术产业集群产生了影响。吴晓飞（2010）将服务支持、集群创新和行业合作列为影响软件产业集群化发展的关键因素。卢华玲等（2013）通过对电子及通信设备制造业的实证检验结果分析，认为产业集群发展水平一般的地区专利申请量、企业数、从业人员集中度、企业规模、交通条件和相关产业的产业集中度对产业集群发展水平一般的地区，其发展效果明显好于产业集群发展水平较高的地区。因此，位于西部地区的四川省发展高技术产业要吸引更多的规模企业入驻，培养供给该产业及其相关产业足够的所需素质水平的从业人员，这样将会比从产业集群发展水平高的地区带来的收益更加明显。

二、关于新能源产业集群发展影响因素的研究

专门针对新能源产业集群影响因素的研究较少，关于新能源产业集群的影响因素在全球范围内尚未形成系统化的研究。本节就少数的相关文献进行梳理，其中实证研究较多。韩城（2011）通过实证分析，1990—2008年工业排放带来的环境问题并没有成为影响新能源发展的主要因素，新能源的发展主要还是由能源价格所决定。通过对新能源产品成本的分析，可知造成我国新能源发展现状的根本原因是较高的生产成本及落后的技术，技术创新才是新能源发展成败的关键所在。邱立成等（2012）采用1998—2009年欧盟31国的面板数据，从产业集聚效应角度实证检验了新能源产业集聚效应影响因素，表示政策系数、能源依赖度和能源价格对新能源产业集聚的影响显著，新能源产业激励政策具有重要作用。尹润锋（2012）运用结构方程模型实证分析资源环境、经济环境、技术环境、政策环境对新能源产业发展的影响，经济环境影响显著，政策环境影响受限。相对较全面的研究来自郭立伟等（2015），他将新能源产业集群形成的主要影响因素归纳为产业要素因子、区域要素因子、融资要素因子，并构建一个由13个影响因素组成的新能源产业集群形成影响因素的框图模型。新能源产业是复杂的系统，需要把时空因素结合起来研究其发展问题，孙雷等（2012）在非空间因素（技术进步、人力资本、政府政策）的基础上引进了空间因素（区位因素、空间聚集）。基于独特的分析视角，张晓盈等（2015）将直接影响因素（能源结构、产业结构）、潜在影响因素（新能源技术、专业人才）、保障因素（政策法规、管理体制）等作为制约新能源产业集群发展的主要因素。通过对以上文献的梳理，归纳

总结了新能源产业集群发展影响因素（表4–2）。

产业集群的迅速崛起多是以牺牲自然环境为代价，新能源产业的发展向来倡导绿色发展，四川省也应结合四川省新能源产业发展的宏观背景，立足四川省实际，在分析四川省新能源产业集群发展影响因素的基础上寻找新的路径，促进四川省新能源产业的集群有效发展。

表4–2 新能源产业集群影响因素汇总表

新能源产业集群影响因素	能源成本、技术创新
	政策系数、能源依赖度、能源价格、新能源产业激励政策
	经济环境、政策环境
	产业要素、区域要素、融资要素
	技术进步、人力资本、政府政策、区位因素、空间集聚
	能源结构、产业结构、新能源技术、专业人才、政策法规、管理体制

第四节 新能源产业集群化发展的竞争力评价

一、产业集群竞争力的内涵

随着工业化的进程，产业集群的竞争开始取代企业竞争，成为经济发展的主流，全球产业集群的蓬勃发展以及对资源和市场的热捧导致了对竞争能力的研究。产业集群的发展具有广泛的重要性。产业集群的竞争力不仅可以促进产业集群的发展，还在提升企业竞争力、区域竞争力和国家竞争力方面发挥重要作用。纵览国内外的研究文献，目前还缺乏明确、统一的产业集群竞争力概念，但随着对产业集群及其竞争力认识的逐步深入，以及发达国家产业集群竞争实体的展现，产业集群的概念渐渐明晰。Mitra（2003）认为产业集群有11种属性：地域范围（geographic scope）、密度（density）、宽度（breadth）、深度（depth）、活动（activity）、跨度（span）、领导能力（leadership）、发展阶段（stageof development）、技术（technologies）、创新能力（innovative capacity）和产权结构（ownership structure）等，综合这11个方面的能力表现，就可评判产业集群竞争力状况。Jc.Meyer（2003）对产业集群的系统竞争力的概念进行了定义，并从四个层次来剖析集群的竞争力：微观层次、中观层次、宏观层次和兆观层次。微观层次的竞争力主要来源于地域分工、知识共享、交易、创新、协同等机制的作；中观层次的竞争力主要来源于协同机制、政府行为机制、外部竞争机制的作用；宏观层次的竞争力主要来源于激发动力机制的作用，如政府行为；兆观层次的竞争力主要来源于区域品牌机制、外部竞争机制的作用。Pekka（2004）强调从集群提高生产率和创新绩效、发挥正的专业化效应、推动正的外部性和知识溢出、增强企业间协同作用、占有全球市场份额共五个方面的能力来理解产业集群竞争力，强调产业集群的功能导向，即强化集群与环境的关系能力，引导内部资源的合理化配置和高效利用，鼓励参与市场竞争，优化集群的整体绩效，促进区域经济发展。和金生等（2007）在归纳产业集群竞争力的要素观点、结构观点和能力观点后，定义产业集群竞争力是以产业集群的各种资产要素（包括企业、资源、基础设施和技术条件等），以企业间的动态网络关系及其层次性递进为运行方式，具有对环境中有利因素的利用能力和不利因素的规避能力，在全球市场竞争中能为产业集群的整体绩效带来实质性功效的强劲竞争优势。欧阳园园等（2018）基于集群视角建立集群企业竞争力分析模型，研究集群发展给企业带来的竞争力提升力度，最终明确集群对企业核心竞争力进行强化的层面和有待进一步提升的空间，帮助企业选择最佳集群进入及集群管理发展的调整，达到提升集群整体和企业个体与竞争力的目的。陆丽娜等（2019）从发展新兴战略产业集群的角度出发，建立了评估新兴战略产业集群竞争力的指标体系，并采用关键成分分析方法对竞争力进行了测度。

产业集群竞争力从理论探讨到实践应用的关键性转变是产业集群竞争力评价的出现，如何测评产业集群的竞争力及如何提升产业集群竞争力，成为当今产业界、学术界及各级政府重点关注的问题。产业集群品牌竞争力对提高企业、地区、城市乃至民族品牌的竞争力具有重要作用。对产业集群品牌竞争力的分析有助于指导地区、政府和国家解决产业集群发展中存在的问题。因此，建立产业集群品牌竞争力评价指标体系是企业、政府和国家产业集群品牌战略的行动基础。

二、产业集群品牌竞争力测评模型

早期对产业集群竞争力的研究主要集中在定性分析上，主要关注于产业集群竞争优势的产生及积累过程，其中的代表性理论有外部经济理论、工业区位理论、交易费用理论、新经济地理学、创新网络理论、生命周期理论等，还有最经典的“钻石模型”。20世纪90年代后期，国外学者们的研究聚焦于产业竞争力评价上并且开始出现定量分析的研究，比如投入产出模型、一般均衡模型，但运用最广泛的当属“GEM模型”。

（一）钻石模型

波特的“钻石模型”（diamond model）是截至目前全球最具影响力的产业集群理论之一。它是指企业、供应商、金融机构和其他机构在组织结构上紧密相连，在特定地区有竞争和合作关系的群体，在地理上表现出集中的态势。波特指出，具有国家竞争优势的产业往往高度本地化。这种产业的形成取决于以下六个因素：生产要素、需求条件、相关产业和配套产业、企业战略、结构和竞争对手、机会和政府，这六个因素一起组成了钻石体系（diamond system）（图4-5）。其中，前四项是基本因素，后两项是附加因素，构成了著名的钻石模型。由于波特将上述元素列为类钻石图形，也称菱形模型。

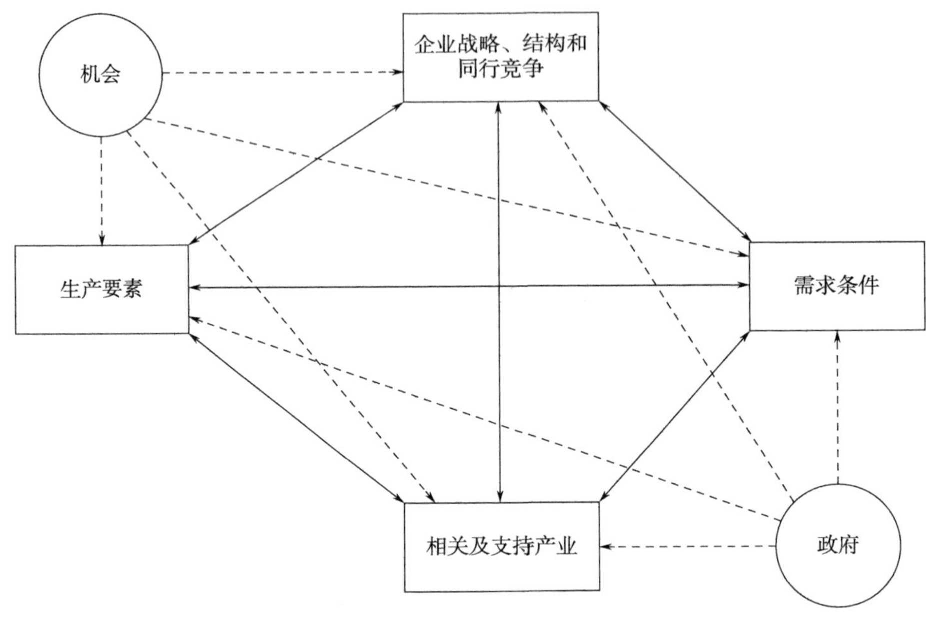

图4-5 钻石模型

波特最早从规范的角度来分析产业集群竞争力，通过构建产业集群竞争力影响因素的钻石模型，开创了产业集群竞争力评价的基础性工作，在全球传播很广。但波特的静态分析方法受到其他学者的质疑，且此项理论分析主要集中在国家宏观层面，分析背景是相对成熟的发达国家集群。由于体制和基础条件的差异，发展中国家的集群增长模式与发达国家不同。

（二）GEM模型

学者不断探索产业集群竞争力评价的定量分析工具和方法，Padmore和Gibson在波特钻石模型的基础上构建了产业集群竞争力评价的GEM（Grounding Enterprises Markets）模型，这一“基础—企业—市场”的评价模型在多领域得到了广泛运用。在模型的运用方面，高芳圆（2015）指出还应在定量研究和创新上下功夫。李海东等（2015）通过对陶瓷产业集群研究文献进行简要梳理，运用由Padmore和Gibson提出的GEM模型对德化陶瓷产业集群竞争力进行了评价。罗艺（2016）基于GEM模型，以现代化物流产业集群竞争力相关理论为基础，以我国六个省为例对现代化物流产业集群的竞争力进行实证分析，并从资源、设施、政府、企业、市场、创新六个层面提出路径优化策略。庞颂全等（2017）在传统GEM模型基础上进行改进，以技术专利为核心，将产业环境作为单因素加入专利GEM模型中，形成专利GEM-S技术竞争力模型，以闽、粤两省电动汽车为例对新能源电动汽车技术专利竞争力进行评价。

GEM模型（图4-6）确定了影响集群竞争力的三对六大因素，包括基础——资源+设施，企业——供应商与相关辅助产业+企业战略、结构和竞争，市场——本地市场+外部市场。结合世界范围的集群竞争标准给六个因素打分，分值从1到10，最后按照以下经验公式计算产业集群竞争力的总得分：

GEM=2.5（i=1，2，3）

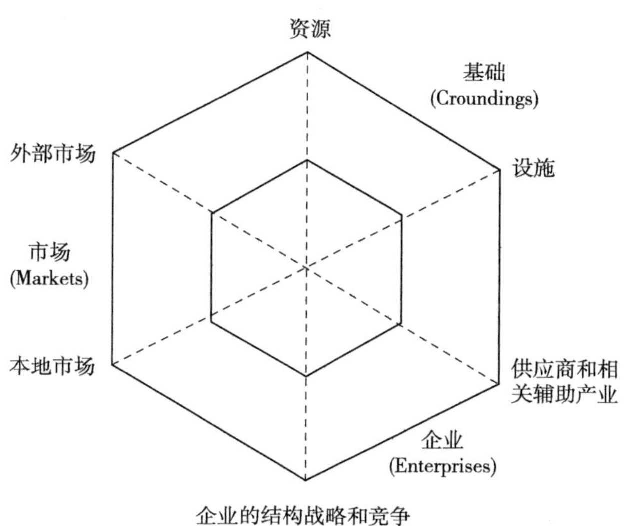

图4-6　GEM模型

其中，表示各个因素的得分，根据GEM模型的一般结论，模型中六个因素的得分都在5分左右，GEM得分会达到250分左右，说明该产业集群的竞争力与全国平均水平持平；如果六个因素的得分均在8分左右，GEM得分将会达到640分左右，说明该产业集群在全国范围内竞争优势特别强；如果因素的得分均在10分左右，GEM得分会接近1000分，说明该产业集群在全球范围内拥有极强的竞争力。

这一模型的优点在于：采用一种系统方法来评估产业集群的优劣势，能灵活、方便地把握集群的关键症状，并提供解决这些症状的分析框架。但GEM模型具有一些缺陷，吴瀚然（2015）认为尽管GEM模型将反映集群竞争力的主要因素都纳入到了模型中，但并没有着重突出集群发展的重点，即稳定性和可持续性，忽略了产业集群区域嵌入性的内在特征。于是，在GEM模型基础上引入了网络因素（Network），创新发展了GEM模型，构建GEMN模型并进行了实例分析。

三、构建新能源产业集群指标体系

我国对于产业集群这一领域的研究起步较晚，研究不如西方国家深入，在集群竞争力评价分析的研究文献更是不多，尚未建立一个广泛接受的比较完善合理的评价指标体系。指标体系是评价产业集群竞争力的基础，因此，有必要建立一套严格、科学的指标体系来衡量它。鉴于此，指标评价体系的建立应遵循科学性与实用性相统一、完整性与重点相结合、稳定性与改进性相协调的原则。适当选择一些指标不仅关系到当前集群的竞争力，还能够反映未来的发展潜力，提升未来的竞争力。

纵观以往文献，学者们在研究新能源产业领域时，构建的指标体系各有不同，刘鸿雁等（2008）在从经济效益力、市场影响力、科技创新力和规模竞争力四个方面来评价新能源产业集群的竞争力；金飞和陈晓峰（2014）则基于GEM模型将三个因素对设为一级指标，六个因素设为二级指标。在参考众多国内外学者的研究成果后，认为吴瀚然和胡庆江构建的GEMN模型遵循了全面性、系统性、可操作性的指标设计原则。笔者在遵循指标设计原则，借鉴GEMN模型的基础上，运用层次分析法构建了新能源产业集群竞争力评价指标体系，分析和评价四川省新能源产业的核心竞争力。层次分析法（AHP）是一种通过多层次处理确定各因素权重的方法，它是由美国著名运筹学科学家托马斯·萨蒂在20世纪70年代中期提出的。其特点是能够将分析人员对复杂系统的评价系统化、模型化，所用数据少。根据问题的性质和要实现的总体目标将问题分解为不同的因素，并根据因素之间的关系和从属关系在不同的层次上进行合并和组合以创建多个倍数。最后，将问题减少到程序、决策、度量等的最低层次，而不是最高层次（一般方案），是确定问题的决策方法。权重的相对重要性或优势的相对顺序。计算过程包括以下四个步骤：构建层次结构模型，创建判断矩阵，（双重比较）运行单个项目排序和层次结构一致性测试，并执行完整的排序和层次结构一致性测试。

具体应用如下：根据新能源产业集群竞争力的自身特点及四川省新能源产业具有的特殊性，从基础（G）、企业（E）、市场（M）三个因素的六个要素层面：设施、供应商、资源和相关辅助企业、企业的结构、战略与竞争及内外部市场来构建新能源产业集群竞争力的评价指标，并最终形成由一个目标层、六个准则层及75个要素层构成的评价指标体系，再分别从这几个层次出发，对四川省新能源产业集群的核心竞争力进行分析评价。构建的评价四川新能源产业集群竞争力的指标体系见表4-3。

表4–3　新能源产业集群竞争力评价指标体系

<table>
<tr><td>目标</td><td colspan="3">指标层</td></tr>
<tr><td rowspan="27">新能源产业集群竞争力A</td><td>一级指标</td><td>二级指标</td><td>三级指标</td></tr>
<tr><td rowspan="3">资源G1</td><td rowspan="2">区域经济实力G11</td><td>人均GDP G111</td></tr>
<tr><td>人均能源消费G112</td></tr>
<tr><td>自然资源情况G12</td><td>（风力、太阳能、核能）等可再生能源的储量G121</td></tr>
<tr><td rowspan="14">设施G2</td><td rowspan="4">服务功能设施G21</td><td>邮电业务总量（亿元）G211</td></tr>
<tr><td>移动电话用户（万户）G212</td></tr>
<tr><td>信息传输、计算机服务和软件业固定资产投资（万元）G213</td></tr>
<tr><td>金融业固定资产投资（万元）G214 R&D经费投入G221</td></tr>
<tr><td rowspan="7">新能源科研环境G22</td><td>R&D经费投入G221</td></tr>
<tr><td>高新技术企业个数（个）G222</td></tr>
<tr><td>高新技术增加值（万元）G223</td></tr>
<tr><td>技术（专利）的数量G224</td></tr>
<tr><td>消化吸收经费比例G225</td></tr>
<tr><td>新产品研发周期G226</td></tr>
<tr><td>产品附加值率G227</td></tr>
<tr><td rowspan="3">政府环境G23</td><td>公共基础设施投资额（亿元）G231</td></tr>
<tr><td>对新能源产业的投资额G232</td></tr>
<tr><td>知识产权案件受理数G233</td></tr>
<tr><td rowspan="4">供应商与相关辅助企业E1</td><td colspan="2">供应商的服务质量与信誉E11</td></tr>
<tr><td colspan="2">与相关企业的交流与合作E12</td></tr>
<tr><td colspan="2">辅助行业能力与服务水平E13</td></tr>
<tr><td colspan="2">供应产品的成本满意度E14</td></tr>
<tr><td rowspan="5">企业的结构、战略与竞争E2</td><td rowspan="5">新能源企业的规模及实力E21</td><td>企业数量比重E211</td></tr>
<tr><td>年末从业人员（人）E212</td></tr>
<tr><td>企业产量比重E213</td></tr>
<tr><td>企业总产值E214</td></tr>
<tr><td>战略制定与实施能力E215</td></tr>
</table>

续表

目标	指标层		
新能源产业集群竞争力A	企业的结构、战略与竞争E2	新能源企业的规模及实力E21	员工整体素质E216
			高级专业技术人员比例E217
			上缴税金总额（万元）E218
		新能源企业财务状况E22	资金利税率E221
			流动资金周转率E222
			资产负债率E223
新能源产业集群竞争力B	企业的结构、战略与竞争E2	企业管理模式和发展规划E23	企业管理能力E231
			绩效管理水平E232
			企业文化与经营理念E234
			员工对企业的认同度E235
			员工的积极性与主动性E236
			集群内企业竞争合作情况E237
			集群内企业交流程度E238
			技术人员比重E239
		企业自主创新能力E24	技术经费支出E241
			新人才工薪水平占销售额比重E242
			培训投入占销售额比重E243
			企业数E244
	本地市场M1	本地新能源产业发展水平及市场规模M11	从业人数占工业就业人数比重M111
			占国内市场份额M112
		本地新能源利用情况M12	新能源产业对GDP增长的直接贡献率M121
			客户满意度M122
		本地消费者对新能源产业的认知度M13	品牌影响力M131
			价格竞争力M132
			营销费用占销售收入比重M133
			知名品牌数目M134
		本地新能源产业品牌化建设M14	品牌产品的市场占有率M141
			品牌出口率M142
			龙头企业数M143
			外贸依存度M144
			国际市场对企业的贡献率M145

续表

<table>
<tr><th>目标</th><th colspan="3">指标层</th></tr>
<tr><td rowspan="18">新能源产业集群竞争力B</td><td rowspan="7">本地市场M1</td><td rowspan="2">本地新能源产业品牌化建设M14</td><td>海外市场销售M146</td></tr>
<tr><td>本地销售额M147</td></tr>
<tr><td>本地新能源产业市场容量M15</td><td>实施省外境内合作项目个数（个）M151</td></tr>
<tr><td rowspan="4">本地新能源产业市场潜力M16</td><td>实际到位省外境内资金（万元）M161</td></tr>
<tr><td>新批准外商直接投资项目数（个）M162</td></tr>
<tr><td>实际到位外资金额（万美元）M163</td></tr>
<tr><td>新产品产值率M164</td></tr>
<tr><td rowspan="11">外地市场M2</td><td colspan="2">区域新能源产业的海外专利布局M21</td></tr>
<tr><td colspan="2">区域新能源产业进入国际市场发展前景M22</td></tr>
<tr><td>区域新能源产业进入国际市场障碍大M23</td><td>出口创汇总额（万美元）M231</td></tr>
<tr><td>新能源在国际市场的需求状况M24</td><td>产品占国际市场份额M241</td></tr>
<tr><td colspan="2">核心企业与配套企业的紧密程度N11</td></tr>
<tr><td colspan="2">集群外部配套情况N12</td></tr>
<tr><td colspan="2">企业横向合作情况N13</td></tr>
<tr><td colspan="2">与外部企业的合作开发水平N14</td></tr>
<tr><td colspan="2">集群外部市场的稳定性N15</td></tr>
<tr><td colspan="2">集群企业的进退情况N16</td></tr>
<tr><td colspan="2">集群人员进退情况N17</td></tr>
</table>

四、四川省新能源产业核心竞争力评价结果

由于四川省新能源产业发展处于起步阶段，政府的政策及规划对产业发展的推动作用远远大于市场因素的拉动作用，因而笔者将采用表4–3的评价指标体系来评价四川省新能源产业核心竞争力。

（一）资源

我国新能源产业发展有四大主要区域：环渤海区域、长三角区域、西南区域和西北区域，而四川省西接青海、西藏，东邻重庆，北连甘肃、陕西，南衔

云南、贵州，作为重要经济、贸易、交通和运输中心，得天独厚的地理区位优势造就了四川省良好的发展新能源的资源禀赋条件。

太阳能资源方面：四川省的石渠、色达至理塘、稻城、攀枝花及川西高原一带，年总辐射量高，且日照时间长，太阳能资源丰富。风能资源方面：以德昌、茂县和丹巴为中心的岷江河谷、安宁河谷和大渡河谷等地区的风能资源最具有开发价值，离地50米高度风能资源理论储量约为8835万千瓦，潜在开发量约为1500万千瓦。与此同时，气候温暖湿润、农林作物覆盖面积大也使得四川省生物质能资源的来源种类多样，在发展生物质能源方面有着相当大的优势。最后，四川省拥有着能够支撑新能源产业发展的丰富矿物资源，如以替代的新材料碲铋矿，四川石棉目前勘测到碲铋矿、钒矿、锂矿和稀土资源等。

（二）设施

自实施西部大开发战略以来，在国家政策的推动及四川省委、省政府的带领下，在科技工作方面取得了长足的进步，科技创新的实力不断提高，并且在科技成果转化以支撑社会经济发展方面，能力也在逐渐增强，四川省逐渐形成了强大的科技研发体系，和产业门类较为齐全、配套体系较为完善、技术研发力量较为雄厚、产业规模较为宏大的装备制造工业基本格局。除此以外，四川省政府在现有产业基础上，继续加大对新能源产业的政策支持力度，抢占全国新能源产业发展的制高点。与此同时，四川省财政对新能源产业的支持力度也在逐年加大，积极实施重大新能源产业项目、开拓国际市场、引进和发展支持及相关性企业等；出台税费减免优惠政策，大力争取国债资金、中央财政可再生能源专项资金的支持，建立省级各类专项资金，对新能源技术研发、资源勘查、光伏发电和风电等项目给予重点支持。最后，四川省大力支持科技创新，加快新能源技术研发基地、科技示范基地、国家重点实验室建设，组织实施重大技术攻关，不断缩小与国外先进技术的差距，力争在关键领域取得突破。加快开发市场急需的产品，形成具有自主知识产权的品牌产品，提高产品的技术附加值。

（三）供应商与相关辅助企业

四川省新能源产业基地建设目前已经初具成效，比较具有代表性的在成都市双流区。双流区作为成都市发展新能源产业的核心区域，积极推进新能源产业链发展，初步形成了汉能集团、南玻集团、新源圣光、天威新能源等产业集群，中国核动力研究院、西南物理研究院、四川大学等高校院所大力支持成都佳电、川开集团发展核能产业集群，以森兰变频为龙头的风能产业集群。而太阳能光伏产业链已经在四川西南地区形成，主要以乐山、眉山、成都为主的硅生产基地，作为支持四川省新能源产业发展的重要辅助产业。

（四）企业的结构、战略与竞争

四川省成都市双流区、攀枝花、德阳、乐山等地大力发展新能源企业，已在人力资源、核心技术等方面处于领先发展水平，是四川省发展新能源产业实力最强、发展程度最高的城市。双流（未改双流区前）连续四年位居“全国新能源产业百强县”榜首，共引进多个新能源企业、光伏企业、太阳能企业等亿元以上重大新能源项目50余个，着力打造新能源产业基地；雅安石棉及南充等地，以及川西高原在生物质能、风能、地热能方面取得了进步，初步实现产业化集群发展。四川省的新能源产业具备良好的条件，已初具规模，处于新能源产业初步发展状态，发展前景很好。

第五节　小结

本章首先总结归纳了新能源产业集群化发展的模式，不同的学者按照不同的划分标准，从不同的研究视角看，产业集群发展模式均有不同，笔者总结归纳国内外文献，总结了三种划分标准、四种研究视角；其次介绍产业集群动力机制的内涵，并介绍了相关理论基础，通过图形方式，描述新能源产业集群发展的动力机制。同时，介绍关于产业集群化发展影响因素分析，再对新能源产业集群发展影响因素进行研究，立足于四川省的实际情况，以影响新能源产业集聚发展的因素为基础，探索出一个适合我省发展的新路径。最后介绍产业集群竞争力的内涵，并根据相关文献资料，总结了关于产业集群品牌竞争力测评模型的文献综述，并根据前人学者的文献资料，借鉴GEMN模型构建本章的新能源产业集群化指标体系，对四川省的新能源产业核心竞争力进行了评价，为未来四川省新能源产业的高效发展提供建议。

第五章
四川省新能源产业集群化发展模式研究

第一节 新能源产业集聚与区域产业结构优化

一、四川省产业结构特征分析

四川省具备相当丰富的能源资源，相比于其他省份，其生产资源要素禀赋条件比较优越。但是，长期以来全面依托“要素投入”的粗放型发展方式导致四川省的经济呈现一种“高投入、高耗能、低效率”的低利用现状。直观上看，四川省经济被资源产业的发展带动高速增长，但也出现了四川经济对“要素投入”的过度依赖问题，从近10年四川省三次产业结构的变化趋势（图5-1）可见，四川省仍然是以第二产业为主导的区域产业结构。经国家统计局审定，2014年，四川省三次产业结构由2013年的12.8：51.3：35.9调整为12.4：50.9：36.7。三次产业对经济增长的贡献率分别为5.0%、59.7%和35.3%。这就表明，虽然第三产业的占比略有上升，但总体看四川现有产业结构仍处在“二三一”的状态中，现有产业结构核心竞争优势相对较弱，与国内先进城市相比，产业结构的发展程度仍处于中下游阶段，距离“三二一”的高层次结构有较大差距。

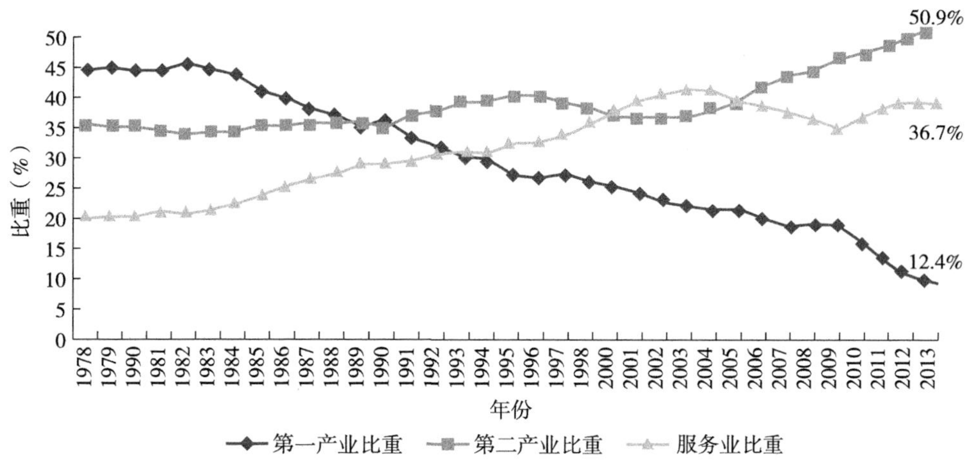

图5-1　1978—2013年四川省三次产业结构变化图

数据来源：四川省1978-2013年统计年鉴

将区位熵（LQ_{ij}）方法引入研究可知，通过测算四川省三次产业区域熵，更加明确四川省产业结构优化的必要性。由于区位熵反应的是地区产业结构与全国产业结构的比值，因此通过比值的高低来判定产业是否具有竞争优势（陈莲芳和严良，2012），其计算公式如下：

$$LQ_{ij}=(L_{ij}/\sum_{i=1}^{n}L_{ij})/(\sum_{i=1}^{n}L_{ij}/\sum_{i=1}^{n}L_{ij}\sum_{j=1}^{m}L_{ij}) \tag{5-1}$$

其中，i表示第i个地区，j表示第j个行业，L_{ij}表示第i个地区、第j个行业的产出。经过计算后2014年四川省三次产业区位熵的值见表5-1。

如表5-1所示，2014年四川省三次产业区位熵的测算结果分别为1.347、1.192及0.763。从区位熵的数据可以看出，四川省的第一产业及第二产业均略领先于全国平均水平，具有一定的竞争优势。但四川省的第三产业发展水平明显滞后于全国的平均水平，四川省的旅游、餐饮、信息技术等领域的资源优势尚未凸显出来，当前亟须强化完善第三产业的发展。因此，四川省的经济增长方式亟须进行转变，尤其需要针对三次产业结构进行优化改进，以促进四川省域经济的高质量、可持续发展。

表5-1 2014年四川省三次产业区位熵计算值（单位：亿元）

	第一产业		第二产业		第三产业		GDP
全国	58336	9.2%	271764	42.7%	306038	48.1%	636139
四川省	3531.1	12.4%	14519.4	50.9%	10486.2	36.7%	28536.7
区位熵	1.347		1.192		0.763		——

数据来源：四川省2014年统计年鉴。

因此，在强调区域经济发展质量的“新常态”时期，四川的新能源产业开发与区域经济发展质量之间的关系该如何界定完备，合理地规避能源产业同构严重、生态环境恶化、经济资源和社会资源的极大浪费等诸多弊端，是区域经济发展质量研究的关键问题，这将直接关系到四川省未来能源经济政策的科学选择（张莉沙，2014）。

二、新能源产业集聚对四川省区域产业结构影响

从近10年四川省三次产业结构的变化趋势（图5-1）可见，四川省仍然是以第二产业为主导的区域产业结构。因此，实现产业结构优化的关键在于，依据四川省产业发展的规划将“新能源产业”作为工业主导产业，以其为核心，协同关联产业形成集聚发展。

笔者将实证分析过程划分为三个关键步骤：

步骤一：结合《国民经济行业分类》（GB/T 4754—2002），选取四川省的38个产业部门作为实证分析对象，测算了这些产业部门直接消耗系数、完全消耗系数，并基于测算结果分析其他部门与新能源产业部门的技术经济相关程度，进而筛选比较出与新能源产业关联度较高的11项产业。

步骤二：在上述分析的基础上，进行12个新能源关联产业的感应度系数和影响力系数测算，并在测算结果的基础上，进一步计算出12个新能源关联产业相互间的波及效应系数，并对各项系数进行排序。

步骤三：基于上述分析结果，结合四川省产业结构的现状，提出产业集聚与结构优化的对策。

（一）消耗系数的测算

本文以投入产出的方法为基础，借鉴韩斌（2008）及孙慧等（2011）的研究成果，选取2012年四川省投入产出表数据，测算四川省38个产业部门的消耗系数，结果见表5-2。

表5-2　四川省38个产业部门消耗系数测算明细表

编码	产业部门	完全消耗系数	直接消耗系数	产业类别
1	农业	0.009158	0.000000	1
2	煤炭开采和洗选业	0.008221	0.000072	2
3	石油和天然气开采业	0.112856	0.078124	2
4	金属矿采选业	0.019851	0.000000	2
5	非金属矿采选业	0.000577	0.000043	2
6	食品制造及烟草加工业	0.002568	0.000000	2
7	纺织业	0.001586	0.001568	2
8	服装皮革羽绒及其制品业	0.002628	0.001654	2
9	木材加工及家具制造业	0.002623	0.000616	2
10	造纸加工文教体用品制造业	0.006689	0.001425	2
11	石油加工、炼焦及核燃料加工业	0.038856	0.015532	2
12	化学工业	0.056054	0.015612	2
13	非金属矿物制品业	0.005440	0.001985	2
14	金属冶炼及压延加工业	0.079785	0.035880	2
15	金属制品业	0.012393	0.002856	2
16	通用、专用设备制造业	0.049856	0.016908	2
17	交通运输设备制造业	0.010365	0.003012	2

续表

编码	产业部门	完全消耗系数	直接消耗系数	产业类别
18	电气器械及器材制造业	0.004651	0.003023	2
19	通信设备、计算机及其他电子设备制造业	0.003215	0.000856	2
20	仪器仪表及文化、办公用机械制造业	0.004623	0.002563	2
21	废品废料	0.007041	0.000000	2
22	电力、热力的生产和供应业	0.039771	0.014760	2
23	燃气生产和供应业	0.001215	0.000017	2
24	建筑业	0.002217	0.000614	2
25	水的生产及供应	0.001312	0.000912	2
26	邮政业	0.000213	0.000061	3
27	交通运输及仓储	0.052120	0.021131	3
28	信息传输、计算机服务和软件业	0.003978	0.001215	3
29	批发和零售贸易	0.021411	0.005784	3
30	住宿和餐饮业	0.009682	0.005120	3
31	金融保险业	0.012102	0.002154	3
32	房地产业	0.002014	0.000215	3
33	租赁和商务服务业	0.025481	0.005321	3
34	教育产业	0.001321	0.000512	3
35	综合技术服务业	0.001231	0.000418	3
36	卫生、社会保障和社会福利业	0.000223	0.001225	3
37	文化、体育和娱乐业	0.000754	0.001254	3
38	居民服务和其他服务业	0.001747	0.001245	3

数据来源：根据《四川投入产出表2013》及四川省2013年统计年鉴相关数据整理计算得出。

表5-2中，将直接消耗系数大于0.01，完全消耗系数大于0.01作为阈值，从对新能源产业与37个关联产业部门的技术经济联系强度进行分析可见，三次产业结构中第二产业与新能源产业关联较多，其次是第三产业，农业与新能源产业仅存在间接性关联。对完全能耗系数的进一步分析发现，第二产业与新能源产业的技术经济关联强度最高（完全能耗系数累计值为0.474392），第三产业次之（完全消耗系数累计值为0.133277）。从比重分布来看，第一产业、第二产业

和第三产业在新能源产业消费总量中的比重分别为1.48%、76.91%和21.61%。因此，实证分析结果表明，四川省的第二产业发展势头良好，特别是现代加工制造业优势明显。同时，新能源产业与第二产业之间的间接定量投资更为广泛，使得新能源产业与第二产业的技术经济关系更加密切。

表5-3中，进而从上述38个产业部门中研究，依照完全消耗系数（大于0.01）筛选出与新能源产业密切关联的12个产业部门，进行产业结构的优化，并形成以新能源产业为核心的产业融合与产业集聚。

表5-3 四川省新能源产业关联度较高的12项产业

序号	产业部门	完全消耗系数	产业类别
1	石油和天然气开采业	0.112856	第二产业
2	金属冶炼及压延加工业	0.079785	第二产业
3	化学工业	0.056054	第二产业
4	交通运输及仓储业	0.052120	第三产业
5	通用、专用设备制造业	0.049856	第二产业
6	电力、热力的生产和供应业	0.039771	第二产业
7	石油加工、炼焦及核燃料加工业	0.038856	第二产业
8	租赁和商务服务业	0.025481	第三产业
9	批发和零售贸易	0.021411	第三产业
10	金属矿采选业	0.019851	第二产业
11	金融保险业	0.012102	第三产业
12	交通运输设备制造业	0.010365	第二产业

数据来源：根据表5-2数据得出。

（二）关联产业影响力、感应度与波及系数的测算

关联产业间的相互影响和适应关系可以通过投入产出方法中的影响力、感应度与波及系数直观地呈现出来，关联产业间的集聚效应能够更为直接地被剖析和验证，以为后续产业结构优化提供可参考的、量化的数据依据。

研究依据韩嵩（2012）的成果，根据感应度系数E_i，影响力系数F_j的标准计算公式，测算表5–3中12个关联产业的感应度系数、影响力系数，并将波及系数B_{ij}定义为感应度系数E_i、影响力系数F_j的平均值，即$B_{ij}=\frac{1}{2}(F_j+E_i)$，计算结果见表5–4。

表5–4　关联产业影响力、感应度与波及系数计算结果

序号	产业部门	影响力系数	感应度系数	波及系数	综合排序
1	石油和天然气开采业	0.432566	1.901256	1.166911	6
2	金属冶炼及压延加工业	1.412566	2.412356	1.912461	1
3	化学工业	1.162547	1.302514	1.232530	5
4	交通运输及仓储业	1.092311	1.477851	1.285081	3
5	通用、专用设备制造业	1.321120	0.712569	1.016844	7
6	电力、热力的生产和供应业	0.789521	1.052658	0.921089	9
7	石油加工、炼焦及核燃料加工业	1.412536	1.1124789	1.262507	4
8	租赁和商务服务业	0.971213	0.9645238	0.967868	8
9	批发和零售贸易	0.485123	0.654721	0.569922	12
10	金属矿采选业	0.912563	0.921478	0.917020	10
11	金融保险业	0.421569	0.854126	0.637847	11
12	交通运输设备制造业	2.045216	0.781253	1.413234	2

数据来源：根据表5–3数据及公式计算后得出。

基于上述分析可见：

（1）影响力系数分析结果显示：交通运输设备制造业（2.045216），化学工业（1.162547），金属冶炼及压延加工业（1.412566），石油加工、炼焦及核燃料加工业（1.412536），通用、专用设备制造业（1.321120）及交通运输及仓储业（1.092311）6项产业的影响力系数超过了12个关联产业的影响力系数平均值（1.038237），说明产业影响效果显著，同时上述6项目产业中有5项属于第二产业，仅有的交通运输与仓储业也与第二产业有着密切的关系。由此可见，一方面，该6项产业基本属于产业链条的中后端，其较强的产业影响力说明具有较强的后向关联度，可促进以新能源产业核心的后向产业集聚。然而，石油和天然气开采业的影响力系数仅为0.432566，相对较低，说明开采业在四川省为尚不具备优势的产业，同时也受到开采业位于产业链前端的实际影响。另一方面，尤其值得注意的是交通运输设备制造业（2.045216）排在首位，进一步说明产业融合与产业集聚的重要性，而实证分析的数据再次证明了第二产业是四川省产业结构优化调整的关键所在。

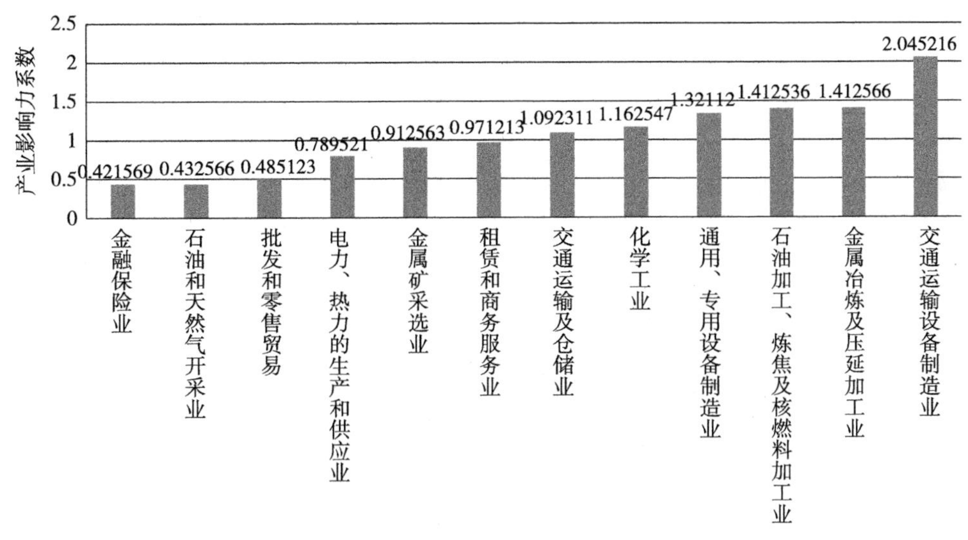

图5-2　产业影响力系数排列

（2）感应度系数分析结果显示：感应度平均值为1.178982，超过平均值的产业项目有：金属冶炼及压延加工业（2.412356），石油和天然气开采业（1.901256），交通运输及仓储业（1.477851），化学工业（1.302514）此4项产业，说明该4项产业对其他产业的发展有显著的推动作用，同时也印证了第二产业的主导作用，其中，石油产业［石油和天然气开采业（1.901256），石油加工、炼焦及核燃料加工业（1.1124789）］作为四川省核心支柱产业的辐射效应也凸显出来。

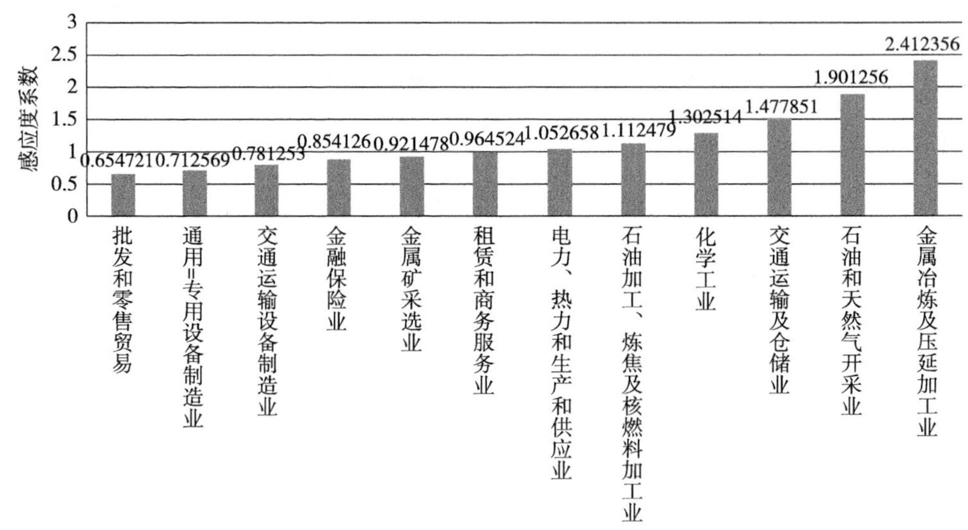

图5–3　感应度系数排序

（3）波及系数分析结果，因为波及系数为影响力系数与感应度系数的平均值，其旨在反应两者的综合作用力，即“产业波及效应”，结果显示，波及系数的平均值为1.108611，超过平均值的产业有金属冶炼及压延加工业（1.912461），石油和交通运输设备制造业（1.413234），化学工业（1.232530），交通运输及仓储业（1.285081），石油加工、炼焦及核燃料加工业（1.262507）以及天然气开采业（1.166911）6项产业，其中第二产业5项，第三产业1项，占比83.33%。研究表明其他产业受上述6项新能源关联产业的显著的影响作用和辐射效应，而剩余的6项产业，大多涉及设备供给、金融保险支撑、租赁服务、商务贸易等关联服务，在石油关联产业融合、集聚的过程中，扮演着重要的角色。

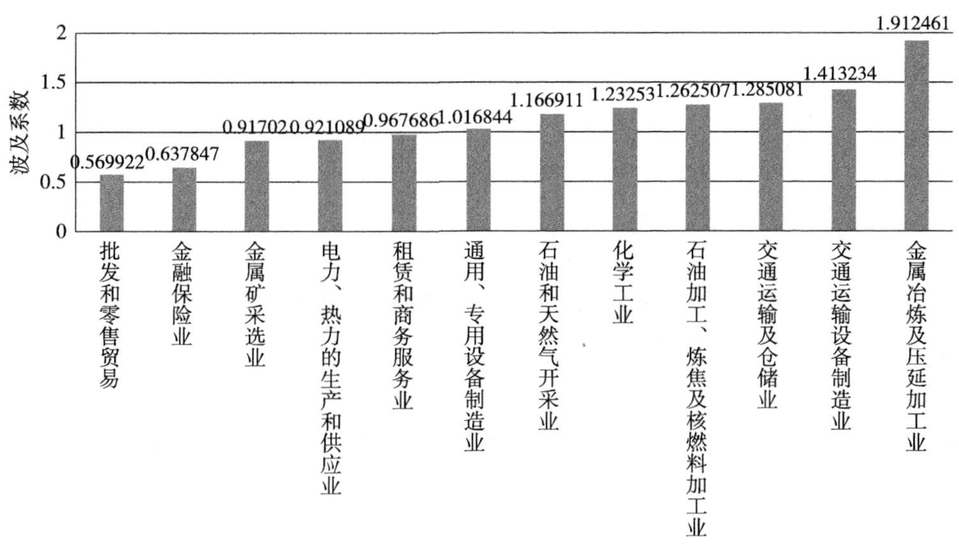

图5-4　波及系数排列

（4）综合分析结果：根据对图5-2、图5-3、图5-4的分析，可以看出金属冶炼及压延加工业的影响力系数（1.412566）、感应度系数（2.412356）、波及系数（1.912461）都处于较高的排名，这表明其他产业受该产业影响程度较大，属于拉动四川经济的龙头产业，同时，该产业被其他产业被其他产业的影响程度也高于平均水平，该产业还是推动四川经济的基础产业，印证了第二产业为三大产业的核心地位。反观批发和零售贸易业，其影响力系数（0.485123）、感应度系数（0.654721）、波及系数（0.569922）都处于较低的排名，这表明批发和零售贸易业对其他产业的影响程度小于平均水平，对其他产业和经济的拉动幅度较小，并且其他产业对批发和贸易零售业产品的需求程度也较小，该产业受其他产业的影响幅度也很小。以上两个较为突出产业的三项系数排列地位见表5-5（降序排列）。

表5-5　两大突出产业的影响力系数、感应度系数、波及系数综合排列

产业部门	影响力系数排名	感应度系数排名	波及系数排名	综合排名
金属冶炼及压延加工业	2	1	1	1
批发和零售贸易	10	12	12	12

三、四川省区域产业结构优化战略思想

总体来看，四川省的新能源产业与区域结构呈现出以下特点：一是四川省三次产业结构总体以“二一三”的格局呈现，第二产业的占比较大，具备明显发展优势，但四川省的第三产业明显滞后于全国的平均水平，尚未发挥出四川省在旅游、餐饮、信息技术等领域的资源优势，第三产业的发展亟须强化；二是实证分析结果显示，第二产业对新能源产业的完全消耗量占比为76.91%，说明第二产业与新能源产业间存在密切的技术经济关联，尤其凸显在金属冶炼及压延加工业，新能源和天然气开采业，交通运输及仓储业，化学工业，新能源加工、炼焦及核燃料加工业及交通运输设备制造业等关联项目上，而针对筛选出的12项关联产业所做的量化分析，综合表明该12项关联产业在产业影响力、感知度及波及效应上都有良好的表现，因此，该12项关联项目将是形成区域产业融合与产业集聚的关键所在；三是研究结果不仅阐明了优化四川省区域产业结构的必要性，还论证了以新能源产业集群为基础实现四川省区域产业结构优化的可行性；同时也进一步表明新能源产业与关联产业的相互作用关系，清晰地显示出新能源产业对第二产业的依赖，以及第三产业发展对新能源产业带来的中介、支撑作用（吴晓明和胡国松，2016）。

第二节　新能源产业集聚与区域经济增长的动态关系研究

一、能源产业集聚度测量模型

通过文献计量与共词分析发现，国内外学者对于产业集聚度测量指标主要集中于CR_n指数（行业聚集度）、区位熵指数和空间基尼数等（Leite和Weidmann，1999），具体见表5-6。

表5-6　关联产业影响力、感应度与波及系数计算结果

分类	指标	公式	优缺点
1	行业聚集度（CR_n）	$CR_n=\frac{\sum(X_i)_n}{\sum(X_i)_N}$，$n$表示产业中规模较大的前$n$家企业；$N$表示产业内所有企业数量	优点：公式简洁，易于分析。产业中规模较大企业便于统计； 缺点：不能反映地理信息特性，以及行业内所有企业信息统计
2	区位熵（LQ）	$LQ=\frac{E_{ij}/E_i}{E_{kj}/E_k}$，$E_{ij}$表示$i$地区，某产业j的产业产值，$E_i$：表示$i$地区总体产业产值；同理，$k$表示省份	优点：统计数据较为容易获得，且易于分析，特别针对能源产业按地理区域集中的特点； 缺点：假设条件较多
3	空间基尼系数（G）	$G=(E_{ij}/E_i-E_{kj}/E_k)^2$，具体字母内涵与区位熵一致	优点：数据易收集，且较为适合制造业集聚度测算； 缺点：忽略不同企业发展规模和集聚度差异性
4	赫芬达尔–赫希曼指数（HHI）	$HHI=\sum_{i=1}^{n}S_i^2$，S_i表示地区中i企业所占有的市场份额，n表示产业中的n家企业	优点：考虑企业市场份额，即企业规模； 缺点：地理聚集程度无法考虑，即不适合能源产业集聚度测算

能源产业属于国家垄断型行业，且地理信息因素在测量产业集聚度要着重考虑，通过对产业集聚度测算指标分类及适用性分析发现，区位熵能够满足能源产业集聚度测量在数据收集以及适用性方面所提出的具体要求，因此笔者在

对四川省能源产业集聚度测算方面选择区位熵作为度量模型。运用区位熵测量四川省能源产业集聚度的模型如下：

$$LQ_{ij}=\frac{E_{ij}/E_i}{E_{kj}/E_k} \quad (5\text{–}2)$$

其中，LQ_{ij}表示为地区j中的能源产业i的区位熵数，其余字母含义见表5–6。$LQ_{ij}>1$表示地区j中的能源产业i专业化程度高于全省范围，即该地区能源产业拥有较好的集聚效应，反之则集聚效应越弱。

二、新能源产业数据获取来源及结果分析

本文选择的主要实证研究对象为四川省新能源产业，实证分析样本选取四川东北部、西北部、中部、北部及南部的12个代表性城市，将收集的2009—2014年《四川省统计年鉴》《中国统计年鉴》及相关田野调研的数据作为分析计算的数据集，计算出四川省新能源产业在2009—2014年的12个市的区位熵（吴晓明等，2016），具体内容见表5–7。

表5–7　四川省新能源产业12市区位熵

年份	2009年	2010年	2011年	2012年	2013年	2014年
城区	区位熵（LQ）	区位熵（LQ）	区位熵（LQ）	区位熵（LQ）	区位熵（LQ）	区位熵（LQ）
达州	0.7021	0.7013	0.8321	0.8331	0.8343	0.8810
南充	0.8341	0.8421	0.9041	0.8853	0.9241	0.9253
江油	0.9232	0.9341	0.9251	0.9663	0.9902	1.0063
绵阳	2.7658	2.9232	2.9658	2.9761	3.0108	3.1161
乐山	1.8251	2.3358	2.4251	2.4621	2.6251	2.8761
内江	0.8754	0.9051	0.9214	0.9546	0.9754	0.9766
自贡	1.9984	1.9754	2.0074	2.1316	2.1641	2.213

续表

年份 城区	2009年 区位熵（LQ）	2010年 区位熵（LQ）	2011年 区位熵（LQ）	2012年 区位熵（LQ）	2013年 区位熵（LQ）	2014年 区位熵（LQ）
广安	1.5354	1.7784	1.8754	1.9044	1.9364	1.9901
广元	0.8410	0.8901	0.9762	0.9819	1.0031	1.1019
巴中	0.7112	0.8410	0.9012	0.9339	0.9762	0.9857
泸州	1.3014	1.7112	1.8014	1.8803	1.9714	1.9963
宜宾	1.2124	1.3014	1.3419	1.3341	1.4657	1.4434

注：数据来自2009—2014年四川省以及各地市的统计年鉴。

表5-7集中展示了四川省的新能源产业2009—2014年期间，在四川不同区域各市的产业集聚程度。从整体上来看，2009—2014年期间，四川省新能源产业专业化程度即集聚程度不断提升，但各区域产业集聚差距依然明显且有不断加大的趋势。从不同区域来看，江油市和广元市经过5年的发展，新能源产业专业化程度逐渐由低于全省平均水平转变为高于全省平均水平。新能源产业聚集程度在全省处于领先地位的有，四川西北部的绵阳市、乐山市，四川中部的自贡市、广安市，四川南部的泸州市、宜宾市，以2014年测算数据看，分别是全省平均水平的3.1161倍、2.8761倍、2.213倍、1.9902倍、1.9963倍和1.4434倍，这些城市已经逐步成为四川省内新能源产业的重要集聚区。而新能源产业集聚度相对较弱的为四川东北部及北部，从调研中也发现，这些区域新能源产业发展水平相对落后，依然需要进行优化整合其产业结构。

新能源产业在四川省《四川省能源产业“十二五”规划》中被明确指出是四川省七大优势产业之一，需要大力推动能源产业发展，加快产业升级与改造进程，提升产业优势。未来在“十三五”期间，四川省以新能源产业为代表的能源产业仍会在相对较长的时间内持续发展，将会更加凸显其在四川省经济增长中的贡献率。需要进一步对能源产业集聚与经济增长的动态关系进行分析，从而提供相应的理论支持与实践指导以推动四川省大力发展能源产业，为下一个五年计划打下基础。

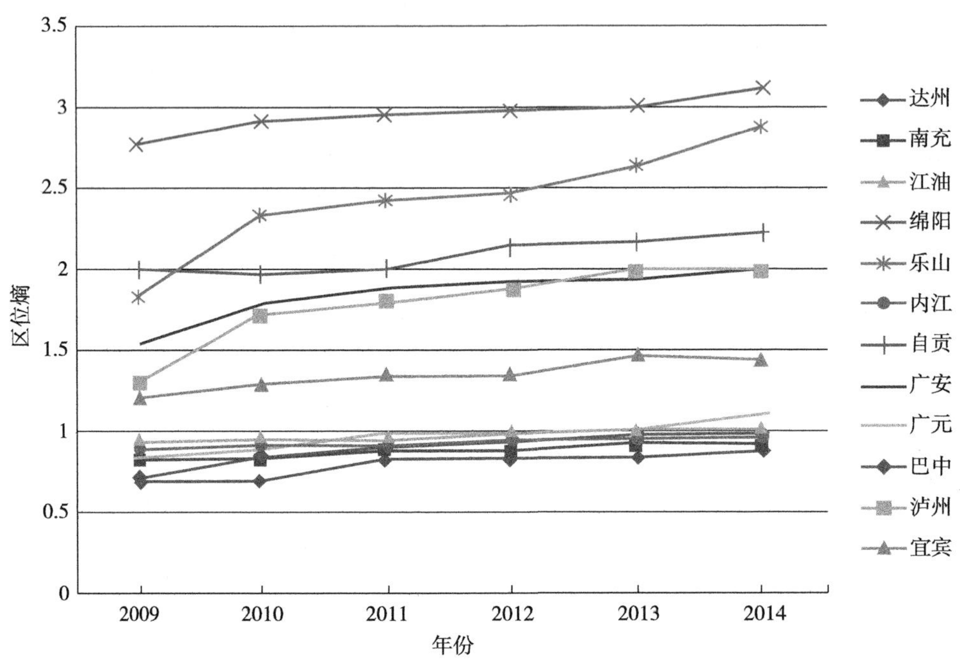

图5-5　2009—2014年四川省新能源产业12市区位熵变化情况

三、能源产业与经济增长动态关系实证分析

（一）参数设置及模型构建

基于笔者收集的2011—2016年四川省科技创新财政投入的统计数据，并考虑到以往文献研究中面板数据时间跨度较小的特点，保证模型自由度合理性，以及模型结果的科学性和可信性，在分析以往对财政投入与创新绩效相关研究方法基础上，选择并运用结构向量自回归模型（陈桦和张耀辉，2008）。该模型不仅能够有效解决面板数据时间跨度较小的问题，还能够有效反映财政资金投入与区域创新绩效的动态关系特征。采用构建结构向量自回归2阶滞后模型：

$$BY_t=\alpha_1+\alpha_2 Y_{t-1}+\alpha_3 Y_{t-2}+e_t \tag{5-3}$$

其中，参数矩阵表示为B，α_1、α_2、α_3、e_t为残差向量。

（1）Y_t由三个内生变量组成，分别是财政资金投入强度LQ，高新技术产业产值占GDP的比重PG，以及一个控制变量X_t；其中X_t主要由研发人员全时当量，研发经费支出，研发经费支出占生产总值比例，科技创新能力和科技创新产出等指标组成。

（2）选取政府财政科技拨款占GDP比重，作为财政资金科技投入测算指标，用Inv表示。

（3）科技从业人员占全省就业人员比重，作为衡量人力资源投入测算指标，用HR表示。

（4）高新技术产业增加值，作为衡量科技创新产出的测算指标，用RV表示。

LQ	*PG*	*Inv*	*HR*	*RV*
财政资金投入强度	高新技术产业产值占GDP的比重	政府财政科技拨款占GDP比重	科技从业人员占全省就业人员比重	高新技术产业增加值

$$Y_t=B^{-1}\alpha_1+B^{-1}\alpha_2 Y_{t-1}+B^{-1}\alpha_3 Y_{t-2}+B^{-1}e_t \tag{5-4}$$

令$\varepsilon_t=B^{-1}e_t$，公式（5–4）可以简化为：

$$Y_t=B^{-1}\alpha_1+B^{-1}\alpha_2 Y_{t-1}+B^{-1}\alpha_3 Y_{t-2}+\varepsilon_t \tag{5-5}$$

笔者选取2011—2016年的财政资金投入面板数据，包含35个样本观测值，具体样本数据获取来源于《四川省统计年鉴》和田野调研数据，财政资金投入强度LQ数据来自省财政厅，科技厅统计数据。

（二）模型假设

假设结构向量自回归SAVR模型拥有n元p阶，需要设置n（n–1）/2个约束条件，这样能够识别结构冲击。针对内生变量的具体个数，设置模型约束条件为10，在此基础上提出相应的模型假设：

（1）财政资金投入强度提高会影响当期研发人员全时当量，研发经费支出；

（2）财政资金投入强度提高不会影响当期研发经费支出占生产总值比例；

（3）财政资金投入强度会影响当期研发人员全时当量、科技创新能力和科技成果产出；

（4）财政资金投入强度会影响高新技术产业产值占GDP的比重的提高；

（5）研发经费支出与科技创新能力和科技创新产出不存在当期影响。

（三）脉冲响应结果分析

基于结构向量自回归SAVR模型构建相应的脉冲响应函数，脉冲响应函数起到解释SAVR模型中关于油气产业聚集度与经济增长动态关系的作用，在计量经济学领域广泛应用。运用公式（5–4）构建的脉冲响应函数如下：

$$Y_t=\psi_0\varepsilon_t+\psi_1\varepsilon_{t-1}+\ldots+\psi_k\varepsilon_{t-k}+\cdots \qquad (5\text{–}6)$$

其中，ψ_k表示系数阵，k=1，2，…，n，描述脉冲对Y_t的相应函数。基于前述建立的模型，给予SVAR模型一个正向冲击，分析人均GDP增长率提高与油气产业集聚度LQ的脉冲相应图。并结合获取的样本数量，将响应期定位6。

图5–6显示了高新技术产业产值占GDP的比重提高面对冲击后的脉冲响应图，其中Shock1至5分别表示人均GDP增长率提高、新能源产业聚集度、新能源产业物质投入、人力资源投入和科技创新的冲击。图5–6中显示在给新能源产业正向冲击后，在后续整个滞后期，人均GDP增长率提高具有负向影响，即新能源产业聚集对四川省经济增长起到负向影响作用；而新能源产业物质投入对四

川省经济增长具有正向拉动作用，具体表现为给予新能源产业物质投入一个正向冲击后，人均GDP增长率提高虽然在第1～2期有下降，但是随后稳步上升至最高点。人力资源投入与科技创新投入在对四川省经济增长中影响并不显著，具体从图中可以看到冲击4和冲击5呈现出不同的波动，具体原因在于四川省在新能源产业中人力资源投入力度不够，对员工要求仅限于能够完成日常生产运营工作，新能源产业中的优秀的科技人才与管理人才引进力度较低，这也同样导致新能源产业科技创新管理水平不高。

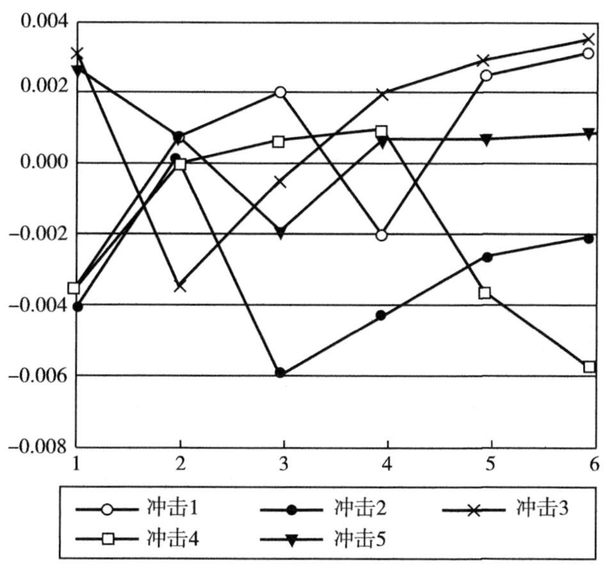

图5-6　人均GDP增长率面对冲击后的脉冲响应图

图5-7显示了LQ面对冲击后的脉冲响应。人均GDP增长率与新能源产业物质投入能够促进四川省新能源产业集聚。这一发现与现有的经济学理论具有一致性。特别需要指出的是，新能源产业集聚对自身的冲击响应为负向影响，说明新能源产业发展更多地需要配套政策予以支持，否则四川省新能源产业发展将会衰落，这同样也是四川省继续加强经济转型、调整产业结构的

原因所在。

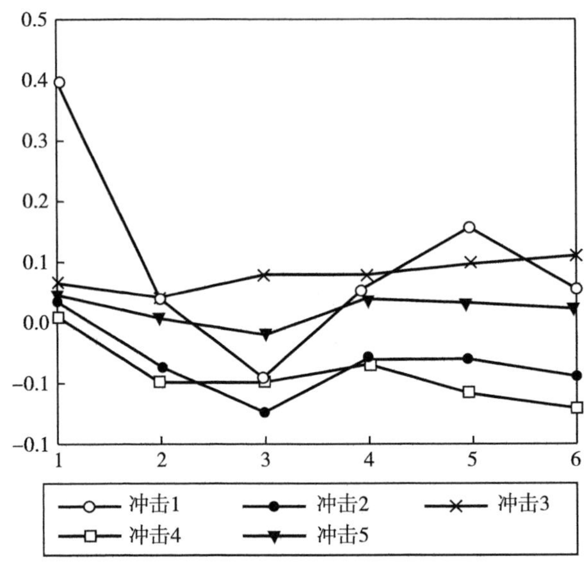

图5–7　*LQ*面对冲击后的脉冲响应图

四、四川新能源产业集聚与经济增长动态关系

基于四川省新能源产业聚集度测算结果分析基础上，进一步运用结构向量自回归模型（SVAR模型），并构建脉冲相应函数，分析四川省新能源产业集聚与经济增长间的动态关系，最终得出以下几点结论：

（1）四川省新能源产业聚集度整体呈现不均衡状态，且大部分地区新能源产业集聚度较弱。而这一问题是因为新能源产业整体技术、科研能力、创新能力不强，使得产业集聚呈现低效发展的局面；

（2）从人均GDP增长率面对冲击后的脉冲响应图分析得出，四川省新能源产业集聚对四川省经济增长起到负向影响作用，新能源产业物质投入对四川省经济增长具有正向拉动作用，而人力资源投入与科技创新投入在对四川省经济增长中的影响并不显著，这是由于四川省新能源产业科技与管理人才引进力度较低的缘故；

（3）从新能源产业集聚度面对冲击后的脉冲相应图分析得出，人均GDP增长率与新能源产业物质投入能够促进四川省新能源产业集聚，特别需要指出，新能源产业集聚对自身的冲击响应为负向影响，新能源产业集聚需要四川省政策的大力扶植。

第三节　新能源产业集聚对区域经济增长影响研究

一、新能源产业集聚度测量研究

（一）产业集聚度测量方法对比分析

为了量化产业聚集的辐射效应，从统计角度分析产业集聚程度的演化变迁规律，通常使用行业聚集度（CR_n）、区位熵（LQ）、空间基尼数（G）以及赫芬达尔-赫希曼指数（HHI）与Ellision-Glaeser集聚指数（EG）等，具体见表5-8。

表5-8　从统计角度分析产业集聚程度的测量指标

分类	指标	公式	优劣势分析
1	行业聚集度（CR_n）	$CR_n=\frac{\sum(X_i)_n}{\sum(X_i)_N}$， n：表示产业中规模较大的前n家企业； N：表示产业内所有企业数量	计算简洁，利于产业中规模较大企业的统计分析，但测度结果不够全面，具有局限性
2	区位熵（LQ）	$LQ=\frac{E_{ij}/E_i}{E_{kj}/E_k}$， E_{ij}：表示i地区，某产业j的产业产值； E_i：表示i地区总体产业产值； k：表示省份	计算简洁，数据易获得，但欠缺准确性和标识性

续表

分类	指标	公式	优劣势分析
3	空间基尼系数（G）	$G=(E_{ij}/E_i-E_{kj}/E_k)^2$ 具体字母内涵与区位熵一致	可从均衡性分布角度进行测算；但忽略不同企业发展规模和集聚度的差异性，进而导致可比性差
4	赫芬达尔-赫希曼指数（HHI）	$HHI=\sum_{i=1}^{n} S_i^2$ S_i：表示地区中i企业所占有的市场份额； n：表示产业中的n家企业	深入分析企业市场份额等微观数据，但对数据的获取要求较高，无法测度地理聚集程度
5	Ellision-Glaeser集聚指数（EG）	$EG=\left[Gini-(1-\sum_i L_{i2})H\right]/\left[(1-\sum_i L_{i2})(1-H)\right]$	融合了HHI指数与G系数，提高了精确度与可操作性，可从结果上对比反应多区域，多时间维度的变化，但测算的公式比较复杂，难度相对较大

综上，结合新能源产业的特性，笔者运用Krugman专业化指标与空间基尼系数（G），对四川省新能源产业集聚度进行综合测度，公式如下：

$$\begin{cases} \partial_{ij}=\dfrac{P_{ij}}{\sum_j P_{ij}} \text{（}i\text{地区}j\text{行业的相对经济活动水平占比）} \\ \overline{\partial_{ij}}=\dfrac{\sum_{m\neq i}P_{mj}}{\sum_{m\neq i}\cdots\sum_j P_{mj}} \text{（}i\text{地区之外的所有地区}j\text{产业的经济活动水平占}i\text{以外地区总经济活动水平的份额）} \\ spec_i=\sum_j|\partial_{ij}-\overline{\partial_{ij}}| \text{ 差的绝对值的加总为结果，取值范围} \\ \text{[0，2]值越高，专业化程度越高} \end{cases} \quad (5\text{-}7)$$

$$G=\left(\frac{E_{ij}}{E_i}-\frac{E_{kj}}{E_k}\right)^2 \text{（取值范围为[0，1]，越趋近1，越具区域集中性）} \quad (5\text{-}8)$$

（二）四川省新能源产业集聚程度的测算

针对四川省新能源产业集聚程度的测算研究分别选取Krugman专业化指标和空间基尼系数来测度区域间产业结构的差异程度以及产业集群水平。

1. Krugman专业化指标测度

研究中使用2000—2015年，《中国工业经济统计年鉴》公布的以当年价格计算的工业总产值作为研究基础数据，为了形成对比，研究不仅选取了四川省还有针对性地选取了新疆、甘肃、陕西3个西部省区进行石化产业Krugman专业化指数的测算，结果见表5-9。

表5-9　西部代表地区新能源产业Krugman专业化指数（2000—2015年）

年份		2000	2005	2010	2015	变化			
地区（编号）		A	B	C	D	B–A	C–B	D–C	D–A
西部省区	四川	0.623	0.519	0.656	0.882	–0.104	0.137	0.226	0.259
	陕西	0.752	0.798	0.842	0.855	0.046	0.044	0.013	0.103
	甘肃	0.408	0.819	0.826	0.832	0.411	0.007	0.006	0.424
	新疆	0.876	0.916	0.932	0.937	0.040	0.016	0.005	0.061

由表5-9显示的数据分析结果可以清楚的判定：由于资源要素的分布优势，西部地区的专业化程度普遍较高，尤其以新疆为典型代表，这与新能源产业是典型的资源型产业密切相关。同时，从时间序列的动态“变化”角度分析，近20年来四川、陕西、甘肃等地区新能源产业的专业化程度都有不同程度的提升，尤其是四川省的快速增长主要发生在近10年（表5-9中的C–B列、D–C列）。

2. 空间基尼系数集群水平测度

研究按照《国民经济行业分类》（GB/T 4754—2002）对新能源产业的细分，分别对“石油和天然气开采业”等四项关联产业的基尼系数进行测算，结果见表5-10。

表5-10　四川省新能源产业各行业基尼系数变化（2000—2015年）

年份		2000	2005	2010	2015	变化
产业名称（编号）		S1	S2	S3	S4	S4-S1
新能源产业	石油和天然气开采业	0.823	0.845	0.847	0.841	0.018
	石油加工、炼焦及核燃料加工业	0.585	0.498	0.412	0.355	-0.23
	化学工业（化学原料及化学制品）	0.328	0.411	0.423	0.453	0.125
	化学工业（化学纤维）	0.723	0.839	0.892	0.921	0.198

从表5-10呈现的各行业基尼系数变化的数据结果看，两项化学工业相关产业的系数都有较为显著的增长，表明化学工业相关产业的集聚程度相对较高（尤其是化学纤维制造业），这也符合化工业是四川重要支柱产业的现状。

与之相反的是，石油加工相关产业的基尼系数呈现出逐步下降的趋势（-0.23），这主要受四川省产业结构调整的影响。同时，作为四川省资源密集型产业典型代表的石油和天然气产业，其产业基尼系数一直呈现较高的数值（均值为0.841），表明其集聚水平相对较高，这与四川一贯的经济增长模式是相匹配的，但伴随着资源的消耗殆尽，其集聚程度开始下降（2015年的0.841小于2010年0.847）。

上述测算结果表明：（1）资源禀赋是决定石油、天然气开采业集聚程度的关键因素；（2）石油加工、炼焦及核燃料加工业的集聚程度有所下降，说明了产业结构调整对产业集聚的反作用力（制止产业集聚的扩散力）；（3）化学原料及化学制品制造业与当地工业发展水平存在密切关联。

二、新能源产业集聚对区域经济增长影响的实证分析

（一）脉冲响应函数构建

根据结果向量自回归模型的基本构建，研究选择的模型基础如公式（5-9）

所示：

$$Y_t = \mathrm{B} + \alpha_1 Y_{t-1} + \alpha_2 Y_{t-2} + \cdots + \alpha_p Y_{t-p} + X_t \tag{5-9}$$

新能源产业集聚对区域经济的影响是全方位的，基于实证分析的研究角度，研究围绕“产业结构，产业集聚程度以及产业资源投入”等三个维度构建分析框架，主要考察新能源产业专业化指数（$Spec_i$）、产业空间基尼系数（G）及产业资源投入（Inv）对区域经济产出的影响。模型中各系数具体含义见表5-11。

表5-11　VAR模型各系数含义解析

序号	指标	内涵	模型设计
1	Y_t	有多个内生变量形成的多维向量（K维）	DLGDP：用工业总产值月度数据作结构权数将GDP季度数据换算成月度数据； DLSPEC：产业专业化指数 DLG：石化产业空间基尼系数G； DLINV：石化产业固定资本投入占全省GDP的比重
2	α_i	系数矩阵	时间延迟为4期
3	B	常数项	
4	X_i	K维误差向量	

基于上述分析，根据脉冲响应函数的作用原理，将Y_t视为一个平稳随机过程：

$$Y_t = C + \sum_{s=0}^{\infty} (J_s P)(P^{-1} X_{t-s}) \tag{5-10}$$

由公式（5-10）可计算出VAR系统中i变量对j变量的脉冲响应函数，同时公式中的J_s还可体现出变量受到冲击后做出脉冲响应的滞后反应，即可通过对比其不同滞后期的脉冲响应，对变量间作用的时滞效应进行判断分析。

基于上述分析，研究构建由DLGDP，DLSPEC、DLG及DLINV共4个变量组成的VAR模型，模型数据样本周期为2000年1月至2015年12月，时间延迟为4个周期。

（二）脉冲响应结果分析

经计算，研究得出DLGDP对DLSPEC、DLG及DLINV的脉冲响应图如图5-8所示，同时研究还利用方差分解方法计算了DLSPEC、DLG及DLINV对DLGDP预测方差的贡献值（表5-12），用以进一步说明每一个变量在冲击发生时对另一变量的作用效应。

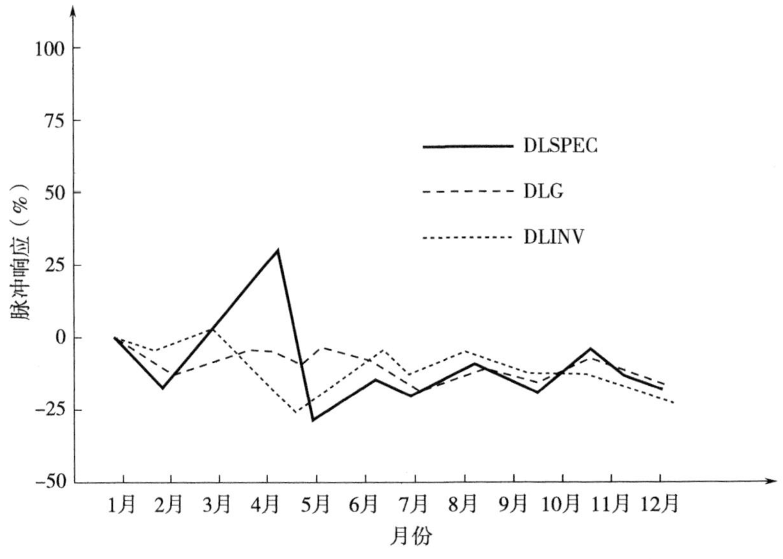

图5-8 GDP对产业专业化指数、产业空间集聚度以及产业资源投入的脉冲响应

表5-12 DLGDP预测方差分解数据表（单位：%）

月份	DLGDP	DLSPEC	DLG	DLINV
1	100.0000	0.0000	0.0000	0.0000
2	95.5941	2.9853	2.3512	0.2013

续表

月份	DLGDP	DLSPEC	DLG	DLINV
3	93.1281	2.8129	2.0124	2.9561
4	85.0698	13.9123	1.9854	2.3112
5	78.9771	14.0156	7.8941	3.0124
6	78.5655	13.8564	7.6887	3.1982
7	76.8974	15.9841	8.2349	3.3001
8	76.1581	15.8120	8.2498	3.3184
9	73.7054	15.5164	8.1245	3.6541
10	73.1468	16.5627	8.0721	3.7546
11	72.7701	15.9587	8.4135	3.6879
12	72.0149	16.0901	8.4012	3.9875

由图5-8中曲线的走势分析可知，DLGDP对DLSPEC、DLG及DLINV的脉冲响应的峰值分别出现4月、5月和3月。与此同时，表5-12中DLSPEC、DLG及DLINV的贡献值同样分别在4个月、5个月及3个月以后逐渐达到均衡。因此，可以判定DLSPEC对GDP产生作用的时滞效应为4个月，同理，DLG对GDP，DLINV对GDP的脉冲响应的时滞效应分别为5个月和3个月。此外，研究结果也从另一角度验证了短期内（1至2个滞后期）石化产业集聚对四川省经济增长起到负向影响作用，但随后将呈现稳步上升的“倒U形”。

此外，进一步从表5-12数据分析可知，产业专业化指数DLSPEC、产业空间基尼系数DLG及产业投入度DLINV对GDP的冲击效应分别为16.09%、8.40%和3.99%。

第四节　新能源产业与区域经济发展质量的耦合质量模型研究

一、区域经济发展质量问题研究

区域经济发展质量日益成为学术界关注的热点与焦点问题，而区域经济质量的协调发展的研究是立足于资源合理利用的前提下而进行的，资源的有限性与区域经济发展的无限性，二者在矛盾中相互制约、相互促进。要素投入在短期内可能给经济带来高增长，但是由于要素收益递减规则，这种高增长是不可持续的。

近年来，区域发展不平衡仍是一个突出的问题。城乡居民收入、消费水平、市场化程度在我国中西部地区与东部地区还存在一定的差距，尤其是基本公共服务方面的基础设施、义务教育、基本医疗、社会保障水平的差距在扩大。面对我国粗放式的区域经济增长方式所带来的日益严重的社会经济矛盾，导致我国区域经济发展亟须告别过去多年依赖要素增加和GDP至上的发展期，向更加具可持续发展、更加注重环境保护、更加突出区域经济发展的“质量”的“新常态”发展。发达国家的经验表明，产业转移是经济发展到一定阶段后的自然过程。有效配置资源，开拓市场，有选择地将土地、资源、劳动力、交通等对成本敏感的生产加工环节转移到成本相对较低或接近终端市场的地区，是企业发展的必然过程。我国现已形成以珠江三角洲、长江三角洲、环渤海地区等城市集群带。在这些产业高度集中的地区，企业产品生产成本低，新产品和新技术的研发速度快，使这些地区的发展具有很强的竞争优势。四川是能源资源大省，且发展基础良好，而过去的实践也表明新能源产业与能源资源富集地的区域经济发展有着紧密的关系。一方面，通过对新能源产业的产业链、产业结构的调整和优化及产业的转移升级，能够实现产业自身上下游相关产业的协同发展，同时还可以形成强大的“扩散效应与辐射功能”，从而带动整个区域经济的发展，成为区域经济发展新的“增长极”和“生长点”。另一方面，区域经济的发展通过基础设施的完善、公共产品的提供、物资供应的满足、后勤服务等的支撑，为新能源产业的发展提供保障和支持。

二、新能源产业与区域经济发展质量指标体系的构建

分析新能源产业与区域经济发展质量的耦合关联关系，需要构建新能源产业与区域经济发展质量的指标体系，该体系的构建原则目的是通过多元化、多维度、多层次的指标体系，对新能源产业与区域经济发展质量间的内在作用机理进行测度和评价，进而通过评价值，客观、真实地对新能源产业系统与区域经济发展质量系统的状态、问题、趋势等情况进行全面、系统的说明。

（一）评价指标的选取

研究中对新能源产业系统与区域经济发展质量两系统指标的选择需要遵循如下规则。

（1）数据的可获得性规则：通过文献计量与共词分析及田野调研发现，关于新能源产业与区域经济发展质量的统计并不完善，难以获得部分数据，因此根据对数据的可获得性规则，以及参考已有研究成果，将新能源产业与区域经济发展质量解析为“投入/产出”，并作为一级指标。

（2）指标的综合性规则：一方面，针对区域经济发展质量的产出指标，不仅需要反映区域经济发展状况，还需要反映区域经济发展过程中对环境的影响；另一方面，针对新能源产业投入指标，则需要从资源与能源消耗、生产技术特征、污染物产生特征及资源综合利用等多个维度进行综合的评价。

（3）指标的客观性：研究选取的指标大多都是可量化的定量指标，同时其数据来源具备权威性，主体的实际情况能够被该指标客观、真实地反映及评价。

指标数据的连贯性：由于后续研究中将使用面板数据模型，因此选取指标的数据需要在一定周期内保持相对的稳定。

（二）评价指标确定

指标体系中将区域经济发展质量产出指标拆分为“区域经济实力”“区域发展潜力”“区域发展活力”“区域环境状况”“环境治理状况”5个大类，共21项具体产出指标。同时，研究将新能源产业投入归纳为（表5–13）：资源与能源消耗、生产技术特征、污染物产生特征以及资源综合利用4个类别，共14个产出指标（吴晓明等，2015）。

表5–13 新能源产业与区域经济发展质量指标体系

一级指标	二级指标	测量指标（三级指标）
石油产业（投入）	资源与能源消耗	工业占地面积
		工业用水量
		能源消耗量（电力、柴油等）
	生产技术特征	设备投入产出率
		新技术利用率
		油气开采效率
		产品合格率
	污染物产生特征	石油产业废水量
		SO_2产生量
		石油产业排污达标率
	资源综合利用	资源循环利用率
		发明专利授权数
		引用新技术投资额
		新能源产业高级知识分子比率

续表

一级指标	二级指标	测量指标（三级指标）
区域经济发展质量（产出）	区域经济实力	人均GDP
		城乡人均收入比值
		就业率
		工业总产值
	区域发展潜力	财政支出
		固定资产投资
		城镇化比率
		出口率
		第二产业比重
		第三产业比重
	区域发展活力	消费率
		初级产品向高附加值产品的加工率/转化率
		资本形成率
		通货膨胀率
	区域环境状况	工业废水排放量
		工业SO_2排放量
		企业排污达标率
	环境治理状况	污水处理率
		垃圾无害处理率
		新能源使用率
		垃圾回收利用率

三、新能源产业与区域经济发展质量耦合模型构建

（一）模型构建思路

新能源产业投入系统与区域经济发展质量产出系统间存在着“耦合协调、相互促进”的关联关系，同时，两个系统呈现出复杂的、多目标的系统特性。

在上述指标体系构建基础上，首先需要完成对两系统状态评估，而后完成耦合度计算与评价工作。

（二）石油产业与区域经济发展质量耦合模型构建

步骤1：新能源产业投入系统指标表示为：x_1，x_2，…，x_m；区域经济发展质量产出系统指标表示为：y_1，y_2，…，y_n，定义如下函数：

$$f(x)=\sum_{i=1}^{m}a_i\overline{x_i} \tag{5-11}$$

$$g(x)=\sum_{j=1}^{n}b_j\overline{y_j} \tag{5-12}$$

其中，$f(x)$ 为新能源产业投入系统评价函数，$g(x)$ 为区域经济质量产出评价函数，a_i，b_j为不同指标对系统的权重。

定义 $\overline{x_i}$，$\overline{y_i}$ 如下：

$$\overline{x_i}=\begin{cases}(x_i-\beta_i)/(\alpha_i-\beta_i) & \text{正向指标}\\(\alpha_i-x_i)/(\alpha_i-\beta_i) & \text{负向指标}\end{cases} \tag{5-13}$$

$$\overline{y_j}=\begin{cases}(y_j-\beta_j)/(\alpha_j-\beta_j) & \text{正向指标}\\(\alpha_j-y_j)/(\alpha_j-\beta_j) & \text{负向指标}\end{cases} \tag{5-14}$$

$$Y_t=\beta^{-1}\alpha_1+\beta^{-1}\alpha_2Y_{t-1}+\beta^{-1}\alpha_3Y_{t-2}+\varepsilon_t$$

其中，α_i、β_i，α_j、β_j分别是X_i、y_j的上下界。

步骤2：构建新能源产业与区域经济发展质量耦合度计算公式：

$$C=\{f(x)\cdot g(x)/[f(x)+g(x)]^2\}^{1/2} \tag{5-15}$$

步骤3：定义耦合度系数：C=1，C=0分别表示耦合度最大与耦合度最小，耦合度权值范围为0≤C≤1。

步骤4：定义新能源产业与区域经济发展质量耦合度协调发展系数D：

$$D=\sqrt{C \cdot T} \quad (5\text{–}16)$$

$$T=af(x)+bg(x) \quad (5\text{–}17)$$

T为新能源产业与区域经济发展质量综合评价指数；a，b为待定系数。

四、耦合模型实证研究

（一）数据来源与方法选取

研究以四川东北部、西北部、中部、北部和南部的12个市（区）作为实证分析对象，采集2013—2014年的《四川省统计年鉴》、四川省能源局的统计数据及相关田野调研数据作为分析计算的数据来源。

（二）数据预处理

在前述构建的指标体系基础上，首先将新能源产业与区域经济发展质量指标体系对系统的重要性进行分析，即体现为指标的权重；其次应用公式（5–3）、公式（5–4）将所获得数据标准化；而后计算相关矩阵的特征值，方差以及累计贡献率，并将方差贡献视为权重，构建投入/产出系统评价函数；最后令$a=b=1/2$，分别运用公式公式（5–15）、公式（5–16）和公式（5–17）计算出标识四川省不同区域的市、区新能源产业与区域经济发展质量耦合度C和耦合度协调发展系数D。

（三）石油产业与区域经济发展质量耦合度标准

由于耦合度系数：C=1、C=0分别表示耦合度最大与耦合度最小，耦合度权值范围为0≤C≤1，从而得出C值越大新能源产业与区域经济发展质量越好，反之，则越差。将石油产业与区域经济发展质量协调发展状况分为10种不同情形，具体见表5–14。

表5-14　新能源产业与区域经济发展质量耦合度标准

$0 \leqslant D \leqslant 0.4$				$0.4 < D \leqslant 0.6$		$0.6 < D \leqslant 1$			
失调区间				过渡区间		协调发展区间			
0~0.09	0.1~0.19	0.2~0.29	0.3~0.39	0.4~0.49	0.5~0.59	0.6~0.69	0.7~0.79	0.8~0.89	0.9~1
极度失调	严重失调	中度失调	轻度失调	濒临失调	勉强协调	初级协调	中级协调	良好协调	优质协调
$f(x) > g(x)$				$f(x) = g(x)$		$f(x) < g(x)$			
石油产业发展滞后				同步发展		区域经济质量滞后			

（四）实证结果分析

新能源产业与区域经济发展质量耦合模型计算结果见表5-15，由于计算过程较为冗长，因此只展示最终耦合模型结果。

表5-15　2013—2014年石油产业与经济发展质量耦合模型结果

	2013年					2014年				
城区	$f(x)$	$g(x)$	C	D	耦合类型	$f(x)$	$g(x)$	C	D	耦合类型
达州	0.0321	0.1024	0.5041	0.2351	中度失调	0.0331	0.1324	0.5731	0.3251	轻度失调
南充	0.7041	0.8351	0.5654	0.5884	勉强协调	0.7853	0.8631	0.5876	0.5903	勉强协调
江油	0.7232	0.5971	0.5311	0.5461	勉强协调	0.7663	0.6013	0.5534	0.5631	勉强协调
绵阳	0.9658	0.9524	0.6698	0.8884	良好协调	0.9761	0.9634	0.6778	0.8917	良好协调
乐山	0.4251	0.2411	0.5764	0.5354	勉强协调	0.4321	0.2631	0.5814	0.5532	勉强协调
内江	0.0754	0.0451	0.1354	0.3244	轻度失调	0.0766	0.0501	0.1434	0.3564	轻度失调
自贡	0.9984	0.8895	0.5258	0.7851	中级协调	0.9963	0.8958	0.5581	0.8001	良好协调
广安	0.5354	0.2894	0.5774	0.5658	勉强协调	0.5744	0.2948	0.5863	0.5772	勉强协调
广元	0.8410	0.6854	0.5801	0.6352	初级协调	0.8319	0.6987	0.6021	0.6732	初级协调
巴中	0.7112	0.5861	0.5732	0.5852	勉强协调	0.7339	0.5961	0.5672	0.5912	勉强协调
泸州	1.3014	0.9751	0.5681	0.8264	良好协调	1.2203	0.9876	0.5762	0.8344	良好协调
宜宾	1.2124	0.9332	0.5454	0.8316	良好协调	1.2334	0.9622	0.5531	0.8416	良好协调

（1）从表5-14的实证结果并结合表5-13可以得出，达州市、南充市是四川省东北部新能源产业的主要聚集区，且能够较好地反映新能源产业与该区域经济发展质量的耦合程度。达州市耦合度协调发展系数在2013年为0.2351（中度失调），2014年增长为0.3251（轻度失调），且$f(x)<g(x)$表明区域经济发展质量滞后，即该市过分重视新能源产业要素投入，而忽略经济发展质量提升；同样，虽然南充市耦合度协调发展系数高于达州，2013年为0.5884，2014年为0.5903，属于勉强协调，而与达州市面临同样的问题是区域经济发展质量滞后，即该市过分重视新能源产业要素投入，而忽略经济发展质量提升。综上，四川省东北部虽有较好的新能源资源，但是从新能源资源聚集的两个市来看，该区域经济发展质量滞后于新能源产业发展，而耦合协调度介于轻度失调和勉强协调之间。四川省东北部的城市（达州市和南充市）石油产业与区域经济发展质量协调状况排列如图5-9所示。

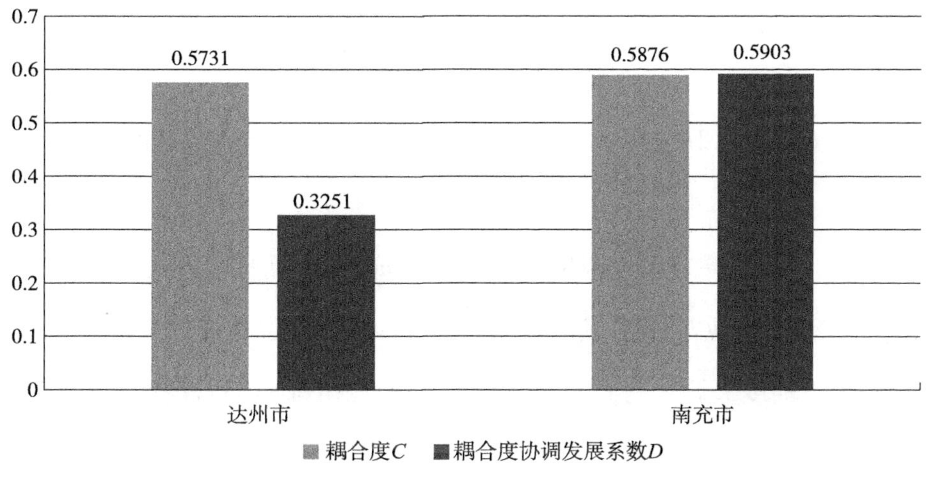

图5-9　四川省东北部石油产业与经济发展质量协调状况排列

（2）从实证结果来看，四川省西北部发展不均衡，绵阳市在2013—2014两年中，新能源产业与经济发展质量能够良好的耦合，稳中有升，而江油市和乐山市则处于勉强协调；绵阳市新能源产业与经济发展质量能够达到基本同步发展 $f(x)$ 与 $g(x)$ 基本相差不大，而江油、乐山两市还存在新能源产业发展滞后于区域经济发展质量，忽略新能源产业的整体提升。综上，四川省西北部的城市（绵阳市、江油市、乐山市）新能源产业与经济发展质量耦合协调不均衡，呈现出两极分化的局面（图5–10）。

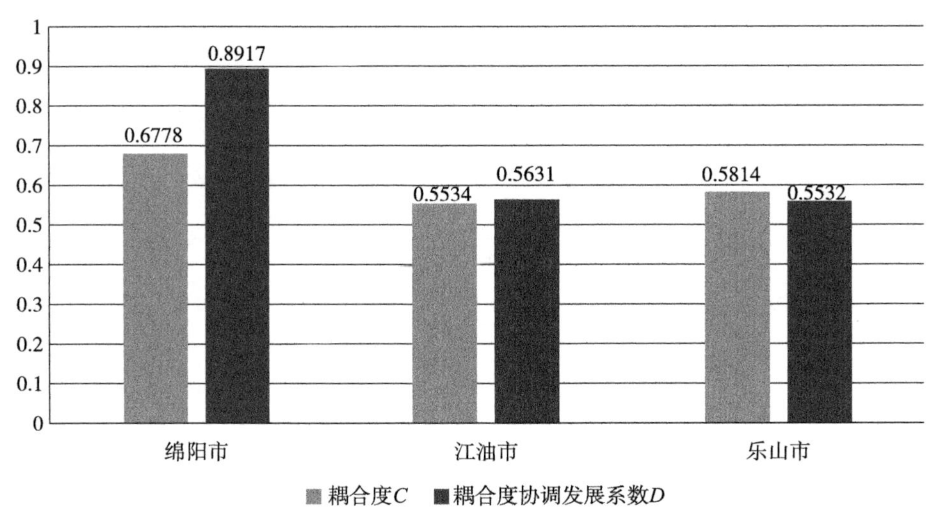

图5–10　四川省西北部石油产业与区域经济发展质量协调状况

（3）从实证结果来看，四川省中部呈现阶梯式发展，以自贡在2013—2014两年中，新能源产业与经济发展质量能够良好的耦合，而广安则处于勉强协调，内江属于轻度失调；自贡市、广安市和内江市都面临石油产业发展滞后于经济发展质量［$f(x) > g(x)$］，而广安市、内江市更为严重。综上，四川省中部的城市（自贡市、广安市、内江市）新能源产业与经济发展质量耦合协调在轻度失调与中度协调之间，呈现出阶梯式发展的局面（图5–11）。

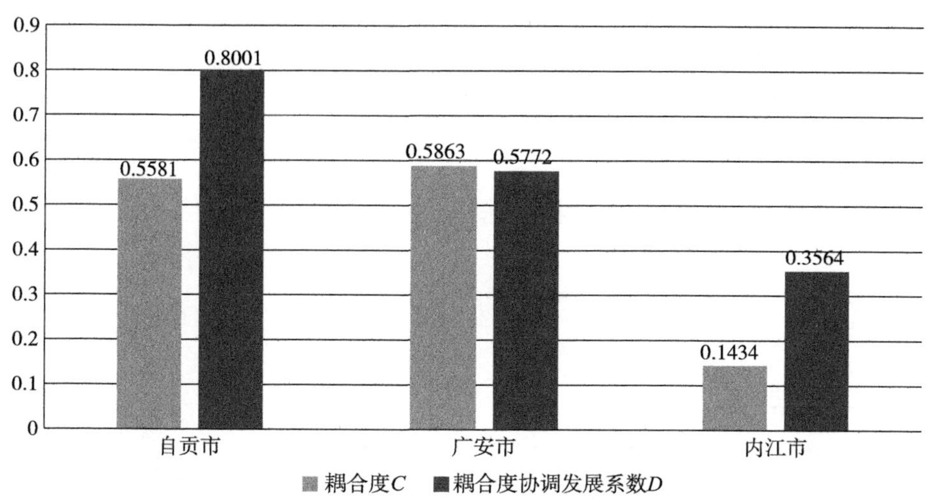

图5-11　四川省中部石油产业与区域经济发展质量协调状况排列

（4）从实证结果来看，四川省北部发展较弱，广元市、巴中市在2013—2014两年中，新能源产业与经济发展质量介于勉强协调和初级协调之间，且两市新能源产业滞后于经济发展质量。综上，四川省北部虽有较好的新能源资源，但是在新能源资源开发利用与经济发展不能很好地耦合，呈现出发展较弱的局面（图5-12）。

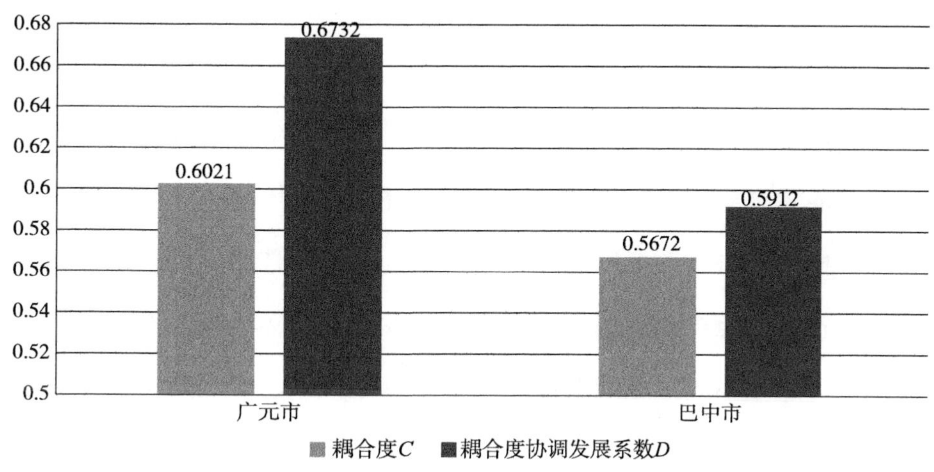

图5-12　四川省北部石油产业与区域经济发展质量协调状况排列

（5）从实证结果来看，四川省南部的泸州市、宜宾市在2013—2014两年中，新能源产业与经济发展质量能够良好耦合，但是仍存在新能源产业发展滞后于经济发展的局面。综上，四川省南部在整体发展趋势较好，但是应更重视新能源产业在经济发展质量中的推动作用（图5–13）。

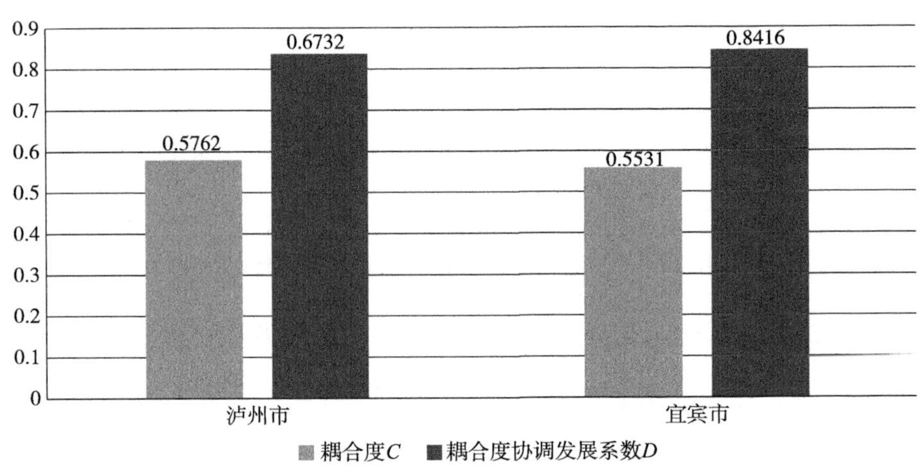

图5–13　四川省南部石油产业与区域经济发展质量协调状况排列

（五）实证结果分析

据耦合模型及其实证分析结果可以看出：四川省的东北部区域经济发展质量滞后于新能源产业发展，协调性不高；西北部发展不均衡，呈两极分化；中部发展呈阶梯式，协调性梯度递减；北部耦合情况不佳，发展较弱；而南部整体发展趋势较好，但推动作用未能得到充分发挥。总体来说，四川省新能源产业发展较为滞后，不同区域间新能源产业与其区域经济发展质量的耦合协调性较差。

第五节　小结

本章首先从产业集聚、产业结构优化等角度着手，应用投入产出分析法测算出四川省38个产业的直接消耗系数与完全消化系数，并通过分类解析与影响排序从中选取与新能源产业关联最为密切的11个行业，再针对12项新能源关联产业进行影响力、感应度及波及效应分析，最终形成以产业聚集、产业融合为关键路径的四川省区域产业结构优化的战略思想。

其次围绕“产业结构，产业集聚程度以及产业资源投入”等三个维度搭建分析框架，构建起由GDP、产业专业化指数、产业空间基尼系数及产业资源投入共4个变量组成的VAR模型，以四川省2000—2015年的动态面板数据为样本，以脉冲响应函数与方差分解为分析方法对新能源产业集聚对区域经济产出的影响进行实例研究。

除此以外，从产业集聚度测量模型对比分析入手，选择区位熵集聚度测算模型对四川省油气产业聚集度进行测算。基于四川省油气产业聚集度测算结果分析基础上，进一步运用构建的结构向量自回归模型（SVAR模型）与脉冲响应函数，分析了四川省新能源产业集聚与经济增长间的动态关系。分析结果表明四川省新能源产业集聚呈现整体上升趋势，归因于四川省新能源产业物质投入和人均GDP增长率提高对其起到正向推动作用，但新能源产业由于产业结构不合理，科技创新、科技人才引进力度不够，导致四川省新能源产业集聚效应不显著，对四川省经济增长的促进作用不足。

最后基于对新能源产业投入与经济发展质量产出两系统间的相互促进、耦合协调关系的分析，构建了新能源产业与区域经济发展质量指标体系，并建立耦合关联模型。通过实例分析结果表明，四川省新能源产业发展相对滞后，不同区域间石油产业与区域经济发展质量耦合协调较差。据此，研究提出可从科技创新，优化新能源产业资源配置，加强政府政策配套等多方面推动新能源产业与区域经济发展质量间的可持续发展。

第六章
新能源产业创新驱动发展的路径研究

第一节　创新驱动发展概述

一、创新驱动发展理论基础与内涵

伴随着化石能源的不断消耗及其产生的严重环境污染问题，新能源产业应运而生并成为炙手可热的产业，党中央、国务院对新能源产业的发展给予了高度的重视。创新驱动发展是在技术驱动发展世界背景下，为了实现繁荣与富强，国家制定并实施的重大决策和战略。党中央明确表示，实施以创新为基础的发展战略和未来发展规划，应从全球视野着手着力提升自主创新能力（张学龙等，2018）。创新驱动发展的目的在于通过科技创新驱动产业的转型升级，将技术创新视为经济增长的驱动力，然后促进社会和经济发展，丰富市场经济，并提供有利于国家和人民的实际利益。《国家创新发展战略纲要》显示，创新发展是经济发展的主要动力。迈克尔·波特（2012）在研究内部经济体系时，按经济增长的主要驱动力把国家或地区的经济发展分为四个阶段：创新驱动阶段、生产要素驱动、投资驱动和财富驱动阶段。波特认为，基于创新的发展是经济发展的重要阶段和过程，创新是经济发展的主要动力。熊彼特的《经济发展理论》从动态的角度首次提出了“创新”；熊彼特认为创新是对现有资源的重组，创新动力是由新经济的内在增长驱动的，研究经济体制内部因素的实现，以促进经济的持续快速增长（Paul和Josh，2012）。创新就经济意义而言，就是重新建立一种新生产函数，并将新旧生产要素进行重新组合（张国有，2009）。

二、创新驱动发展战略的重点

创新驱动发展战略的实施，必定会涉及多方面的问题，是一项系统综合工程。现介绍当前创新驱动发展的重点。

（一）细化战略目标

《国家创新驱动发展战略纲要》指出，创新驱动发展战略要分三步走的路线：到2020年我国进入创新型国家行列，基本建成中国特色国家创新体系，全面建成小康社会目标的实现可以得到有力的支撑；到2030年跻身创新型国家前列，实现根本转换发展驱动力，大幅提升经济社会发展水平和国际竞争力，奠定下坚实基础以建成经济强国和共同富裕社会；到2050年建成世界科技创新强国，成为世界主要科学中心和创新高地，可以支撑起我国建成富强民主文明和谐的社会主义现代化国家、实现中华民族伟大复兴的中国梦。在国际上，创新型国家的一般标准为，科技创新对经济发展的贡献率一般在70%以上，研发投入占国内生产总值中的比重超过2%，技术对外依存度低于20%。因此，当前有必要对创新驱动发展战略的目标进行分解与细化，根据细化后的目标，推出相应的任务并落实到各部门、各层面、各单位，不断跟进目标任务的进展情况（蒋莉蘋，2014）。

（二）提高自主创新能力

我国大多新能源产业在国际产业链中都处于产业链的低端，这些产业都具有成本消耗大、利润低的问题，主要原因就是关键技术掌握在其他发达国家手中。要在国际竞争中取得有利地位，就必须具备较强的自主创新能力，才能在日益激烈的国际竞争中抓住发展机遇。因此我国创新驱动发展战略的重中之重就是提高自主创新能力。提高自主创新能力的路径主要有：第一，自主创新不能从国际创新趋势中剥离出来，以保障自主创新的技术能够处于国际技术的发展前沿；第二，战略目标主要聚集于优势资源，努力创新，争取在重点领域及关键技术上有所重大突破；第三，创新要进行多模式的创新，不能仅仅聚焦单一模式，在优势领域进行原始创新的同时，还要对现有技术进行不断发展，寻找新的创新点，以及对引进的技术进行研究再创新。

（三）构建以企业为主体、市场为导向、产学研相结合的技术创新体系

构建技术创新体系，首先不能忽视企业的主体地位，必须认识到选择技术需求、确定技术项目、技术创新投入、技术创新成果产业化的主体都应该为企业，企业的主体地位应该得到进一步的确立。其次，除了企业，其他机构应该与企业有机结合、分工协作构建创新链，如研发机构、高校、中介机构、政府和金融机构等，这些机构应当承担各自的角色，为构建具有中国特色的创新体系贡献力量。

（四）加快科技体制机制改革创新

建立合理的体制机制在许多方面都具有重要的作用。使创新资源得到高效配置及综合集成，需要建立使科技创新资源能够合理流动的体制机制；使市场能够充分发挥基础调节作用，市场能够发挥引导、支持、调控作用，需要建立将政府作用与市场机制有效结合的机制体制；充分发挥科技人员的主动性与积极性，需要建立科学创新的评价机制；科技资源在配置过程中存在封闭性、低效性、过度行政化、研发成果转化效率低等问题，解决这些问题需要建立科技创新的协同机制。

第二节　新能源产业发展经验及借鉴

一、国际新能源产业发展经验

新能源产业发展先行国家的经验

过度依赖外国石油是美国经历两次石油危机后暴露出的问题，这也促进了美国对能源的思考，进而制定和执行优化的能源政策和相关法律。在此背景下，美国开始注重新能源产业的发展，不断出台新能源政策，推进了美国新能源产业的发展（林孟涛和胡世明，2012）。

德国已经将新能源作为执政理念在发展，民众也积极响应新能源政策。德国新能源产业发展以市场为导向，采用商业化的运营模式，其发展顺利的原因为资金雄厚、法律保障和技术优势有机结合在一起。新能源产业已经成为德国核心竞争力较强的产业，并提供了大量的就业机会。

日本的能源消耗巨大，而能源又高度依赖进口，面对此形势，日本政府制定了对应的能源战略——“开源”与“节流”并重。该能源战略的思路为珍惜传统能源，积极开发利用新能源，力求能源利用效率高、集约发展，走这样的工业化道路。日本国内新能源产业主要以光伏产业和生物质能产业为主，其中新能源应用的主流技术为光伏发电。

印度的能源结构长期主要以传统化石能源为主，鉴于此，印度政府出台了两方面的能源政策：一方面是为了促进本国石油等能源发展的针对传统化石能源的政策；另一方面是针对新能源产业发展的政策，旨在实现新能源代替传统能源的目标。在生物柴油开发方面，印度政府实行价格保护政策，保护生物柴油的发展。此外，核能在印度面向21世纪的能源多元化战略中占据重要位置。

巴西是世界上资源最密集的国家之一，其能源消耗高于许多国家。在第一次世界石油危机（1975年）的两年后，巴西政府开始制定和实施替代能源发展战略，利用甘蔗生产乙醇。与此同时，为了将对外国石油的依赖度降低，巴西将石油勘探开发转向海上。从那时起，巴西的能源政策随着能源供需状况的变化而成功地得到了调整和实施，成为可再生能源开发和利用的领导者。从甘蔗中提取乙醇的技术和产量驱动着世界新能源行业发展，并成为生产生物燃料的主要国家之一。

总之，率先开发和利用新能源产业来促进新能源产业发展的国家的经验主要包括以下内容：新能源企业的财政和税收补贴，产品市场的政策制定，新能源发展的专业化规划和执行，计划整个行业的改进发展计划，建立清晰的新能源目标系统，在行业发展的核心领域制定行业指南和技术创新。

二、国内部分省域新能源产业发展实践

我国地大物博，自然资源较为丰富，国家通过制定各种新能源政策对新能源产业机型引导发展。资源丰富的地区在国家政策的引导下，纷纷以资源为基础建设新能源发展的先行区，激发新能源企业的积极性，鼓励其建立新能源技术基础，建成新能源产业链，推进新能源代替传统能源的进程。

各省份在新能源产业的发展过程中，江苏省新能源产业以光伏和风电为主，浙江省新能源产业将光伏和核电作为主导产业。这两个省份的情形较为相似，江苏省的光伏产业比浙江省更有优势，而浙江省的核电产业较江苏省处于优势地位。我国陆地风能储量的40%来自内蒙古自治区，内蒙古自治区的太阳能储量也相当丰富，仅次于西藏自治区，因此内蒙古自治区依据自身丰富的风能和太阳能优势，对其进行大力开发和利用。山西省煤炭资源十分丰富，是我国的煤炭大省，在此基础上，山西省着重进行煤基新能源的清洁利用。此外，山西省根据新能源的发展方向，将装备制造业向新能源装备发展，根据自身特

点发展服务业与相关产业与光伏产业相匹配（汪永臻，2013）。

这些地区的新能源产业在我国新能源产业的发展中处于优势地位，但仍有很多问题，这也反映出了我国新能源产业发展的普遍问题：相关新能源企业缺乏较强的创新能力，导致关键技术的缺失；对新能源进行开发和利用时，成本较高，导致新能源产品的质量参差不齐，难以推广运用；新能源行业尚没有标准严格的行业建设规范、技术标准和对其质量进行检测的系统；新能源产业有较高的技术门槛，相关的专业技术人才较为缺乏（宋李俊和陈猛，2019）。

这些地区作为新能源产业发展较好的地区，当然有值得其他地区学习借鉴的经验：在新能源产业的发展过程中，政府起着至关重要的带头作用和统筹协调作用；新能源产业发展必须将技术创新放在首要位置，需要建立技术创新体系，而技术创新的主体必须是企业；新能源产业的发展中，新能源装备起着基础性作用，因此需要加快建设新能源装备基地，并对产业进行科学合理的布局；新能源产业的发展离不开资金的支持，需要适当加大对技术创新能力强的新能源企业的资金支持。

第三节　新能源产业创新驱动发展的路径选择

一、制度创新，为新能源产业发展提供有力支撑

（一）强化政策与体制创新，形成有利于新能源产业发展的体系

新能源产业是迎合时代发展的产业，创新是促进其不断发展的必要环节，必须打破原有的体制和机制的束缚，通过制度创新为新能源产业持续发展提供有力的支持（袁见和安玉兴，2019）。政府部门应发挥关键作用，强化服务理念，提高行政服务能力和服务水平，使政府成为服务型政府，为新能源产业的

发展创造良好的发展环境（任东明，2011）。创新政策与体制，可以从以下方面进行：第一，健全有利于新能源产业创新发展相关的法律法规，除了新能源产业整体的法律法规，还应该根据各个新能源产业（光伏产业、风能发电、水力发电等）各自的发展特点，制定符合各个细分新能源产业发展的法律法规，为新能源产业的发展塑造良好的政策环境，并健全知识产权保护机制，保护新能源产业创新发展的成果；第二，积极制定和实施新能源产业的差异激励政策，对发展程度不同的产业、重点发展与非重点发展产业制定不同的激励政策，实施差异化奖励，引导和支持新能源产业的发展。

（二）强化管理创新，抓领军企业，带动新能源产业加快发展

第一，政府要创新管理理念和制度，为新能源产业的发展营造良好的创新氛围，倡导通过创新文化形成鼓励创新的文化氛围，为培育新能源产业科技型中小企业提供强大的动力支持，进而带动新能源产业的发展。

第二，在对新能源企业进行管理时，要抓领军企业。一个产业链的研发端和销售端经常会存在这个产业的领军企业，因为产业链中这两个环节的附加值最高，能够获得利润最高。发展新能源产业也需要将重点放在新能源产业的领军企业。我国一些欠发达地区虽然经济不够发达，但是却存在很多产业的领军企业，如新材料、节能环保和生物产业，这些企业也称“独角兽”企业，它们在规模、技术和品牌方面都处于区域或者全国的前沿。这些企业与新能源企业在很多领域都有关联，因此完全能够运用这些企业的领军优势，为新能源产业创新发展提供有利帮助，加速新能源产业发展速度。

（三）创新新能源产业人才培养机制，促进新能源产业发展的高端化

坚持以人为本，创新科技人员培养与管理机制。应该增强省内普通高校、科研院所与新能源企业的协同合作，将省内不同层次、不同特色的人才培养资源进行合理科学的整合，创新多元化人才培养模式，面向新能源产业链，

规范新能源产业高端人才的培养，形成一个完善的人才培养体系（张春雷，2016）。具体而言，四川省新能源产业人才培养的主体为四川省及周边省份的普通高校、职业院校。在开发新能源产业人才培养方案时，需要将新能源产业的需求作为导向，并积极鼓励各个新能源企业参与到新能源产业人才培养方案的制订过程中，并为高校的专业设置与课程建设提供行之有效的建议，并可根据实际需要适当设置跨界课程。在设计具体教学内容时，应当紧跟新能源产业发展的步伐，及时纳入省外及境外知名的新能源企业教学经验和教学资料，不断根据需要改革教学内容和教学方法。在教学手段上，省内高校可采取订单方式培养新能源企业需要的人才，打通产学研合作教学的途径，使得高校培养的人才更加符合四川省新能源产业发展的需要，从而减少新能源企业在员工入职后的培训。在教学模式上，可与新能源企业合作培养，理论教学与实践教学并行，新能源企业根据高校教学的需要，为高校提供适当的实践实习场所与实操讲授人员，使得高校培养出理论与实践兼具的人才。同时，根据四川省新能源产业人才需求现状，推动新能源产业人才社会化培训，倡导社会资本投资新能源人才培训机构，积极采取多种人才培训方式，解决四川省新能源产业发展的人才瓶颈，如代理培训、在岗培训、定向培训和技能培训等。

二、加强技术创新，提高新能源产业核心竞争力

（一）加大自主创新投入强度，促进经济转型

在新常态下，要实现经济的转型发展，由资源、投资驱动转向创新驱动，增强自主创新能力的必要条件是加大研发投入强度（林浩等，2016）。我国的研发强度相比西方发达国家仍有较大差距，必须持续加大自主创新投入强度。在研发投入结构上，需要解决企业基础研究投入和也能发投入偏低的问题，因为自主创新的主体为企业，而企业的研发投入强度偏低与企业的主体地位不相

符，对企业自主创新能力的提升产生不利影响；基础研究投入偏低，很难产生高、精、尖的创新成果，以及难以对应用研究提供理论支撑（刘晖，2014）。

新能源产业对于技术创新的要求很高，核心技术的研发是大量人力、物力、财力共同投入的结果，可以从以下几点着手：建立新能源产业的技术专项支持基金，专门用于新能源产业技术创新的支持，鼓励新能源企业进行自主创新，进而激发新能源企业的积极性（郭亚琼，2014）；整合各级科研力量，将国家重点实验室和综合研究平台作为研发的核心，集中各方面优势力量，重点对关键技术难题进行攻关，克服单个研发机构研发能力有限的缺点，推动新能源产业成为我国具有国际领先水平的支柱产业（刘若霞和李宇飞，2015）；积极参与国际分工合作，通过对国内外资源的整合，进而突破新能源产业急需解决的核心技术，并通过新能源产业的发展带动传统产业的转型升级。

（二）打造产—学—研协同创新平台，完善新能源产业支撑体系

产—学—研协同创新是指企业、高校、科研院所（研究机构）三个主体将自己的优势资源和能力投入进来，政府、科技服务中介机构、金融机构等主体提供协同支持，进行技术开发的创新活动（涂继亮和陶秋香，2019）。产、学、研协同创新能够将各种创新资源进行有效整合，能够使科技成果更高效的转化，提高创新效率，这是现今世界科技创新活动的新趋势（王姜玥，2018）。协同创新现今已经成为世界科技创新活动的一个重要特征。在新能源产业创新驱动发展过程中，发展理念要进行创新，鼓励高校、科研机构和新能源企业就关键技术和核心技术进行深度合作，建立协同创新战略联盟，进行开放式创新和分布式创新，将资源进行共享，联合攻关重大项目，力求在关键领域取得突破性成果，提高我国新能源产业在国际上的竞争力和话语权，为将我国建成创新型国家贡献力量。与此同时，需要进一步对新能源产业支撑体系进行完善，完善的途径有制定相关政策进行引导、提高产学研合作水平、努力将

科技成果转化率提高、鼓励和支持金融机构、风险投资机构、科技中介机构、知识产权机构等中介机构的发展、不断推进创新型人才培育工程，集多方面力量推进新能源产业的创新驱动发展（胡家保，2018）。

三、强化合作创新，促进新能源产业发展

（一）创新与保险业合作，发挥保险业的助推作用

1. 保险资金将对新能源行业的投资作为投资重点

随着政府逐步放开保险投资渠道，放松保险资金的运用限制，制定政策鼓励将保险资金投资于新能源产业，保险业必定会将日趋重要的新能源产业作为投资的重点之一。保险资金对新能源产业的投资可以采取多种方式，例如依托风险投资公司、资产融资、兼并与收购、以股权投资方式在项目创意期或者初创期进入等。

2. 保险企业为新能源企业提供全方位的风险管理方案

第一，扩大环境责任险承保范围。新能源产业虽然以清洁、无污染为特点，但是在新能源产业的起步阶段，由于技术不成熟，在某些生产环节不可避免地会产生环境污染，而化解环境污染产生的社会矛盾和解决相关责任赔偿的法律纠纷的有效途径之一就是环境责任保险。但现阶段的环境责任险的承保范围主要是突发事故所造成的第三方损失赔偿，而新能源产业中的风能、光能等不能与自然风险分离（李城宇，2016）。因此现阶段的环境责任险的承保范围不足以满足新能源产业的风险规避需求。这就要求保险企业在设置环境责任险相关保险产品时，可适当增加自然风险类的附加险，并适当增加风险类型，进而满足新能源企业对环境责任险的需求（杨屏，2015）。

第二，更新涉及新能源行业的企业财产保险产品。新能源行业正处于不断发展的阶段，针对新能源产业的保险产品还不够丰富，保险业需要不断对新

能源行业的特殊风险进行深入挖掘，进而提出具有针对性的行业风险管理方案，将保险的风险保障功能发挥出来，通过产品的创新，不断满足新能源行业发展对保险产品的需求，推进新能源行业的绿色发展。目前国内还没有专门针对新能源行业的保险产品，现有的很多企业财产保险产品仅仅将风电企业包含在内，但是这些产品只能对企业的基本财产风险进行防范。保险企业虽在不断更新相关产品，但仍不能满足新能源企业对适合的保险产品的需要（姚娜，2017）。因此保险企业需要更新专门针对不同新能源产业的保险产品。保险企业可以对国际知名保险企业成功解决新能源企业保险产品的案例进行深入研究，对适用于我国的经验进行借鉴，对我国新能源行业客户风险和损失进行分析，并建立相应数据库；加快培养水电、风电、太阳能等新能源产业承保和理赔的复合型人才，对新能源行业的风险概况和保险需求进行深层次的把握，在此基础上，设计针对新能源行业的合理适用的承保方案。

（二）推动“互联网+”合作工程，构筑新能源产业竞争新优势

处于新常态的经济背景下，速度变化、结构优化、动力转换是我国经济正经历的关键时期，在转换过程中，衍生出许多新兴产业，这也对我国新能源发展产生一定的威胁，这就对新能源产业的发展提出更高的要求（闫俊周，2016）。国务院提出的“互联网+”计划，为新能源产业及其他产业注入了新的发展模式，为经济提供了新的经济增长点。“互联网+”使传统产业转型升级的一个重要突破点，“互联网+”过程也是以“互联网+”为主要特征培育新模式、新业态、以创新驱动发展的过程（潘瑞成，2017）。因此，新能源产业的发展必须坚持创新驱动，积极运用“互联网+”优势。这就要求新能源产业的发展，必须根据自身的特点和优势，在不同的新能源产业、产业链的不同环节、不同领域找到与互联网结合的突破点，进而提升新能源产业的竞争优势。通过“互联网+光伏产业”“互联网+风能”“互联网+生物质能”“互联网+新能源

产业”等模式，找到新能源产业新的经济增长点，形成新的商业模式，使新能源产业充满新活力，构筑新能源产业竞争新优势。

（三）构筑新能源产业适度合理的金融支持体系

我国新能源产业正处于由政府为主的补贴支持转向由市场引导发展的重要时期，政府部门、中央银行、金融监管部门和其他金融机构应该联合起来，深入了解我国新能源产业发展的现状及特点，从对新能源产业进行扶持的角度，以长远的目光和全局意识，将金融市场配置金融资源和积聚社会资本的功能充分发挥出来，将金融支持的重心逐渐倾斜至新能源产业，进而满足能源产业转型升级和经济可持续发展的需求。

1. 坚持有所为有所不为，科学谋划新能源产业发展

在新能源产业发展的初期，发展主要由政府的大量补贴推进，新能源产业实现了高速、集中和爆发式发展，但是新能源产业市场并没有同步发展且尚未成熟，这就导致了新能源产业局部环节和部分地区产能过剩问题；甚至出现有些企业由于扩张和发展过快而面临破产倒闭的问题，使得新能源产业的发展前景并不乐观。针对这些问题，就需要制约部分产业的过快发展和规模过快扩张，对过剩产能进行严格控制。谋划新能源产业的发展要具有全局意识和整体意识，对金融政策进行宏观引导，制定具有科学性、合理性、前瞻性、适度性的金融政策，创造一个适合新能源产业发展的金融政策环境。对新能源产业相关政策，中国人民银行和各种金融监管部门要切实发挥支持和引导作用，促进实施有保有控的金融政策，并通过不同形式的窗口指导和信贷政策的引导机制（白鹏，2012），对金融支持的节奏和力度进行把控。根据差异化原则，坚持有所为、有所不为，对有的产业和领域应该停止投资甚至收回资金，不再提供激励政策，促进产业间优胜劣汰的速度，优化产业结构，增强自主创新能力，放任难以降低成本或者没有技术创新的企业被淘汰出局。

2. 加强金融政策、金融改革、金融创新和金融服务的协同配合

对金融政策，人民银行应当对窗口指导进行加强，同时联合其他金融监管部门对新能源领域资金的投放进行监督管理的加强、法规建设的制定、金融政策的引导、和发展战略的制定，并制定各种政策制度安排和指导意见，带动新能源产业吸引金融机构资金和社会资本（屠烜和尤建新，2013）；在金融改革方面，应对金融市场进行改革，成立专门扶植新能源产业发展的能源金融机构；在金融创新方面，为了满足新能源产业发展过程中不同需求，应当研发设计多种类型的金融产品和金融工具；在金融服务方面，有效发挥银行、证券、保险等金融机构和评级公司、会计师事务所、审计事务所、自律组织等中介机构的作用，形成政府引导、市场主导和社会参与的多元化的金融支持格局（付实，2015）。

3. 推进业务模式创新

一是创新信贷业务模式。低碳产业相比于其他传统产业，具有项目科技含量较高、企业资产负债率较高的特点，而新能源产业作为低碳产业的代表，也具有类似的特点，并且社会效益很有可能大于经济效益。再者，新能源企业很多属于“轻资产”型的中小型企业，传统的银行信贷模式难以满足项目中长期资金的需求。因此，我国商业银行需要对新能源企业和其他低碳企业提供金融服务的思路和业务模式进行创新，积极探索新的模式。例如在信贷审批时将企业的现金流状况生产经营状况作为主要考虑因素，并根据审批情况选择适当的与现金流规模匹配的还款期限，科学、合理地解决企业的还款压力（许莹，2013）。

二是创新中间业务模式。除了信贷业务模式等直接业务模式，国内商业银行还应积极对新的业务领域进行挖掘，探索更多的中介服务模式。如创新一种“碳银行”服务模式，提供与碳排放交易相关的服务，即将碳信用进行登记、

托管、结算和清算，探索出一种以碳信用为中介的借贷业务，进而促进自愿减排市场的发展（蒋先玲等，2010）。

新能源产业创新驱动发展路径如图6-1所示。

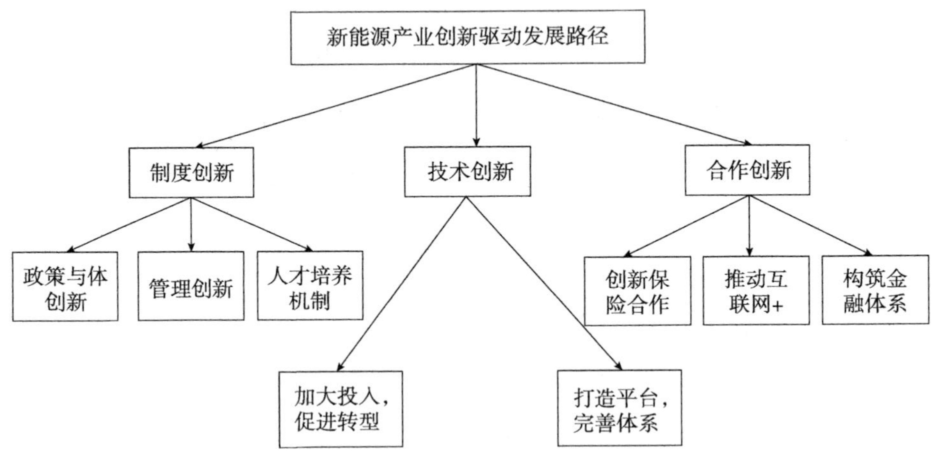

图6-1　新能源产业创新驱动发展路径图

第四节　小结

本章通过对创新驱动发展理论及其内涵的分析介绍，揭示了创新驱动发展战略的重点在于细化战略目标，提高自主创新能力，构建以企业为主体、市场为导向、产—学—研相结合的技术创新体系以及加快科技体制机制改革四方面。同时通过对国内外新能源产业发展经验的整理、研究与借鉴，独立提出了新能源产业创新驱动发展的战略路径选择，重点强调了制度创新、技术创新及合作创新三方面内容，希望能为新能源产业的发展提供参考。

第七章
新能源产业集群化发展建议

第一节　四川省新能源产业集群的定位与目标

在经济发展和环境治理的双重挑战下，新能源产业的经济效益与社会效益日渐凸显，产业发展的政策需求更加具体多样，产业的保护和调整愈显重要，与此同时，“十四五”能源规划中明确提出将构建安全、清洁、高效、可持续的现代能源战略体系，并将大幅提高可再生能源比重。四川省是西部经济大省，同时能源消耗缺口大。能源供需水平、结构状况及能源效率问题严重影响到四川省经济的协调高效发展。进一步加速推动新能源产业的发展优化进程的进展，保障新能源生产和消费革命，以确保打造出具备低碳、安全、清洁、高效四大优势的现代化能源产业体系。四川省有着独特的基础和优势：太阳能、风能、生物质能、水能等能源资源种类齐全，储量丰富，综合优势突出；在技术、装备制造和市场等方面具有一定的特色。因此，大力开发新能源，推动四川省新能源产业集群化发展走低碳化经济发展道路，已经成为四川省应对能源发展缺口实现能源供给多元化、维护全省能源安全和经济转型的必然选择。要推动四川省新能源产业集群健康、持续、高效发展，首先需要明确四川省新能源产业集群的定位，并在此基础上有目标、有重点地逐步推进四川省新能源产业集群化建设。

一、四川省新能源产业集群定位

在党的十九大报告中，特别强调了“推进能源生产和消费革命，构建清洁低碳、安全高效的能源体系”，着重部署了我国未来能源的发展。以国家和地方能源政策发展规划为基调，匹配四川省新能源产业当前发展的实际状况，凸显出地方特色。应将贯彻落实科学发展观作为四川省新能源产业集群的现实发展基础，尤其在加强新能源产业集群核心竞争力的过程中要特别注意技术创新，以创新驱动发展。为快速建设产业园区，加大激励性政策出台力度，推动系能源产业实现飞速发展，应在共建共享的管理模式下，将人才和资金化为快速推动新能源产业发展的支撑力。同时，积极有效地拓展新能源市场，带动起新能源产业的快速发展，建成以具备良好产业基础、高集聚程度、鲜明产业为优势的特色产业园区。

二、四川省新能源产业集群发展的目标与重点

应该分阶段逐步制定四川省新能源产业集群的未来发展目标。短期内，依靠政府的扶持，根据四川新能源产业所具备的特征，合理规划新能源产业格局，建成一批具备四川特色的产业集群带动产业规模快速提高，快速提升创新能力，保证区域性品牌优势的形成，为打造国内外知名自主品牌提供一流的环境，以产、学、研模式为依托构建创新型联盟组织，加速知识的转化进程。从长期战略的角度来看，要依靠新能源产业的稳定增长性、市场需求的持续扩展性、集群企业的独特竞争优势的突出，打造可持续发展的新能源产业。四川省新能源产业集群要以产品制造业为基础，加大力度开发拓展新能源产品的设计、研发、生产和制造过程，以建成聚焦优势企业的产业制造集群基地；保障新能源汽车产业、风能产业、太阳能光伏产业、生物质能产业等区域领域可以

将项目作为快速发展的载体；强调技术创新为突破市场壁垒的机会，想要快速推动产业升级，在未来新能源产业发展的市场上占据一席之地，不断向产业链上端靠拢，就必须以技术促进创新和规模上的全方位拓展；以品牌影响为突破的契机，将四川省传统新能源产业的制造优势发挥出来，实现四川省特色新能源产业的品牌效应。

具体来讲，为有效推动四川省新能源产业集群化健康高效发展，深掘自然禀赋潜力，推动各个产业之间的对接交流，共同利用开发各方资源，保证互利共赢的双赢发展战略，打造国内处于领先地位的技术型高端新能源产业聚集基地。四川省的新能源产业集群化发展应依托于各类新能源的资源禀赋、发展前景、产业链完整程度、产业成熟程度、国家及四川省的政策导向、资源条件、相对优势等因素，构建分层分级的新能源产业集群发展新格局（表7–1）。

表7–1　四川省新能源产业分层发展思路

<table>
<tr><th>发展次序</th><th>新能源产业</th><th>产业发展条件</th></tr>
<tr><td rowspan="4">优先发展</td><td>核能产业</td><td rowspan="4">资源禀赋条件较好，产业发展成熟度较高，已形成较为完整的产业链，市场化程度较高，区域经济推动力较强，市场发展潜力巨大</td></tr>
<tr><td>水能产业（中小水电产业）</td></tr>
<tr><td>生物质能产业</td></tr>
<tr><td>新能源装备制造产业</td></tr>
<tr><td rowspan="2">大力发展</td><td>太阳能（光伏）产业</td><td rowspan="2">产业链的主要节点已经建立，产业链发展基础良好，市场回暖，有良好的发展前景；政府政策红利</td></tr>
<tr><td>风能产业</td></tr>
<tr><td>努力发展</td><td>地热能产业</td><td>相对丰富的资源，发展潜力良好；市场化程度较低，产业发展还处于初始阶段</td></tr>
</table>

按照新能源的分布情况，四川省新能源产业集群化发展的空间规划应以区域划分，打造“生态省”建设区划进行产业集群化的布局（表7–2）。

表7–2　四川省新能源产业分区域发展思路

地理区划	1类	2类	3类	4类
成都平原地	核电产业	新能源装备制造产业	地热产业	
盆地丘陵区	核电产业	水能产业（中小型水电）	生物质能产业	
盆周山地区	水电产业	生物质能产业（沼气工程）	地热产业	
川南山地丘陵区	生物质能产业（能源林种植）			
攀西地区	生物质能产业（能源林种植）	太阳能产业	地热产业	水能产业
川西高山、高原地区	水能产业	风能产业		
川西北江河源地区	水能产业	生物质能产业		

以上面的优势产业为主轴，将新能源产业集群中各大产业成员联系起来，保障供需关系对接的形成，创造属于整个集群的成本优势条件，将技术创新作为脉络，构建四川新能源产业集群的技术创新系统，联动相关配套市场。一是在产业组织结构方面，加速完善企业规模结构的进程，推进大中型企业一体化发展模式；二是在产品结构方面，将精力更多地放在新产品的创新性研发，为完善改进产品结构，应主动顺应科技创新趋势，研发具备自主知识产权、具有未来市场优势的特色产品；三是在制造基地的发展规划方面，给予德阳市风电设备制造基地更多的发展上升空间，同时，提高扶持乐山市硅材料基地、双流区光伏产业基地发展的政策力度。四是，纯电动车未来将作为四川省新能源汽车产业的主攻方向，以泸州市和成都市为先导试点，其他多个城市为重点，推广应用新能源汽车。同时着力推进攀西地区战略资源综合利用工程，把攀西地区建设成为新能源开发应用试验区。攀西地区作为四川省的一个新能源富集区，不仅具备丰富生物质能和太阳能，还蕴藏拥有较大开发价值的风能资源，所以，应该优先选择攀西地区为四川新能源开发应用试验区建设点。不管是为了保障四川省经济社会的快速发展和西南地区新能源的合理利用，还是为了加

快凉山彝族自治州经济建设，都应该加大对攀西地区的新能源建设投入。

第二节　搭建集群发展骨架——制度创新

目前，针对新能源产业制定的配套政策仍存在部分问题，相关税收政策、信贷政策、补贴政策、价格政策及其他政策都需要尽快落实完善。虽然在推改资金支持、税收制度改革这些方面，国家已经给予了足够的重视，四川省也颁布了针对新能源行业发展的很多扶持激励性政策，但激励政策仍有待增加，稳定的市场需求也仍旧没有在实际运行中形成，缺少促进新能源产业发展的市场推动力。此外，由于目前多头管理的问题仍旧存在于很多资源之中，且没有落实完善协调统一的政策体系，导致政府很难在扶持新能源产业的过程中看见足够的效果。衔接不足的问题也存在于相关政策匹配问题上，尤其是在财税、金融等方面，仍旧需要提高政策扶持的力度，与之配套的价格机制、管理体制也亟须完善。因此，实施多元化、多维度、强有力的激励扶持政策，形成引导新能源产业持续健康发展的政策体系，是推动新能源产业集群健康发展的支撑点与主心骨。

从国际经验来看，政策支持是新能源产业集群发展的关键，推出调低贷款利息、低价用电、赋税减少、基金补贴、引导市场发展开拓等一系列实用性优惠政策有助于帮助新能源产业规模的形成。目前，新能源产业难以实现规模化开发和持续性滚动式发展的主要原因在于，当下新能源需要较大的一次性投入，我国也尚未落实合理电价的确定机制，这就导致了新能源项目在短期之内看不到足额的经济效益，难以带动投资商和金融机构的投资热情。新能源的投资方式和融资渠道当前仍比较单一，很难在民间和国际资本市场中进行高效大规模融资，新能源的产品开发和产业化发展受到了很大程度的影响，因此，有必要对该领域进行有针对性、有方向性的专项研究，提高财政支持的力度。可以将可再生能源作为财政支持政策重点，尽力调动各级政府对于新能源发展的积极性，落实新能源发展专项投资基金，扶持新能源产业的发展。

笔者基于国内外新能源产业政策的实践经验，按照“优势互补，互惠互利，共同发展”的原则，从激励、监管、行业发展和市场服务等维度着手构建四川省新能源产业政策体系。

第三节　产业资源协同竞争机制

一、优化新能源产业配置

（一）健全四川省新能源产业发展规划

当仔细研究落实《中华人民共和国可再生能源法》《可再生能源中长期发展规划》和《四川省国民经济和社会发展第十三个五年规划纲要》等具备综合性以及指导性的战略规划方法的同时，各个地级市也应结合本区域产业发展特点制定具体的具有可操作性的实施细则。各个地方根据自身新能源的资源状况，因地制宜地制定符合自身发展的战略目标，落实项目规划布局的各个阶段性目标、主要发展方向及实施方法，从短期至长期滚动发展建设；着重建设交通便捷、通网条件优良的大型太阳能发电厂并强化中小电厂的建设，以有针对性的解决当下用地配置充分和规划能力不足的问题。

（二）建立完善相关配套政策体系

根据国内外建设新能源产业的经验可知，在产业发展过程中（尤其是初期阶段），政府会起到极大的推动作用。政府通过制定促进太阳能等新能源产业发展的政治制度，大幅提高了产业的投融资和研发积极性，从而影响到整个产业的发展。自2018年，国家及地方对太阳能等新能源产业的补贴政策出现退坡，特别是对光伏产业的补贴严重退坡，使大量光伏企业面临生死考验。在此新能源企业面临危急时刻，四川省应根据自身的具体情况，在符合国家政策的情况下，出台相关政策，鼓励新能源企业发展，帮助新能源企业摆脱对政府补贴的过度依赖。

落实支持新能源产业发展的金融政策。由于新能源产业一次性投资较大，短期内难以获得经济效益，集团客户信贷风险及关联交易风险仍旧存在于这个过程中，导致金融机构很难建立足够的投资信心。为保证项目建设资金，包括金融机构在内的间接融资政策的支持力度必须得到政府更大程度的推动。对此，要利用市场机制和政府行为相结合的原则，将政府、企业和银行三者之间的利益关系协调好。第一，地方政府及时与金融机构沟通新能源产业发展及相关资金需求，合理配置信贷资源；第二，建立新能源发展基金，包括公益物资，增加社会资本和增加对新能源行业应用的投资；第三，建立一个直接的金融平台。积极鼓励和支持发行符合新能源企业需要的中长期能源发展股票和债券；逐步增加直接融资的份额；第四，应该鼓励新能源行业的投资者多样化，积极吸引私营企业、外资企业和私人资本参与进来，合理有序地融入新能源行业；第五，应积极鼓励金融机构为此类吉瓦（发电装机容量十亿瓦特）型太阳能发电厂等示范项目提供低息长期贷款，这样可以有效降低投资者的风险，鼓励发展新能源企业，让新能源产业的发展能吸引更多的潜在投资方。

（三）优化整合新能源产业生产要素

新能源产业集群形成需要新能源产业自身整合各项内部生产要素，构建细致的分析体系，从产业集群发展的推动要素即产业自然禀赋优势、市场需求特征、区位优势等维度出发，从而推动生产要素网络的重制，实现新能源产业集群的全要素生产网络的健全发展。同时，要实现新能源产业集群的健康发展，还需要创建产业集群内部的生产要素的共享机制，连通新能源产业集群内部各组织之间的要素流动渠道，实现实时共享。以保障新能源产业集群各内部成员的经济利益与社会利益为出发点，构建战略性新兴产业集群要素共享合作框架，在该框架协议下，以利益—风险配比机制为原则，建立有效的激励机制，即通过将资源共享所获得的利益与因此产生的风险，在产业集群内部成员进行相应的分配，从而对集群内组织间的要素共享进行有效激励；以维护新能源产业集群生产要素的良性循环作为建设目标，还需建立有效的要素共享合作组织和相应的新能源集群发展的第三方服务平台，能够有效地解决新能源集群中各方成员之间信息的不对称及矛盾冲突，推动生产要素资源在供给侧与需求端的有效匹配及良性流转，实现要素共享成本的进一步降低，实现新能源产业集群各成员之间资源共享的成功率的提高和价值增值潜力的提升；在推动资源要素的成功共享下，新能源产业通过产业集群所获得的有效利益，应秉承利益—风险配比的原则，实现产业集群各成员的利益有效分配，以满足集群成员之间增值高效分配的需要，实现产业集群组织之间的利益的合理分配，避免发生利益冲突，建立稳定、长久的生产要素共享合作机制，实现生产要素共享关系的高度稳定化；促进集群发展要素共享的支持技术水平与相关的共享服务水平快速提升。

二、优化产业规模与完善产业配套

为了实现新能源产业集群在前期的快速健康发展，需要“1+N”的新能源企业发展模式，正如迈克尔·波特所描述，产业集群竞争力来自集群内部企业间的协作竞争。在新能源集群中，大量企业开展了多种形式的合作，同时也存在激烈的市场竞争。要提高整个产业集群的竞争能力，培育品牌企业为重中之重，即龙头企业，集群的整体结构将会被集群内龙头企业的自主创新能力所带动并改善，龙头企业也对集群其他中小企业起着极为重要的示范作用和技术转移作用。创建区域内知名品牌，产业集群的提升体现在企业内部预期利润的提高上。品牌企业具备综合能耗低、物料消耗少、技术研发能力强，具有自主知识产权、品牌优势和国际竞争能力；为了提高产业集群的竞争力，还需要进行分工协作。光伏产业链某些环节模块化变革的大趋势需要中小型光伏企业去适应，并且适时演化为不同类型的模块化组织，提供不同的光伏组件产品和光伏应用系统，着力推动不同层次的服务能力提升。要优先推动和扶持四川省新能源龙头企业的发展，从支持四川省新能源企业的并购重组的方向着手，实现新能源市场集中度的提升，实现资源的规模化效应，为新能源产业集群的发展积累足够的发展资本；同时进一步优化新能源产业的内部结构，实现资源利用效率的提升，推动四川省新能源产业的做大做强。并且新能源产业发展的动力要素为新型的生产技术，因此需要加大对于创新型的新能源企业的扶持力度，增强集群组织的产业创新力。而创新型的新能源龙头企业凭借其核心技术的知识产权与新能源技术的研究开发能力，处于产业集群发展价值链的高端，对于新能源产业集群内的成员，尤其是中小企业的自主创新能力的培养，进而提升新能源产业的核心产品的生产能力和竞争力具有极强的引领作用。综上所述，四川省政府需要在新能源产业集群的发展初建期，加强对新能源创新型龙头企业的扶持力度，实现新能源龙头企业的品牌效应，促进新能源产业集群的发展。

同时，创设能推动能源产业集群化发展的良好环境，完善产业相关配套设施，积极搭建新能源产业发展各个渠道、服务与平台，如融资渠道的建设与拓宽、基础设施的建设与完善、信息交流服务质量的提升与高效等。多样化的融资渠道将有助于解决以前期资本投入较高为特征的新能源企业的融资难的困境，进一步推动新能源技术的研发；及时有效信息交流服务的提供将有助于企业之间的信息交流，充分发挥出新能源产业集群的知识溢出效应，推动集群内显性知识、隐性知识、技术的有效传播，实现新能源创新成本的进一步下降，不断促进新能源集群内企业的技术创新的积极性；基础设施建设主要是指道路、通信网络等基础设施的建设与发展，新能源产业的相关配套基础设施的建设将为新能源企业的健康发展提供重要的硬件设施条件，尤其是对四川省新能源产业及集群的创新发展打下坚实的物质基础。

三、强化行业协会的产业标准建设与监督作用

行业协会是通过对内提供信息、培训、咨询等服务发挥其基础作用的，再兼以通过实行行业业内自律的制度，实现对行业健康发展的推动作用，并且为推动产业市场发展，对外进行产品推广、协调外部各组织的关系来对产业发展起到推动作用，并间接影响国家对于该产业的相关立法和政策。但是，在产业集群的品牌建设与提升的背景下，行业协会的聚焦范围不能局限于新能源行业内部，应将行业目标放得更为长远，应着力于推动产业集群在整个新能源产业链的整合上走向高端化，通过产业链整合上中下游的资源，优化新能源产业内部结构，提升新能源产业的市场竞争力等，从而实现对于新能源产业集群的产业链整合，起到新能源产业链有效整合的引领者、规划者及协调监督者的作用，通过创建新能源产业的供应链协会，组建专门的新能源人才团队，对小到新能源企业的供应链，大到整个新能源产业的供应链进行专业且深入的分析，以此形成相应的供应链发展指导意见，有效地指导新能源企业、新能源产业的供应链的运作与管理，实现更大的经济效益和社会效益。

四、实现政府产业引导与公共建设作用

政府除了在制定新能源产业相关政策方面需要进行顶层的制度设计外，在新能源产业集群的发展的各个阶段需要进行更为合理的政府职能的相应转变，

由初期的政府的有效领导逐步在新能源产业集群发展阶段的不断推进中，可以更加充分有效地发挥市场机制在资源配置中所起到的基础性作用，同时，也可以高效发挥新能源产业行业协会和商会的第三方协会的协同效用，即在多方面对新能源产业的集群发展起到推动作用，主要表现在协同治理并有效参与行业规范、资质认证、行业自律、技术标准、政策研究等方面，实现在新能源产业集群的发展过程中的政府主导到政府引导的改变，在不同集群的发展阶段，制定相应的新能源产业集群的发展规划及相关的法律政策等，引导和促进新能源集群的持续健康发展，适时地为新能源产业集群的发展提供相关且必要的公共服务产品，如提供科技服务，以推动新能源企业的创新发展；提供金融服务，以实现新能源企业的多样化融资途径；提供信息服务，以推动新能源产业集群内部的各成员及同新能源产业集群的外部成员的有效的信息沟通，降低信息的不对称，降低交易的成本，推动更高效的市场交易行为的达成；提供培训服务，政府提供部分资金展开对于新能源专业人才的培养培训，推动新能源产业发展的人才要素的不断涌现等；并且通过政府的法律法规作为权威性手段来深入维护新能源产业集群上下游的市场秩序及推动当地新能源企业的品牌建设，引导并激励新能源企业对于相关产品质量的进一步提升，建立起四川省新能源产品的地方信誉，树立起强有力的区域品牌，从而在新能源的需求市场中营造良好的口碑，增强四川省新能源产品的市场竞争力。另一方面，为了提高政府在推动新能源产业集群发展过程中的服务质量，政府亟须树立并强化关于新能源产业集群发展的服务意识，同时中央到地方政府、政府部门到政府部门、区域到区域的三维合作与协调体系也应快速构建完成，聚力推动四川省新能源产业集群以更加快速健康的步伐实现发展。

第四节　协同创新三位一体，闭环研发

从全国来看，新能源产业的发展阶段还是技术研究与市场应用推广阶段，基础研究和应用研究还是滞后于西方国家的相关研究，其最为重要的是我国关于新能源产业的创新基础和市场应用相对于西方发达国家表现出不足的特征。四川省政府应当着力引导关于新能源的相关的基础技术创新与市场化应用的研发，促使新能源产业集群内部各方成员，以研发关键共性技术为指引，创建“共享、共赢、共发展”的“基础—专业—行业”的新能源技术的开发、创新与应用的闭环发展，引导新能源产业集群内各协同主体聚力聚心，投入新能源产业集群发展的必备创新要素，将新能源相关的基础与应用技术研发按照梯度依次推进，提高整个集群整体的市场核心竞争力。

一、高校和科研院所的基础创新

建立一批协同创新中心，主要通过大力推进高校与高校、科研院所、行业企业、地方政府及国外科研机构的深度合作，进一步探索可以契合多方面需求的协同创新模式，创造有助于推动协同创新的行业环境和氛围。

（一）发挥高校和科研院所的核心基础作用

高校和科研院所不仅是知识和技术的重要生产者，又是各类人才培养的摇篮。从设计、研究开发、生产制造、市场营销、系统安装、调试及运营管理的完备人才培养体系尚未在我国新能源产业中构建完成，新能源技术的研发和管理人才严重不足，复合型人才更是紧缺。同时，新能源核心技术严重依赖于发达国家，自主创新能力较弱。因此，应从人才和技术两方面着手。

1. 加大人才培养力度

技术人才是产业技术创新的关键，特别是新能源产业这种以高新技术为

支持而发展的新兴产业，应着力于技术人才的培养和基础技术的创新。为推动四川省新能源产业集群的发展，高校与科研所应当紧密结合四川省新能源产业的市场需求，有针对性地对当地高校与科研院所的相关产业学科进行合理的调整，对新能源产业发展所需人才从规模与质量两个维度进行培养与挖掘，同时高校与科研院所，其自身具有技术研发与人才培养的天然优势，组建新能源的科研团队、开辟新能源实验基地、建设技术设备等相关研发的配套设施，并有倾斜性地增加适当的资金投入，培养一批“产—学—研”三项结合的创新实验团队和技术创新组织，进而聚集成为新能源高校产业园区，并利用新能源区域发展的经济资金支持、政府部门对于新能源的财政预算拨款及多样的新能源，实现对于高校的新能源人才的培养投入力度的加强，并通过高校及科研院所对于人才的合理培养与选拔制度，提升新能源人才的质量，增加人力资源与知识的附加价值，令高校及科研院所实现对于四川省新能源产业人才输出的高质性、稳定性，有效解决四川省新能源产业集群化发展下人才稀缺的困境。

2. 加大基础研究和核心技术研究

新能源产业发展的关键是核心技术的不断提升，而目前四川省新能源产业的技术发展水平还有待进一步加强，而依托高校和科研院所开展原始创新是大多数技术型产业成功发展的核心。虽然企业也在着力进行核心技术的研究，但是新能源产业具备技术研究投入高、应用链条长、产业周期长的特性，企业处于投资回报比等相关财务指标的考量，为追求企业利润的最大化，其更倾向于将资金投入到那些满足市场需求的“短平快”的市场应用型研究。但是，高校和科研院所不同，其学术性更强，拥有基础创新研究所必备的环境条件，首先，国家和社会的资本持续投入高校与科研院所，从事基础研究的资金充足；其次，高校与科研院拥有着层出不穷、新生的科研力量，最具活力的科研人才，所以高校与科研院所应加大基础研究和核心技术的研究，联合企业力量实现技术的融通共享，推动四川省新能源产业集群化的发展。

（二）发挥政府的指导性作用

1. 推进制度创新

新能源产业集群的发展需要完善的法律法规制度体系，而且这些制度体系不是静态的，而是动态发展的。政府是重要的制度供给者。所以，政府应根据集群发展不同阶段的不同特点制定适合的政策制度，并适时对这些政策制度进行评估与调整。比如，未来若实施可再生能源配额制将破除新能源产业发展中遭遇的发电、上网和市场消纳这三大瓶颈，从而对新能源产业集群发展带来重大利好。

2. 构建创新网络

新能源产业集群更强调创新，本质上是创新网络。根据前人对创新网络的研究，构建新能源产业集群创新网络就是建立区域内新能源企业、高校和科研院所、政府、中介服务机构之间能促进创新的各种长期、相对稳定的关系。政府在构建创新网络过程中，要重视龙头企业的极化和扩散效应，重视群内企业产业关联度的提高，在产—学—研协同创新网络中，发挥“红娘”的牵线搭桥功能，完善产—学—研信息沟通、利益分配和风险共担机制，促进创新主体的互动合作。

3. 培育创新创业文化

创新创业文化是集群持续发展且具有竞争力的灵魂之所在。政府应通过强制性机制（以行政管制为主）、选择性机制（以经济激励为主）和引导性机制（以宣传教育为主）培育以信任为基础、鼓励创新创业且容忍失败的集群文化。创新创业文化的培育非一日之功，一个重要前提是政府首先要营造有利于创新创业的创新环境，如政府要提供新能源产业集群发展的各项公共产品以及自身公共服务型政府的建设。

（三）发挥中介服务机构的辅助作用

中介服务机构虽不直接参加创新活动，但在促进行为主体合作创新方面起到了很好地辅助作用。新能源行业协会、知识产权服务机构、技术转移中心等在新能源产业集群的演化过程中起到了其他主体无法代替的“桥梁”作用。结合新能源产业的特征，对中介服务机构提以下两点对策建议。

第一是发挥风险投资的作用。由于新能源产业具有高投入、高风险和高收益的特征，所以特别符合风险投资的“口味”。根据风险资本的来源分类，由公共风险投资、私人风险投资及混合风险投资三类共同构成风险投资。在推动新能源产业集群的发展进程中，要以公共风险投资为抓手，抓住空间巨大的私人风险投资，将各自的优势充分发挥出来，形成以公共风险投资为导向、私人风险投资为主体的多元化风险投资格局。

第二是发挥行业协会的作用。面对新能源产业存在的突出问题（如产能过剩和国际贸易摩擦频发），新能源行业协会应在行业自律管理、知识产权保护、行业标准制定、技术咨询、信息交流（包括技术信息、市场信息、政策信息等）、应对国际贸易摩擦等方面发挥更大作用。

二、新能源企业专业化创新

基础创新取得的技术成果需要市场化才能产生经济与社会效益，而市场化的过程即把抽象的技术知识化为实际生产力，跨主体、跨学科地进行技术融合，满足市场需求，则需要企业这一市场主体来完成这一转换过程。新能源企业应当针对新能源的市场需求，注入足够的维持创新实践的资本投入及相关的经营管理的经验能力，实现从产业链上下游企业共同面对与解决新能源的科技成果的二次开发和检验的问题，进一步实现对交易成本与转化成本的降低，实现经济与社会效益。

（一）新能源企业加强和高校等科研机构的联系合作，促进科研成果产业化

高技术、高生产力、高风险和高利润是新能源产业的四大特征，构成的产业集群从根本上来说其实是一个创新集群，所以，不断的技术创新就是新能源集群创新网络的典型特征。新能源企业应该利用地区高校和研究机构的科研力量和资源进行联合研究与开发。这样做有两大优势：一大优势是高等学校等研究机构可以有效地将科学研究活动与新能源企业的实际需求结合起来，并进行研究与试验与经济相关的设计；另一大优势是，新能源企业可以有效地将高校及科研机构的人才资本和研发能力来攻关突破合作及技术上的难题。无疑，企业与高校和科研机构建立起长期的合作对双方都有好处，互相利用对方资源，促进科研成果的产业化。

除此之外，新能源企业在借助科研机构人才优势的同时，还应当加强企业的人才培养并完善人才管理机制。企业需要不断完善企业内部对于技术人员的相关管理体系的建设，致力于培养有技术背景的员工，实现人才培养的不断深化，通过“学习、实践、再学习、再实践”的模式，联合高校或研究机构，促进一大批具备自我创新能力设计的高端设计人才的培养，包括新能源产业从设计、制造、安装、调试及运营管理的各方面管理和专业技术人才。研发人员的质量与有效的管理体系是决定企业投入产出比的关键一环，因此，在人才管理体制的不断完善的过程中，企业需要将充分调动研发人员的工作积极性纳入管理的关键，不断激发并提升研发部门的相关人员的科研热情与工作效率，将有助于技术成果的转换。同时，对于技术研发团队的组建与管理应更为高效，从源头（即招聘环节）就应把控好技术人员的质量，建立健全相应的考核机制进行人才的引进，即需要从数量与质量两个维度对技术人员的招聘进行合理考量。除此之外，由于技术人才与新能源企业其他部门的工作性质具有较大的差

异性，企业应定期进行人才培训，并制定相应的企业规章来激励员工对于技术创新热忱，营造良好的创新氛围，实现更多研发成果的转化；新能源企业的管理层与治理层应当以时效性作为研发的出发点，以长期性、持续性作为研发原则，保证研发资金与人才投入，达成研发效率不断提高的目标，加快新能源企业的成长步伐，实现企业的快速成长。

（二）新能源企业加大技术创新研发投入

产业集群内的企业之间存在空间距离近的特点，且都归属于相同或相似的行业，供给具有同质性的产品及服务，这将会激励集群内部竞争。因此，必须持续性加大技术创新的投入，才能在集群内部获得并保持竞争优势，得到生存与向前发展的市场空间。所以，新能源企业应加大在产业专利、标准、研发等方面的投入，通过不断强化企业的自主创新意识，实现企业二次创新工作的不断推进，最终实现市场化应用，获取经济效益。企业自身应当明确技术创新的不断推进将对企业的发展产生深远的助推作用，应以创新作为企业发展的核心理念，奠定并不断巩固新能源企业展开创新工作的基础。企业在技术研发和创新过程中，不仅要利用国外先进技术来引导企业发展，还要在模仿借鉴的基础上实现自身的科技性创新。竞争会使产业集群中的企业加大研发支出，相互学习技术经验，实现共同创新，从而打造集群创新网络，以促进产业集群的快速发展。

（三）优化新能源企业内部运作机制

由于研发资金对企业的成长有较长的滞后期即企业取得良好的经济效益的资金投入的持续性与研发投入对企业当前时期并不能产生太大的效益，必须经过一段时间的累积才会产生溢出效应之间的矛盾，常常使得新能源企业的决策层陷入进退两难的困境。一项研发计划的制定与开展，是一个长期分阶段的过程，要想保持研发资金持续不断的投入，需要新能源企业内部的研发机构、产品生产机、产品销售机构三方的通力协作，才能实现企业研发效率的不断提升，才能使决策层保持信心，不断推进技术的研发。故新能源企业以较高的经济效益应为追求目标，以实现较快的发展为成长目标，要保证企业持续投入研发资金，同时要不断优化各部门的协作体系，实现更加高效的内部运作机制。

（四）打造全方位多层次合作体系

由于新能源产业技术研发投资活跃度高、投资周期长，投资风险也较大。所以新能源事业要充分发挥协同创新的优势，加强集群内新能源事业的横向合作和纵向合作，加强集团内外新能源事业的交流与合作；特别要重视国际交流与合作，吸收国际先进的新能源知识和技术，重视新能源企业和高校；科研院所和主管部门与中间服务机构合作的交流与创新。

因为新能源产业技术研发需要大量资金投资并投资周期较长，所以具有高投资风险的特点。因此，新能源企业必须与产业集群内其他企业建立起横向及纵向的战略联盟，以共同利用对方资源，建立起协同创新的产业竞争优势；新能源产业集群内企业与群外企业之间的深度交流合作也具有战略性意义，尤其是在国际间的交流合作方面，这有助于引进国际上最新的新能源知识及技术；进一步强化新能源企业联合地区高校、科研机构、政府相关部门及中介服务结构的学习交流与合作创新程度。

三、新能源产业技术创新的政府支持

在政府层面，需要完善财政支持政策，建立风电产业研发基金。现阶段我国大型风电机组整体上处于发展阶段，产品研究开发需要较长周期，其前期基础研发投入比常规能源更大，这需要政府建立相关基金支持风电产业发展，并明确扶持的基础性条件、扶持的研发方向及基金使用范畴等。如用在国产品牌拥有自主知识产权的风电核心产品的技术研究和基础研究，促进高科技研发成果的产业化研究等。

编制风电产业人才发展的计划，以推动风电产业创新进步。一批尖端的科技研发人才和管理人才对中国风电产业的发展不可或缺，国家应制定人才培养发展计划，将风电产业人才队伍建设作为发展风电产业的重点，培养有国际战略思维和发展眼光的科技创新型人才，在此基础上制定相应的激励性政策和奖励办法，使基础研发这项周期较长的开发工作可以吸引更多的人才。

重视科学技术，建立国家级风电研发实验室。美国能源部门下设国家可再生能源实验室（NREL），其由3个国家级研究中心构成，即国家太阳能研究中心、国家生物能源研究中心、国家风能研究中心。据了解，通用电气企业在开展风电技术的研究工作时可以利用美国的国家风能研究中心。国家实验室是以满足国家现代化建设和社会发展的重大需求为目标，展开基础性、高技术性和社会公益性研究，积极承揽国家重大科研任务的国家级科研机构。我国国家能源部可以通过筹建风电国家实验室来支持风电产业这一新兴产业的技术研发工作。组织协调风电行业跨学科人才，开展科技交流与学习，在引进和消化国外风电产业技术的基础上，系统、前瞻性地从事适合我国国情的科学研究和风电产业基础研究。

四、新能源产业技术创新的行业推广与中介服务

新能源产业集群化发展的有效途径是企业的相互合作，搭建开放、互补的新能源产业技术行业创新平台，利用行业技术创新服务系统，提升技术创新服务能力。由于新能源产业风险性高、企业决策者规避风险动机强，因此行业技术创新服务平台，将作为产业技术创新活动的“助推器”和“协调剂”，连接不同的创新要素，使新能源产业的创新活动能够不断活化推进。

由于新能源产业技术体制不完善，四川新能源产业技术创新中介服务系统尚未能得到有效地完善和利用。然而技术创新中介服务能力的高低，关系着四

川省新能源产业技术创新系统运行是否顺畅，因此，提高行业技术创新中介服务能力是必不可少的重要步骤。基于此，四川省政府应加强技术产权交易所、产业技术咨询中心、技术法律协会、四川新能源技术综合管理协调中心等公益性的新能源产业中介服务机构的建设，在四川省新能源产业聚集区形成结构合理、服务配套、专业程度高的创新技术中介服务机构团队，加快科技成果转化，促进价值链形成。从制定政策和制度方面推进中介机构专业化、规范化；并加强四川省新能源同国内外其他机构之间的互动交流，学习西方发达国家新能源创新技术服务机构建设的有效案例，为产业技术发展提供借鉴作用；完善中国新能源产业产品检测与认证体系，构建新能源企业质量标准。如针对风电产业，在风电企业对新设计的样机进行严格检测之后才可以进行批量化生产和商业化生产，通过检测后再进行大规模生产，进而严格按照风电质量标准要求进行检查和认证大规模生产出的样机。同时，要强化相关标准，培育和塑造风电企业的认证意识。中国风电产业过去采取自愿认证的方式，但是，由于许多风电企业没有意识到认证在企业的设计生产制造、销售、管理及企业未来发展中所扮演的重要角色，认证意识不强。然而，随着我国的风电产业逐步接轨国际，一方面，技术、设备、资本等出口逐年扩大；另一方面，国际标准、金融与保险服务体系也在快速引进和转化，我国风电项目等认证已经迎来全面开展的关键时刻。

第五节　打造新能源投融资生态圈

一、聚焦中心，做大中心产业圈

（一）建成完备产业链，加快做大中心产业圈的步伐

建成完备新能源产业全产业链的关键意义就是拓展中心产业圈，促成产业

价值的提高；以生产经营具备高质量、高标准及清洁环保等特性的产品为主要任务和目标；始终以满足人民群众对美好生活的需要为责任和使命。

（二）掌握核心，充分利用资源价值，促进中心产业圈的做大做强

核心要素圈内的资源对中心产业的发展可以起到强有力的促进作用。为促进中心产业的迅速做大做强，必须统筹规划好各种资源要素，高效合理的利用各种要素资源。具体着眼于以下方面：（1）资金方面：国家重点扶持系能源产业这一大新兴产业，并清理了骗补行为，这营造了极好的行业发展环境；同时，在国家提倡混合所有制改革之下，为加快产业规模和人才扩张的脚步，新能源企业可以在政策允许的范围之内适度引入社会资金，充分利用资金的杠杆作用；（2）人才方面：新能源企业的发展亟须各种专业技术型人才、具备高级管理能力的人才、市场营销型人才及海外复合型人才，人才在开发新产品、开拓新市场、发展海外业务和企业的内控管理等方面都起着举足轻重的作用；新能源企业为了引入符合自身要求的各类人才，可以通过外部招聘和内部提升的人才选聘方式，也可以展开能力并购，以获取目标企业的人才；（3）科技方面：科技发展作为新能源企业发展的内在增长动力，是非常关键的战略性资源；新能源企业应该进一步加强与科研机构的合作，通过确定标准、研发新型产品以引领整个行业的发展；（4）信息方面：掌握商机的关键就是把握住信息，为了做出正确恰当的决策以确保产业发展的高效率效能，新能源企业必须及时把握第一手的行业政策及行业发展前沿动态等重要信息。

（三）把控重心，强化研究政策导向，引领做大做强中心产业圈

中心产业圈的发展需要产业政策、行业发展及地方政策起到“风向标”的导向作用。为了及时应对政策变化和趋势，做到前馈控制，新能源企业必须保证能够及时获取各类政策信息。

（四）促进企业做大做强，促进做大中心产业圈

新能源产业龙头企业不仅在产品技术研发和市场创新方面发挥着重要作用，还在区域新能源产业竞争力中发挥着重要作用。因此培育百亿级的新能源龙头企业势在必行。通过对四川省新能源产业且开票销售达到一定规模以上的企业给予一次性财政补贴；将产业引导基金作为基础，吸引社会资本共同设立股权投资基金，通过参股的形式培育新能源企业；通过给予一次性奖励等方式鼓励企业在境内外上市或者与国家集团等重组嫁接，推动这些企业向省级、国家级的规模品牌企业、质量标杆企业、技术旗舰企业迈进。同时，还要关注新能源产业中小企业的发展，积极引导中小型企业向专业化方向发展，鼓励企业升级晋阶，优化产品结构，开展错位竞争，形成一批“专精特新”创新型、配套型中小型企业，打造四川省新能源产业雁形梯队，促进做大中心产业圈。

二、构建新能源特色小镇，打造新能源产业生态圈

以浙江省在总结了独属于它的块状经济及县域型经济发展的实践基础之后率先打造特色小镇为借鉴。特色小镇建设是浙江省促进新旧动能转换的重要平台，也是浙江省为促进供给侧结构性改革的“浙江答案”。原浙江省长李强于2014年在云栖小镇首次公开提出特色小镇并给予充分肯定：“特色小镇不是行政区划单元上的镇，也不同于产业园区、风景区的区，而是按照创新、协调、绿色、开放、共享的发展理念，结合自身特色、人文底蕴和生态禀赋，形成产、城、人、文一体有机结合的重要功能平台。”国家三部委联合于2016年发布的《关于开展特色小镇培育工作的通知》将特色小镇提升到国家战略的高度，直接引领了全国各地打造特色小镇的热潮。国家发展改革委在2018年印发的《关于建立特色小镇好特色小城高质量发展机制的通知》中，从正反两方面正式建立起规范纠偏机制、典型引路机制。选择正确恰当的核心产业是建设特

色小镇的关键，以该项产业在城镇中的主导地位和独特性为基础，打造产业生态系统，带动城镇发展。

浙江省建设特色小镇的经验可以为四川省起到“路标”作用，在已建设的特色小镇基础上，根据四川省新能源资源的分布，建立新能源产业特色小镇，进而打造新能源特色小镇产业生态圈。对于四川省打造新能源特色小镇的建议如下：

（一）深化发展特色新能源产业，打造阶梯式分布的新能源特色小镇

为了快速推动新能源特色小镇的建设，必须结合当地特色，明确因地制宜、专案专用、分项指导三大原则，树立起科学合理的发展方向和模式。因人文特色、地理条件、经济基础条件、新能源资源禀赋情况在每个地域各不相同，所以，为了打造出特色小镇的核心竞争力，必须针对不同的特色小镇制定出专项规划方案。根据四川省的太阳能资源、水资源、风能等新能源的分布状况，并结合地区的地理环境和经济状况，构建出以新能源产业为核心的新能源小镇。坚持以“新”兴镇原则，将具备产业特色并且基础稳固的小城镇为主要选择对象，并发展“新能源产业+”项目和“互联网+新能源项目”，升级为具有高新技术特色的小镇，充分发挥出高新技术对经济的带动作用，实现产业倍增、质量升级。并在此基础上，结合地方特色，把“旅游”作为兴镇的一大方向，建设特色旅游镇的过程中，可以充分利用历史文化名镇、风景名胜区及自然文化遗产等资源优势，将产业发展的全过程与文化基因结合起来，传承文化历史文脉，打造具四川特色的民族风情小镇。此外，基于四川小城镇的发展现状，小城镇的发展不仅要立足于小城镇的特色发展，还要形成具有四川风格的小城镇集群。深度规划已经具备较好发展基础的小城镇，进一步突出地方特色，打造出真正的四川新能源特色小镇；明确发展水平尚处中等的小城镇的发展方向，颁布相应政策引导其发展，打造出点域结合的发展模式；政府可以引

导发展水平低、发展潜力大的小城镇的主导产业选择，给予足够的优惠政策支持，逐步建成优质高效的特色小镇。

（二）贯彻落实先进理念，建成多规合一的新能源特色小镇

打造新能源特色小镇要做到理论与实际相结合，做到资源和区位优势的充分利用，贯彻理念指导、规划先行的原则，建成横向错位发展、纵向分工协作的多规合一发展格局。首先要注重规划理念的转型，贯彻创新、绿色、开放、协调、共享的发展理念，将以人为本、宜居宜业和就近吸纳农村人口作为新能源特色小镇发展的出发点，始终以保护生态环境、传承历史文化和统筹城乡发展等先进规划理念作为发展原则。其次是注重统筹合理布局，要想挖掘出新能源特色小镇的发展潜力，要进行科学的定位，贯彻多规合一，做好顶层设计的规划。同时，要想合理统筹规划新能源特色小镇的功能和布局，就要积极吸纳国内外新能源特色镇的发展经验。例如，参考福建宁德锂电池新能源小镇、江苏镇江句容绿色新能源小镇的发展经验，打造明确定位、精致独特、魅力十足的新能源特色小镇。最后是增强规划的科学性，注重规划的连续性，这就需要借助大数据、云计算、卫星定位等高新前沿技术，将这些技术运用到特色小镇规划中，综合考虑规划中的各种因素。

（三）坚持绿色协调发展模式，构建生态文明的新能源特色小镇

首先，在经济发展水平提高的过程中，无污染空气、干净水资源、安全食品及舒适的生活环境在人们眼中越来越重要，再者，新能源还具备清洁、低污染、可再生的特点。因此，环境承载力和资源约束力在建设新能源特色小镇的进程中需要特别注意，贯彻绿色协调的发展模式。把尊重自然、顺应自然、保护自然作为生态文明新能源小镇的建设理念，将生态文明建设和经济社会全过程联系结合起来，促成经济增长方式的加速转变，实现从要素驱动到创新驱动的根本性变化；其次，颁布污染治理和生态环境保护的相关政策，制定循环

经济发展、清洁生产等方面的法律法规；最后，要尽快促成资源环境管理和生态文明建设的改革，建成责任明确的管理体制，加强生态环境行政执法监督力度。

三、完善新能源生态圈投融资机制

（一）强化融资内生态，建立完善新能源企业信用体系

内源性融资和外源性融资共同构成融资结构，内源融资主要包括折旧融资及保留盈余，外源融资则主要包括股权融资和债权融资。结构研究中最经典的理论是Majluf和Myers（1984）提出的优序融资理论，该理论认为理性的公司融资行为偏好应该是首选内源融资，其次是外源融资，在外源融资中偏好债权融资，最后才选择股权融资。这个理论也被Titman和Wessels（1988）、Fama和French（2002）、Frank和Goyal（2009）相继证实。国内学者黄少安和张岗（2001）及肖忠泽和邹宏（2008）认为中国上市公司和美国上市公司相比，更加青睐股权融资，这并不契合优序融资理论。Chen（2004）认为中国上市公司融资结构遵循“新优序融资”的原则，即最偏好保留盈余，然后是股权融资，最后是债权融资。但是不管融资形式偏好存在差异，但是归根结底，新能源企业自身的信用与资源配置决定了新能源企业融资体量的多少。因此，新能源企业自身应树立起资本的生态化配置理念，增强建设融资内生态，依靠内部控制体系建设及财务经营管理水平的提高，产生高质量的会计信息，使得投资者相信企业经营决策的合理性及未来发展的稳健性，进而扩大企业获取资金的正向效应，以良好的偿债能力及持续的发展前景，显现的高财务绩效、企业声誉更易汇集，当企业声誉积累至一定程度时，产生良好的融资信用。企业的长期发展离不开信用，尤其是对金融机构而言，金融机构更倾向于为信用良好的企业提供金融支持。因此，金融机构要构建合理有效的新能源企业信用体系，打造

政府、企业和金融机构之间的有机合作体系，建立健全信用评级、信用管理和维护体系，特别是对于总资产中无形资产占据较大份额的中小型新能源企业，只有良好的信用体系，才能降低企业的融资难度。

中小型企业是目前中国新能源产业的“主力军”。因为企业经营规模的影响，普遍难以建立起较高的企业信用度。在这种行业环境下，难以通过银行等金融机构渠道进行融资，并且需要很高的成本消耗。建立和完善新能源企业信用体系，有助于企业融资成本的降低，并且提高企业在银行的财务绩效，新能源企业的融资状况会被机构的贷款能力所改善。同时，地方政府还可以将企业信用转化为政府信用，发行以主题为绿色产业的政府债券。欧洲绿色债券市场的快速发展期是从2007年欧洲投资银行发行第一支绿色债券“气候意识债券”开始的，复合增长率超过50%，机构投资者众多。四川省发行以政府背书的绿色债券，将筹得的资金给新能源企业作为政府补贴的资金缺口。这样做有两大优势，一是降低了新能源企业的融资成本；二是可以加快新能源产业的建设进程，也增加了社会资本的投资渠道。对商业银行而言，绿色信贷可以与银行中长期项目打包成绿色信贷混合债券产品，可以有效解决资产负债期限错配的问题，也可以使银行理财产品种类多样化，降低金融风险。

（二）优化融资外生态，调整优化资本市场结构

我国资本市场发展明显滞后于国际发达国家，具有以下两个主要特征：金融产品单一和资本市场体系不完善。因此要解决新能源企业融资难的问题，需要在合理的范围内增加金融产品的多样性，调整完善资本市场的结构。合理完善的资本市场结构应该是多层次的——具有区域性、规模性，能满足不同市场主体的融资需求；应当是完善的——金融工具具有多样性，尤其应具有市场避险功能的金融工具，实现风险的对冲，实现资金的稳定性。当前我国的资本市场还有待进一步的发展，新能源企业在资本市场上可供选择的融资方式较为单

一、融资成本较高，融资后的资产结构也相对不够稳定。而新能源企业主要以中小企业为主，上市融资的门槛较高，大多数企业该项融资的渠道被阻断，所以，我国的资本市场需要尽快建立建全，适当降低新能源中小企业在资本市场中上市融资的门槛，让融资需求得到有效满足，促进新能源企业的快速发展。减少新能源企业股权再融资或者发债的不必要行政审批，或基于同等条件下优先审批新能源企业。银监会和中国证监会对公司发行债券提出了很高的要求，审批手续过于烦琐，导致很多企业不发行债券，很多市场机会也会因发行速度慢而错失。中国证监会应该在同等条件下优先核准新能源产业的再融资或发行公司债券。当前只有国家开发银行、民生银行等少数金融机构增加了债权融资方面的银行信贷支，以支持新能源产业发展。显然，我国新能源企业融资仍旧需要更多的金融机构、产业基金和专项资金（如新能源专项过桥资金）支持。同时，要提高金融创新能力以进一步完善金融市场，提供更多选择机会给市场融资需求者，为不同市场主体提供多种市场避险渠道。

（三）完善投资内生态，强化银行等金融中介机构服务体系，发挥风险投资的作用

突破资金链并且实现整个产业链资金和金融环节就要依靠中介机构中的金融机构这个关键环节，新能源产业集群中一个重要的资金来源渠道就是金融机构，在企业的各种融资活动中发挥着举足轻重的作用。为了合理有效地解决集群内企业尤其是中小企业融资难的问题，各金融中介机构应完善相关服务功能并建立大型融资服务网络，提高融资的规模和效率。如果四川省新能源产业集群的规模发展、科技创新及品牌营销等活动需要足够的金融支持，就需要国有银行、股份制银行、地方商业银行、政策性银行、创业投资机构、风险投资机构等各类金融机构应提高其金融服务效率。

我国新能源产业的主要融资方式现为以银行为主体的间接融资，银行作为

金融市场不可或缺的重要组成部分，在新能源产业发展中扮演着十分重要的角色。所以，银行等金融中介机构的服务体系应尽快落实完善，促成金融机构之间的良性合理竞争，保障企业常规的融资活动，提高金融机构的服务质量，促进金融机构监督管理机制的建立健全。

（四）形成产业链金融支持

基于交易金融的全产业链金融综合解决方案就是产业链金融，主要包括：一是提供交易融资给产业链上中下游节点的企业，二是以核心企业供应链管理需求为基础提供供应链金融服务，三是提供个性化配套金融方案以匹配产业升级和产业整合。对于新能源产业来说，可以有效规避上游研发企业支持欠缺、下游市场开发支持不足的风险，保障整个产业链高效运转。

产业链金融项目引进尤其值得关注的特征是深度定制化提供贸易融资金融产品，其可以实现在整个产业链的各个环节中信息流、资金流与物流三个系统的渗透融合，在各个交际环节提供定制化的投融资服务给产业链中的企业，并且在整个定制化的过程中，将不断优化加强银行与目标客户的结合，从而打造一个长期稳定的基础客户群，不仅可以降低伴随信息不对称而来的信用风险，还可以共享产业整合和产业升级带来的经济效益，实现共享共赢。银行对目标行业的深度了解是这种模式的基础条件，以核心企业信用为传导起点，实现与核心企业相关的多家经销商和供应商的授信协议的达成，进而提供全方位的金融服务给产业链多节点客户的交易行为和经营转移活动，打造与产业链核心客户携手完善产业整合的相关模式，进而提高产业链整体产出的效率，进一步降低整个产业链核心客户的投融资成本，解决新能源中小企业链条上融资难的问题，丰富和壮大新能源产业集群。

具体而言，投资机构将投资的核心关键点放在产业集群整个产业链管理最完善的节点，以核心企业为投资的起点，以点带面，链接上下游的诸如技术研发企业、设备制造商、设备产品经销商，对其的贷款提供批量化的处理，不断激发产业链上各节点的运作活力。因此，金融机构应当深入了解新能源各产业的发展状况，以具备信用等级较高、发展潜力较大、产业发展具有核心性等特征的企业为基础，对位于其上下游的各企业展开深入的调研，尤其要针对其中的小微企业，为其提供更为优化的金融产品服务，为实现对于中小型企业的授信比率的提升并激发产业链上企业的活力，应给予合理科学的贷款利率优惠，以及逐步分阶段降低新能源产业链中核心企业的资产负债率；同时以产业链上的各个环节作为金融服务的单元，采用定制化的金融服务，为每个环节创制专属的金融产品，并为各个环节中的企业提供综合的融资服务。

第八章
结　论

随着我国化石能源尤其是石油和天然气生产量的相对不足，未来能源供给对国际市场的依赖程度将越来越高。因此，立足于新能源产业视角，找准四川省在我国新能源产业总体布局中的着力点，在四川省经济持续稳定健康发展方面起到战略性意义。笔者以对我国和四川省新能源产业发展概况的分析为依据，结合对新能源产业集群化发展机理的研究，提出四川省新能源产业集群化发展模式和发展策略。主要研究结论如下：

（1）通过对我国新能源产业发展战略目标、规划布局、相关政策和“十四五”期间发展态势的分析，发现我国新能源产业已具备政策基础、资源基础、技术基础和市场基础。

依托国家的政策支持和有序引导的进一步加强，我国新能源产业正处于逐步走强时期，形成以环渤海地区新能源设备研发与制造基地为基础，以长三角地区新能源产业高速发展为龙头，以东部沿海产业集群化趋势为动力，全面辐射西部新能源应用基地的空间格局。未来，伴随新能源投资金额和投资数量的不断增加，推进新能源关键技术设备的成熟性和重大工程布局的合理性，实现新能源的分布式发展和与传统能源的包容式发展，建立以储能为核心的多能互补的现代能源体系。为我国推动能源生产和消费革命，调整产业与经济结构，走低碳化经济发展道路，促进经济社会长期稳健、高质量发展提供重要的战略支持。

（2）通过对四川省新能源产业发展的区位条件、资源禀赋、技术优势、市场需求等先天优势和现实基础的分析，发现四川省新能源产业已初具规模但后劲不足。

目前，四川省的风电产业已初步形成集风力开发、装备制造、技术运维的完整产业链，提高了风电与水电的资源互补能力，但受到标准配套建设滞后、自主创新能力较差等因素的制约造成风电成本居高不下，企业自主化生存能力缺乏。太阳能光伏产业基本完成上游各类型晶体硅生产、中游光伏电池及其组件生产、下游光伏发电系统及其他光伏应用产品生产的产业布局，可由于行业初期盲目发展导致产能过剩，产业可持续发展动力不足。生物质能产业依托丰富的生物质能资源和完善的人才梯队建设，综合效益逐步显现，并呈多元化发展趋势，而因缺乏技术标准、财政投入和税费支持等，产业规模化发展空间受限。新能源汽车产业近年来保持快速发展，并成为四川省未来重点突破与发展的高端产业之一，然而因为核心技术对外依存度较高，产业竞争力提升难度较大。

（3）通过对新能源产业集群化发展的动力机制、竞争力评价、主要模式和影响因素分析，探索出一个适合四川省新能源集群化发展的新路径，即以制度创新为依据来保障四川省新能源产业的发展，以技术创新驱动四川新能源产业发展，通过合作创新为四川新能源产业发展提供战略支持，保持新能源的持续稳定增长、扩大新能源产业规模。

首先，通过从不同研究视角对国内外产业集群发展模式分析，将新能源产业集群发展模式归纳为供应链整合型、产学研协同创新型、技术创新驱动型和制度创新保障型4种，提供模式选择机会给四川省新能源产业集群发展。其次，通过分析产业集群发展的影响因素，为四川省结合自身发展实际，基于新能源产业集群发展影响因素，寻找新能源产业集群发展路径提供决策参考。然后，通过对产业集群动力机制内涵和理论基础的分析，描述新能源产业集群发展的动力机制。主要包括：以资源聚集、成本优势和竞合机制协同的内部动力；以技术创新带动知识溢出从而促进技术扩散的核心动力；以配套设备设施、政府柔性管理、区域文化要素、人力资源补给和风险抵御能力为支撑的外部动力。最后，通过对产业集群竞争力内涵和测评模型的分析，借鉴GEMN模型构建新能源产业集群竞争力评价指标体系。主要包括：资源、设施、供应商与相关辅助企业、企业的结构与战略等6个一级指标，以及下设30个二级指标和63个三级指标，作为提升新能源产业集群发展竞争力的行动依据。

（4）通过对四川省新能源产业集群发展现状分析，认为四川省暂未形成有效的集聚系能源产业区。

根据对四川省新能源产业集群内主体规模大小、主体之间联系强弱、劳动力供应状况、资源禀赋和政策环境等方面的研究，比较供应链整合型、产—学—研协同创新型、技术创新驱动型和制度创新保障型四大新能源产业集群发展模式的优势劣势。主要分析哪些因素对四川新能源产业集群发展模式的选择有影响，确定新能源产业集群发展模式选择的一级和二级指标，通过熵权法确定各个评价指标的权重，再利用逼近理想点法对四种模式在各个指标下的理想程度排序再进行综合评价，确定技术模仿扩散型集群发展模式最符合四川省新能源产业集群发展的理想型，随后依次是供应链式整合型排名、“产—学—研”协同创新型和制度创新保障型，为助推四川省新能源产业集群化高质量发展提供方向指引。

（5）通过对四川省新能源产业集群化发展应依托于各类新能源的资源禀赋、发展前景、产业链完整程度、产业成熟程度、国家及四川省的政策导向、资源条件、相对优势等多种因素的分析。宏观上，构建分层分级的新能源产业集群发展格局，优先发展核能、水能、生物质能和新能源装备制造产业，大力发展太阳能光伏产业和风能产业，努力发展地热能产业。同时，依托四川省各区域新能源产业具体优势，打造分区分类的新能源产业集群空间规划。具体来说，通过建立健全四川省新能源产业政策体系、优化升级资源协同竞争机制、引导规模化发展、完善相关配套设施、积极搭建发展平台、规范行业标准、加强监管监督、加大金融支持等方式全方位提升四川省新能源产业集群发展水平。

参考文献

阿弗里德·马歇尔. 2007. 经济学原理［M］. 北京：商务印书馆.

白福臣，赵楠. 2018. 新能源产业发展的技术开发动因［J］. 科技管理研究，38（22）：185-192.

白鹏. 2012. 低碳金融：商业银行支持新能源产业发展的路径创新［J］. 贵州农村金融，（9）：9-12.

边云，马力，王燕燕. 2009. 高新技术产业集群发展的影响因素与对策［J］. 科技与管理，（4）：33-35.

卜伟，谢臻，赵坚. 2017. 中国产业政策的特点、效果与演变——产业政策问题研讨会会议综述［J］. 经济与管理研究，38（4）：79-84.

曹若楠. 2018. 产业组织理论的演进与发展［J］. 新商务周刊，（5）：208.

曹颖. 2005. 区域产业布局优化及理论依据分析［J］. 地理与地理信息科学，（05）：72-74.

曹允春. 2013. 临空产业的集聚模式研究［J］. 区域经济评论，（3）：30-34.

曾婧婧，胡锦绣. 2014. 政策工具视角下中国太阳能产业政策文本量化研究［J］. 科技管理研究，（15）：224-228.

曾婷. 2014. 四川农村生物质资源发展研究［J］. 特区经济，（02）：179-181.

陈丹. 2009. 基于自组织理论的产业集群及集群政策研究［J］. 江苏商论，（7）.

陈桦，张耀辉. 2008. 中国产业结构趋势分析的向量自回归模型［J］. 科研管理，29（6）：188-195.

陈景辉. 2010. 基于跨国公司嵌入的开发区产业集聚模式研究［J］. 特区经济，（4）：294-296.

陈莲芳，严良. 2012. 基于复合区位熵的中国油气资源产业集群识别［J］. 中国人口·资源与环境，02：152-158.

陈武. 2015. 产业投资基金发展研究［D］. 上海：上海交通大学.

邓延平. 区位理论发展、评述及其应用［J］. 商，（29）：295.

丁利杰. 2016. 生物质能产业融资的合同能源管理模式研究［D］. 北京：华北电力大学.

董蓓蓓. 2017. 对公共物品、外部性与产权界定的探索——对故事“三个和尚”的经济学分析［J］. 现代经济信息，（6）：7-8.

杜心远，何荣华. 2007. 四川省新能源发展战略构想［J］. 商场现代化，（35）：216.

杜舟，马鸣. 2012. 华尔街拒绝中国企业IPO［J］. IT时代周刊，（13）：26-33.

范纯增，姜虹. 2011. 产业集群间互动发展的动力机制，合争强度与效应——以长三角医药产业集群为例［J］. 经济地理，31（8）：1319-1325.

方甲. 1993. 产业组织理论与政策研究［M］. 北京：中国人民大学出版社.

冯为为. 2019. 发展问题诸多 生物质能产业前景几何［J］. 节能与环保，（01）：24-26.

冯昱洁，钟喆，冯祥晨. 2012. 深圳市山寨产业集聚发展模式研究［J］. 特区经济，（8）：47-49.

付娉娉，武光彬，洪亮. 2017. 基于生态理论的能源利用效率研究［J］. 哈尔滨商业大学学报（社会科学版），（6）：16-25.

付实. 2015. 西部新能源产业自我发展能力量化分析及提升路径［J］. 经济体制改革，（3）：188-193.

盖文启. 2002. 创新网络 区域经济发展新思维［M］. 北京：北京大学出版社.

高芳圆. 2015. 国内应用 GEM 模型评价研究产业集群竞争力综述［J］. 经营与管理，（1）：91-93.

高志前. 2008. 产业技术政策的内涵与功能［J］. 中国科技论坛，（3）：48-51+59.

桂华. 2017. 我国能源利用效率的成效、问题与建议［J］. 宏观经济管理，（12）：41-46.

郭立伟，沈满洪. 2015. 新能源产业集群形成影响因素研究［J］. 经济问题探索，（5）：167-175.

郭立伟. 2014. 新能源产业集群发展机理与模式研究［D］. 杭州：浙江大学.

郭雅琼. 2014. 欠发达地区新能源产业发展路径探索：以张掖市甘州区为例［J］. 发展，（1）：84，87.

王君. 2016. 产业政策转型的国际实践与理论思考［J］. 经济研究参考，（28）：18-24.

哈尔 · R. 范里安. 2018. 范里安微观经济学［M］. 上海：格致出版社.

韩斌. 2009. 四川省38个部门产业关联分析研究［J］. 软科学，12：83-85.

韩城. 2011. 实证分析新能源发展的主要影响因素——基于协整分析与格兰杰因果检验［J］. 资源与产业，（01）：32-36.

韩嵩. 2012. 区域产业关联与波及效应统计指标体系及测算［J］. 统计与决策，13：23-27.

何柯润. 2018. 我国产业集群升级路径探讨［J］. 合作经济与科技，（18）：46-47.

何文洋. 2017. 关于四川省交通运输能源清洁化发展的思考［J］. 天然气技术与经济，11（02）：74-77+84.

何雄浪，郑长德，王洁. 2009. 影响产业集群形成和发展的因素探讨——从经济学角度的思考［J］. 西南民族大学学报（人文社会科学版），（7）：56-61.

和金生，白景美. 2007. 产业集群竞争力评价［J］. 科学学与科学技术管理，28（4）：179-180.

贺俊，黄阳华. 2014. 产业组织与技术创新：理论与中国经验［M］. 北京：中国社会科学出版社.

胡家保. 2018. 创新驱动视域下构建高校创新创业教育生态圈［J］. 教育评论，（3）：62-66.

胡荣尚. 2012. 我国企业类债券发行市场的监管标准研究［D］. 长沙：湖南大学.

黄浩森，刘丹，张海. 2016. 新常态下成都市新能源汽车发展现状及对策研究［J］. 成都行政学院学报，（06）：41-45.

黄辉. 2001. 从我国产业布局政策的演变看西部开发［J］. 西北工业大学学报（社会科学版），21（4）：27-29.

黄利秀，张华忠. 2018. 产业经济学［M］. 西安：西安电子科技大学出版社.

黄任群. 2006. 不同类型产业集群发展影响因素比较研究［D］. 杭州：浙江大学.

黄少安，张岗. 2001. 中国上市公司股权融资偏好分析［J］. 经济研究，（11）：12-

20+27.

黄兆银. 2000. 高科技创新竞争的两个层面［J］. 世界知识，（14）：28-29.

贾文艺，唐德善. 2009. 产业集群理论概述［J］. 技术经济与管理研究，（6）：125-128.

贾盈盈. 2016. 产业集群理论综述［J］. 合作经济与科技，（18）：39-41.

姜达洋. 2016. 现代产业政策理论新进展及发展中国家产业政策再评价［M］. 北京：经济日报出版社.

蒋东仁. 2006. 论产业集群及其成长中的政府行为［D］. 南京：南京理工大学.

蒋莉蘋，高碧凤. 2014. 实施创新驱动发展战略对产业经济发展的影响［J］. 北方经贸，（6）：95-96.

蒋先玲，王琰，吕东锴. 2010. 新能源产业发展中的金融支持路径分析［J］. 经济纵横，（8）：50-53.

金飞，陈晓峰. 2014. 江苏沿海新能源产业集群竞争力研究——基于GEM和AHP模型的实证分析［J］. 科技管理研究，34（12）：152-159.

金利霞，李郇，张虹鸥. 2013. 广东清远市再生有色金属产业集群成长动力机制［J］. 热带地理，33（3）：314-323.

寇爽. 2016. 区域经济视角下的产业集群理论研究［J］. 中文科技期刊数据库（全文版）自然科学，（1）：126.

黎继子，刘春玲，蔡根女. 2005. 全球价值链与中国地方产业集群的供应链式整合——以苏浙粤纺织服装产业集群为例［J］. 中国工业经济，（02）：118-125.

李城宇. 2016. 新常态下战略性新兴产业创新驱动发展的路径探析［J］. 新经济，（33）：42-43.

李方正. 2014. 资源枯竭城市新产业集群培育的动力机制研究——基于系统动力学的视角［J］. 区域经济评论，（3）：130-135.

李冠，生光旭. 2017. 产业集群理论在各产业领域的研究［J］. 福建质量管理，（3）：66.

李海东，黄勇. 2015. 基于GEM模型的德化陶瓷产业集群竞争力评价与分析［J］. 陶瓷学报，36（5）：545-552.

李恒. 2005. 制度分割、产业集群与跨国公司区位［J］. 国际贸易问题，（03）：94-99.

李坚强. 2018. 新能源汽车发展中企业与政府的作为［J］. 开放导报，（5）：84-87.

李金津，赵树宽. 2011. 新能源汽车产业自主创新存在的问题及对策［J］. 经济纵横，（02）：76-79.

李佧琦. 2010. 湘西矿产资源产业集群竞争力评价分析［J］. 资源与产业，12（1）：42-46.

李昆仑. 2005. 层次分析法在城市道路景观评价中的运用［J］. 武汉大学学报（工学版），（01）：143-147+152.

李良县，李宁. 2014. 论四川省新能源发展现状和建议［J］. 四川水力发电，（4）：86-88，144.

李林，肖玉超，王永宁. 2010. 基于产业集群的产学研战略联盟合作机制构建研究［J］. 重庆大学学报（社会科学版），16（02）：11-15.

李茂生. 2017. 增长极理论对我国区域经济发展的启示［J］. 商情，（19）：111-112.

李楠. 2007. 高新技术产业集群模式选择研究［D］. 哈尔滨：哈尔滨理工大学.

李斯特. 1997. 政治经济学的国民体系［M］. 北京：商务印书馆.

李中斌. 2009. 基于生态学理论的产业集群模式探析［J］. 宏观经济研究，（7）：62-69.

廉勇，李宝山，金永真. 2006. 分工协作理论及其发展趋势［J］. 青海社会科学，（2）：26-29+139.

梁琦. 2004. 产业集聚论［M］. 北京：商务印书馆.

林浩，尹建荣，陈剑. 2016. 我国新能源发电产业发展思路及路径探析［J］. 工业C，（1）：100.

林孟涛，胡世明. 2012. 福建新能源产业发展路径与现实选择［J］. 莆田学院学报，（4）：42-47.

刘传富. 2015. 新能源汽车产业发展中政府扶持的研究［D］. 重庆：西南大学.

刘芳. 2018. 新时期生物质能产业发展的困境与对策建议［J］. 创新科技，18（11）：18-20.

刘刚，梁晗. 2019. 外部性视角下营商环境的优化——基于企业需求导向的研究［J］. 中国行政管理，（11）：52-59.

刘恒江，陈继祥，周莉娜. 2004. 产业集群动力机制研究的最新动态［J］. 外国经济与管理，26（7）：2-7.

刘恒江，陈继祥. 2004. 产业集群竞争力研究述评［J］. 外国经济与管理，（10）：2-9.
刘洪君，朱顺林. 2010. 软件产业集聚机制与模式研究——基于生物种群理论［J］. 企业活力，（12）：13-16.
刘鸿雁，洪浩林，田丽. 2008. 保定新能源产业集群竞争力评价与分析［J］. 中国管理信息化，（21）：72-74.
刘晖. 2014. 战略性新兴产业创新驱动发展研究——以北京市生物医药产业为例［D］. 北京：中国科学院大学.
刘力，程华强. 2006. 产业集群生命周期演化的动力机制研究［J］. 上海经济研究，（6）：63-68.
刘琳. 2018. 四川省新能源汽车产业集群发展模式研究［D］. 成都：西南石油大学.
刘明明. 2012. 马克思分工协作理论视角下的产业集群竞争优势分析［J］. 北方经济，（9）：43-45.
刘若霞，李宇飞. 2015. 我国新能源产业创新驱动发展路径研究［J］. 科技进步与对策，32（17）：73-76.
刘诗白，邹广严. 2000. 新世纪企业家百科全书：第3卷［M］. 北京：中国言实出版社.
刘伟，黄桂田. 2002. 中国银行业改革的侧重点：产权结构还是市场结构［J］. 经济研究，（08）：3-11.
刘文超，路剑. 2013. 河北省平乡县童车产业集聚发展模式研究［J］. 轻工科技，（10）：109-110.
刘小玄. 2003. 中国转轨过程中的企业行为和市场均衡［J］. 中国社会科学，（02）：61-71+205.
刘新华，线文. 2005. 我国中小企业融资理论述评［J］. 经济学家，（02）：105-111.
刘莹. 2018. 产业组织理论演进与前沿分析［J］. 大经贸，（1）.
刘媛媛，孙慧，张娜娜. 2013. 石油、天然气能源产业集聚与区域产业结构优化——以新疆为例的研究［J］. 经济管理，02：29-40.
龙莹丽. 2017. 产业政策的作用及功能转型研究［J］. 经营者（理论版），（3）：296-297.
楼东，夏梁省. 2017. 战略性新兴产业培育的技术链、产业链融合路径研究——基于浙江省台州市的调查思考［J］. 社科纵横，32（05）：32-37.

卢华玲，周燕，樊自甫. 2013. 产业集群发展影响因素研究——基于电子及通信设备制造业省级面板数据实证分析［J］. 工业技术经济，（1）：118-126.

卢现祥. 2002. 环境、外部性与产权［J］. 经济评论，（4）：70-79.

陆立军，于斌斌. 2010. 基于修正“钻石模型”的产业集群与专业市场互动的动力机制——以绍兴纺织产业集群与中国轻纺城市场为例［J］. 科学学与科学技术管理，31（8）：66-72.

陆丽娜，胡峰，刘媛. 2019. 战略性新兴产业集群梯度差异与协同发展——基于江苏的数据分析［J］. 科技管理研究，39（20）：59-63.

罗强，王成善. 1998. 四川的能源问题与可持续发展［J］. 资源开发与市场，（06）：268-270.

罗璇. 2009. 对中国产业集聚发展模式的探讨［J］. 国际经济合作，（5）：18-22.

罗艺. 2016. 基于GEM模型的现代化物流产业集群竞争力评价和路径优化［J］. 商业经济研究，（24）：76-77.

罗肇鸿，王怀宁. 1995. 资本主义大辞典［M］. 北京：人民出版社.

吕翠英. 2014. 棉籽油生物柴油及其调合油低温流动性的研究［D］. 合肥：安徽理工大学.

吕国庆，曾刚，郭金龙. 2014. 长三角装备制造业产学研创新网络体系的演化分析［J］. 地理科学，34（9）：1051-1059.

吕宏芬，余向平. 2007. 集群式供应链下的技术创新网络构建［J］. 改革与战略，（03）：39-42.

吕明元. 2007. 1952—2005年我国产业结构的演进及未来调整［J］. 天津商学院学报，（02）：6-11.

吕文春，马剑龙，陈金霞，等. 2018. 风电产业发展现状及制约瓶颈［J］. 可再生能源，36（08）：1214-1218.

马本，郑新业. 2018. 产业政策理论研究新进展及启示［J］. 教学与研究，（8）：100-108.

马翠萍，史丹，丛晓男. 2014. 太阳能光伏发电成本及平价上网问题研究［J］. 当代经济科学，36（02）：85-94+127.

马建，刘晓东，陈轶嵩，等. 2018. 中国新能源汽车产业与技术发展现状及对策［J］. 中国公路学报，31（8）：1-19.

马霞，马燕平. 2014. 世界高新技术产业集群发展模式的分析及启示［J］. 经济师，（11）：97-98.

马歇尔. 2011. 经济学原理. 下卷［M］. 北京：商务印书馆.

迈克尔·波特. 2012. 国家竞争优势［M］. 北京：中信出版社.

梅巧萍. 2016. 高新技术产业集群发展模式选择分析——基于福建省的典型研究［J］. 长沙理工大学学报：社会科学版，31（2）：146-153.

孟弋琳. 2014. 新形势下四川省太阳能光伏产业发展［J］. 商，（22）：253-254.

南梦旗. 2018. 基于增长极理论的经济现象解析［J］. 时代经贸，（18）.

欧新黔. 2005. 充分发挥产业政策的作用 促进经济社会全面协调可持续发展［J］. 宏观经济管理，（7）：7-9.

欧阳园园，李仁旺. 2018. 集群企业竞争力评价模型的构建及其应用研究［J］. 现代制造工程，（12）：47-54+96.

潘瑞成. 2017. “互联网+”促进体育产业创新驱动发展及其策略［J］. 体育风尚，（12）：241，244.

庞颂全，刘敏榕. 2017. 专利GEM-S技术竞争力模型的构建及实证研究——以闽、粤两省电动汽车为例［J］. 图书情报工作，61（07）：83-90.

彭澎，蔡莉. 2007. 基于协同学理论的高技术产业集群生成主要影响因素研究［J］. 山东大学学报（哲学社会科学版），（1）：72-78.

泉田成美，柳川隆. 2015. 产业组织理论基础［M］. 北京：机械工业出版社.

齐园. 2010. 中关村科技园区产业集聚的发展模式研究［J］. 特区经济，（2）：284-286.

齐振宏. 2008. 生态工业园企业共生机理与运行模式研究［J］. 商业经济与管理，（3）：36-43.

钱川，段瑜卓. 2016. 柏林夏洛滕堡地区创意设计产业集聚模式研究［J］. 国际城市规划，31（3）：63-70.

邱立成，曹知修，王自锋. 2012. 欧盟新能源产业集聚的影响因素［J］. 世界经济研究，（9）：18-22.

秋祎飞，朱顺林. 2010. 基于虚拟软件园的软件产业集聚机制与模式研究［J］. 企业活力，（3）：10-14.

让·梯诺尔. 2015. 产业组织理论［M］. 北京：中国人民大学出版社.

任东明. 2011. 中国新能源产业的发展和制度创新［J］. 中外能源，（1）：31-36.

任寿根. 2004. 新兴产业集群与制度分割——以上海外高桥保税区新兴产业集群为例［J］. 管理世界，（2）：56-62.

荣国栋. 2016. 中国发电能源的可持续发展及优化研究［D］. 北京：华北电力大学.

上海财经大学产业经济研究中心. 2011. 中国产业发展报告：战略性新兴产业发展研究［M］. 上海：上海财经大学出版社.

邵兴全. 2015. 地方发展新能源汽车的困境与对策研究——以成都市发展新能源汽车为例证［J］. 现代经济信息，（17）：467-468.

邵源春，龙蔚，暴云英. 2018. “一带一路”倡议对区域经济新格局的影响［J］. 科技经济市场，（12）：62-63.

石季英，刘紫玉，张文. 2016. 基于Boost电路光伏发电系统MPPT采样周期分析［J］. 电力系统及其自动化学报，28（10）：55-60.

石岩. 2018. 中国新能源产业政策效应研究［D］. 长春：吉林大学.

舒印彪，张智刚，郭剑波，等. 2017. 新能源消纳关键因素分析及解决措施研究［J］. 中国电机工程学报，37（1）：1-9.

宋李俊，陈猛. 2019. 重庆市新能源汽车产业创新驱动发展研究［J］. 内蒙古科技与经济，（16）：3-6，46.

苏华，石玉军. 2008. 产业集群外部性的产权问题探析［J］. 特区经济，（9）：133-134.

孙国民，陈东. 2018. 战略性新兴产业集群：形成机理及发展动向［J］. 中国科技论坛，（11）：44-52.

孙雷，郝雷. 2012. 新能源产业发展的影响因素——以河北省为范例［J］. 河北大学学报（哲学社会科学版），37（3）：109-113.

孙艳. 2014. 湖北省高新技术产业集群发展模式研究［J］. 商场现代化，（17）：100-101.

孙艳萍，胡开顺. 2003. 基于区域集聚多动态联盟体系的产业集群模式［J］. 经济体制改革，（2）：49-51.

孙勇，郝彩侠，孙志利，等. 2008. 张家口地区太阳能辐射规律的探讨［J］. 河北建筑工程学院学报，（01）：59-61.

陶萍，齐中英. 2012. 基于外部性特征的环境项目融资约束机制研究［J］. 土木工程学报，（45）：249-252.

陶银海. 2019. 我国新能源产业发展的资本市场支持机制研究［D］. 兰州：兰州大学.

佟健. 2005. 电信竞争、呼叫外部性与接听方付费［J］. 经济学（季刊）5（1）：248-265.

童初霞. 2013. 我国新能源企业系统性风险及影响因素实证研究［D］. 北京：对外经济贸易大学.

涂继亮，陶秋香，杜为. 2019. 江西省通航产业创新驱动发展及产业链体系构建［J］. 科技和产业，19（6）：26-33.

屠烜，尤建新. 2013. 新形势下我国新能源产业的发展路径——以转型创新的视角审视［J］. 上海管理科学，（1）：12-17.

汪永臻. 2013. 西北地区新能源产业发展战略研究［J］. 甘肃社会科学，（1）：214-217.

王朝全，曾婷. 2012. 新能源产业：四川的机遇、挑战与战略对策［J］. 西南科技大学学报（哲学社会科学版），29（05）：10-19.

王敦清，秦守勤，巫文勇. 2006. 我国可再生能源发展的制度建构［J］. 江西师范大学学报，（06）：15-19.

王华，李艾芳，孙颖. 2009. 改革开放30年：北京十大文化创意产业集聚区发展模式的演进［J］. 北京规划建设，（1）：60-63.

王缉慈，等. 2010. 超越集群 中国产业集群的理论探索［M］. 北京：科学出版社.

王缉蕊，等. 2001. 创新的空间：企业集群与区域发展［M］. 北京：北京大学出版社.

王姜玥. 2018. 欠发达地区战略性新兴产业创新驱动发展的路径探析——以安徽省马鞍山市为例［J］. 辽宁经济职业技术学院学报.（3）.

王娇俐，王文平，王为东. 2013. 产业集群升级的内生动力及其作用机制研究［J］. 商业经济与管理，（2）：90-96.

王久臣，戴林，田宜水，等. 2007. 中国生物质能产业发展现状及趋势分析［J］. 农业工程学报，23（9）：276-282.

王敏，钟新周. 2017. 攀枝花发展太阳能产业的思考［J］. 科技视界，（3）：201，221.

王宁，李佳璇，李小虎，等. 2018. 生物质能的开发及利用［J］. 内蒙古石油化工，（5）：13-14，91.

王士轩. 2019. 新能源产业集群规模、分布与产能效应研究［D］. 乌鲁木齐：新疆大学.

王松梅. 2009. 产业集群形成和发展中的主要影响因素［J］. 生产力研究，（23）：169-170.

王晓辉，王洪. 2012. 乡镇企业造成环境污染的外部性分析及解决对策［J］. 商品与质量，（1）：20.

王晓珍，彭志刚，高伟，等. 2016. 我国风电产业政策演进与效果评价［J］. 科学学研究，34（12）：1817-1829.

王长贵. 2000. 开发利用新能源和可再生能源的重大意义［J］. 太阳能，（04）：6-7.

王长路，王伟功，张立勇，等. 2015. 中国风电产业发展分析［J］. 重庆大学学报，38（1）：148-154.

王治平. 2014. 产业集群的集聚因素和动力机制的框架分析和政策建议［J］. 商业经济研究，（3）：130-131.

韦伯. 1997. 工业区位论［M］. 北京：商务印书馆.

魏剑锋. 2007. 马克思分工协作理论视角下的产业集群竞争优势［J］. 中国社会科学院研究生院学报，（5）：65-70.

魏玮，叶晨. 2009. 我国高新技术产业集群发展模式研究［J］. 长三角，（15）：1-4.

吴瀚然，胡庆江. 2015. 基于GEMN模型的产业集群竞争力评钐——以江西崇仁国家变电设备产业化示范基地为例［J］. 价格月刊，（7）：70-75.

吴诺亚. 2018. 西方外部性理论的发展［J］. 时代金融，（21）：319.

吴晓飞. 2010. “软件城市”产业集群发展影响因素研究［D］. 无锡：江南大学.

吴晓明，胡国松. 2016. 石油产业集聚与区域产业结构优化——基于四川省的实证［J］. 西南民族大学学报（人文社科版），（2）：107-112.

吴晓明，刘琳，杜娟. 2015. 石油产业与区域经济发展质量的耦合模型——基于四川省的实证［J］. 财经科学，（11）：111-120.

吴晓明，杨力，刘琳. 2016. 能源产业集聚与经济增长的动态关系研究——基于四川省油气产业的面板数据分析［J］. 经济体制改革，（06）：132-137.

吴啸，陈汉君，娄文彬. 2017. 光伏太阳能产业发展研究［J］. 文存阅刊，（5）.
项安波，张文魁. 2013. 中国产业政策的特点、评估与政策调整建议［J］. 中国发展观察，（12）：19-21.
肖泽忠，邹宏. 2008. 中国上市公司资本结构的影响因素和股权融资偏好［J］. 经济研究，06：119-134.
谢俊. 2010. 高新技术产业集群可持续发展力影响因素及构成研究［J］. 科技创业月刊，（4）：14-16.
谢章俊. 2018. 增长极理论与我国区域经济发展［J］. 智富时代，（5）：96.
熊广勤. 2012. 地区产业集群发展的影响因素，动力机制与模式选择综述［J］. 管理现代化，（1）：56-58.
徐阳，苏兵. 2012. 区位理论的发展沿袭与应用［J］. 商业经济研究，（33）.
徐迎，张薇. 2014. 技术创新理论的演化研究［J］. 图书情报工作，（7）：100-106，130.
许博浩. 2018. 基于低碳经济中国农村生物质能产业发展探究［J］. 中国科技博览，（13）.
许淑嫦. 2012. 产业技术政策与产业绩效的相关度研究［D］. 武汉：武汉大学.
许莹. 2013. 陕西发展新能源产业的路径选择：基于区域新能源产业核心竞争力评价理论模型的分析［D］. 西安：西安外国语大学.
薛磊荣. 2013. 我国退市新政的合理性研究［D］. 上海：复旦大学.
薛昭莹. 1983. 马克思的分工协作理论及其在我国的运用［J］. 国民经济计划与管理，（5）：109-116.
亚当・斯密. 2001. 国富论. 下卷［M］. 西安：陕西人民出版社.
闫二旺. 2015. 产业经济学概论［M］. 北京：北京邮电大学出版社.
闫俊周. 2016. 新常态下战略性新兴产业创新驱动发展的路径选择［J］. 企业经济，（5）：147-151.
严含，葛伟民. 2017. “产业集群群”：产业集群理论的进阶［J］. 上海经济研究，（05）：34-43.
杨贵金. 2018. 博弈论视角下的光伏太阳能产业政策发展研究［D］. 西安：西安工程大学.

杨凌，王亚新. 2013. 产业集群影响因素研究回顾与展望［J］. 现代商贸工业，25（8）：4-6.

杨屏. 2015. 保险业助推新能源产业发展的路径研究［J］. 经济研究导刊，（9）：138-139.

杨淑群，詹兆渝，范雄. 2007. 四川省太阳能资源分布特征及其开发利用建议［J］. 四川气象，（02）：15-17.

姚建年. 2014. 重视基础研究加大基础研究科技投入［J］. 前进论坛，（04）：22-23.

姚劲. 2019. 中国新能源产业发展存在的问题及对策［J］. 科技创新与应用，（30）：114-115.

姚娜，张雪. 2017. 辽阳战略性新兴产业创新驱动发展路径选择［J］. 中国市场，（17）：88，92.

殷小琴. 2013. 四川省新能源产业发展的战略研究［D］. 绵阳：西南科技大学.

银璐. 2017. 三螺旋视角下产学研合作关系测度研究［D］. 呼和浩特：内蒙古大学.

尹润锋. 2012. 我国新能源产业影响因素实证研究［J］. 科技进步与对策，29（20）：72-75.

于静霞，徐新宇. 2013. 新能源企业的融资困境分析及解决途径［J］. 吉林工商学院学报，29（06）：27-30.

于树江，刘静霞，李艳双. 2010. 产业集群的动力机制与竞争优势分析［J］. 商业时代，（25）：116-117.

余梦荻. 2017. 新能源产业政策演化及体系设计［D］. 南京：南京航空航天大学.

俞海山，周亚越. 2007. 论消费外部性及其社会福利影响［J］. 商业研究，（02）：17-20.

袁见，安玉兴. 2019. 产业政策对中国新能源企业成长影响的实证研究［J］. 学习与探索，（6）：151-155.

袁见. 2013. 中国太阳能光伏产业政策效应研究［D］. 沈阳：辽宁大学.

袁振宏，罗文，吕鹏梅. 2016. 生物质能产业现状及发展前景［J］. 中国学术期刊文摘，（8）：56.

袁振宏，吴创之，马隆龙. 2016. 生物质能利用原理与技术［M］. 北京：化学工业出版社.

云霞. 2014. 四川省新能源产业发展分析［J］. 商场现代化，（32）：154-155.
佚名. 2016. 我国提出2050年建成世界科技创新强国［J］. 工具技术，（8）：54.
佚名. 2011. 新能源产业：四大区域特色发展［J］. 硅谷，（16）：7-10.
佚名. 2019. 中国核电行业发展现状［J］. 水泵技术，（05）：57.
佚名. 2018. 2017年全国核电运行情况［J］. 中国核工业，（02）：5.
佚名. 2017. 2017年我国新能源发展现状及趋势分析［J］. 电器工业，（07）：20-25.
佚名. 2019. 2018年四川省国民经济和社会发展统计公报［N］. 四川日报，2019-03-06（011）.
翟简. 2018. 产业组织理论研究综述［J］. 合作经济与科技，（24）：33-35.
张百灵. 2011. 正外部性理论与我国环境法新发展［D］. 武汉：武汉大学.
张春雷. 2016. 以科技创新推动新能源产业健康发展［J］. 中国经贸导刊，（36）：42-43.
张国有. 2009. 对中国新能源产业发展的战略思考［J］. 经济与管理研究，（11）：5-9.
张冀新，柳静. 2019. 基于效能评价的创新型产业集群成长模式研究［J］. 科技进步与对策，36（11）：54-63.
张俊. 2018. 产业集聚外部性、政府空间竞争与地方环境污染［D］. 长沙：湖南大学.
张莉沙. 2014. 四川省经济增长与能源消费的关联状况研究［J］. 中国商贸，36：141-145.
张淑梅. 2015. 内蒙古艺术产业集聚区发展模式及路径选择研究［J］. 内蒙古大学学报（哲学社会科学版），（5）：103-107.
张小筠，刘戒骄. 2018. 改革开放40年产业结构政策回顾与展望［J］. 改革，（09）：42-54.
张晓盈，胡恩生. 2015. 江西新能源产业集群发展的制约因素分析［J］. 金融教育研究，28（5）：49-52.
张学龙，吴豆豆，张丹丹. 2018. 广西新能源汽车产业创新驱动发展对策研究［J］. 现代商贸工业，39（27）：1-3.
张叶. 2003. 地区发展与产业布局政策［J］. 浙江经济杂志，（5）：60.
张哲源. 2018. 新能源的利用——天然气［J］. 建筑工程技术与设计，（21）：36-54.

赵蓓，林必越，张小三. 2014. 产业集群升级影响因素及对策研究——基于泉州产业集群的计量分析［J］. 2014.

赵嘉辉. 2013. 产业政策的理论分析和效应评价［M］. 北京：中国经济出版社.

赵丽洲，丁长青，雷志柱. 2009. 产业集群演进动力机制研究——基于动力因素交替，更迭的视角［J］. 特区经济，（11）：263-265.

赵璐. 2019. 网络组织模式下中国产业集群发展路径研究——发达国家产业集群发展的经验启示［J］. 科技进步与对策，36（7）：56-60.

赵晓华. 2006. 产业结构政策的理论与实践——国内外比较及对云南的实证分析［D］. 昆明：云南大学.

赵振宇，朱茳. 2015. 中国风电产业链发展研究［M］. 北京：中国电力出版社.

郑海燕，刘险峰. 2006. 浅析中国产业组织政策理论的由来与变迁［J］. 黑龙江对外经贸，（2）：13-14.

郑宏星. 2008. 国外产业集群文献评论：制度的视角［J］. 沈阳师范大学学报（社会科学版），32（3）：5-8.

中国汽车技术研究中心. 2014. 节能与新能源汽车年鉴2017［M］. 北京：中国经济出版社.

中国可再生能源学会. 2011. 2011年中国新能源与可再生能源统计年鉴［R］.

中国社会科学院经济研究所. 2005. 现代经济辞典［M］. 南京：凤凰出版社，江苏人民出版社.

钟滔，任腊春. 2014. 四川省山地风电场风电机组选型要点分析［J］. 四川水力发电，33（04）：89-91+144.

周海波，胡汉辉. 2015. 知识演化视角下产业集群升级模式对于创新绩效的影响分析［J］. 中国科技论坛，（11）：41-46.

周浩. 2003. 企业集群的共生模型及稳定性分析［J］. 系统工程，21（4）：32-37.

周静立. 2010. 基于协同学的环渤海区域产业配置研究［D］. 天津：天津商业大学.

周仁，王新华. 2017. 能源利用率与区域经济发展、产业结构实证分析［J］. 统计与决策，（22）：139-142.

周绍朋，王健. 1998. 中国政府经济学导论［M］. 北京：经济科学出版社.

朱少康. 2018. 区位理论简述［J］. 时代金融，（14）：57，59.

A Marshall A. 1891. Principles of Economics[J]. Ethics, 31(4): 430-444.

Barbieri E, Tommaso M R D, Bonnini S. 2012. Industrial development policies and performances in Southern China: Beyond the specialised industrial cluster program[J]. China Economic Review, 23(3): 613-625.

Bergman E M, Feser E. 1999. Industrial and Regional Clusters: Concepts and Comparative Applications[J]. Wholbk, 12(2).

Boudeville J R. 1965. Frontiers and Interrelations of Regional Planning[M]// Problems in Economic Development. Palgrave Macmillan UK.

Chen Jean J. 2004. Determinants of capital structure of Chinese-listed companies[J]. Journal of Business Research, (57): 1341-1351.

Dixit A K, Stiglitz J E. 1977. Monopolistic Competition and Optimum Product Diversity[J]. American Economic Review, 67(3): 297-308.

Doeringer, P. B, D. G. Terkla. 1995. "Business strategy and cross-industry clusters."

E-conomic Development Quarterly 9: 225-37.

Fama Eugene F., Kenneth R. French. 2002. The equity premium[J]. Journal of Finance, 57(2): 637-659.

Feser E J, Sweeney S H. 2000. A Test for the Coincident Economic and Spatial Clustering of Business Enterprises[J]. Journal of Geographical Systems, 2(4): 349 -373.

Frank M. Z. Goyal V. K. 2009. Capital structure decisions: what factors are reliably important[J]. FinancialManagement, 38(1): 1-37.

Henrik Lund, Poul Alberg, stergaard, et al. 2017. Smart energy and smart energy systems[J]. Energy, Vol. 137: 556-565.

Jorg. Meyer Stamer. Understanding the Determinants of Vibrant Business Development: The Systemic.

Jay Mitra. 2003. Building Entrepreneurial Clust ers[R]. Final Dissemination Workshop, University of Lut on, Unit ed Kingdom.

Leite C A, Weidmann J. 1999. Does Mother Nature Corrupt? Natural Resources, Corruption, and Economic Growth[R]. IMF Working Paper, No. 85.

Mckean, Roland N. Browning, Jacquelence M. 1975. Externalities from Government and Non-ProfitSectors[J]. Canadian Journal of Economic, 8(4).

Michael E Porter. 1998. Clusters and the New Economics of Competition[J]. Harvard Business Review, (11): 77-90.

Mizik N, Jacobson R. 2008. The financial value impact of perceptual brand attributes[J]. Journal of Marketing Research, 45(1): 15-32.

Myers Stewart C, Majluf Nicholas S. 1984. Corporate financing and investment decisions when firms have information that investors do not have [J]. Journal of Financial Economics, 13: 187-

Ottaviano G P, Puga D. 1998. Agglomeration in the Global Economy: A Survey of the 'New Economic Geography'[J]. World Economy, 21(6): 707-731.

Papyrakis E, Gerlagh R. 2014. The Resource Curse Hypothesis and Its Transmission Channels[J]. Journal of Comparative Economics, 32(1): 181-193.

Pekka Yl Anttila. 2004. Industrial Clusters in Change—How to Stay Competitive in the Global Competition?[R]. The Research Institute of the Finnish Economy(ETLA), Opening Seminar, June 4, Marina Congress Center, Helsinki.

Porter M E. 1998. Clusters and the new economics of competition[J]. Harvard Business Review, 76(6): 77.

Su-Hyun Berg, Robert Hassink. 2012. Emerging Green Clusters in South Korea? The Case of the Wind Power Cluster in Jeonbuk Province[J]. STI Policy Review, 3(1).

后记

随着世界经济社会快速发展，能源短缺及环境污染等问题越来越严重，使得人类生存环境进一步恶化，严重影响社会长期持续发展。新时代，我国人民对于美好生活的需求不断增加，而我国的发展却处于不平衡、不充分的状态。两者之间的矛盾日趋突出使得人们对于可持续发展、绿色发展、低碳发展等新发展理念的呼声也越来越高。总的来讲，不论是从经济社会的可持续发展和保护人类赖以生存的地球生态环境的高度来审视，还是从解决现实的能源供应出发，发展新能源均具有重大战略意义。开发利用新能源是顺应时代发展潮流，促进产业结构调整，促进能源转化和发展的重要举措。

笔者以新能源产业为切入点，研究分析了新能源产业发展历程、支撑状况、发展格局和未来趋势等内容。以产业集群为视角，从发展模式、动力机制和竞争力等方面来分析了当下中国新能源产业集群化的发展模式、发展路径与竞争力。然后，在深入结合四川省具体情况的基础上，提出了适应四川省新能源产业集群化发展的模式、路径及相关保障建议。为四川省新能源产业的健康、高效、可持续发展提供良好的借鉴依据。

未来，四川省政府要积极发挥产业政策对产业结构调整、产业布局优化等方面的重要作用，加强科技创新与人才引进力度，为新能源产业在四川省发展壮大提供良好环境。相关企业要积极跟随政策引领，加大技术研发与资金投入力度，提高自主创新能力与市场竞争力，共同致力于四川省新能源产业的高质量集群化发展。

在此感谢为本书提供帮助的单位和个人：西南交通大学经济管理学院博士研究生彭宇泓在新能源产业集群化发展的机理分析及新能源产业创新驱动发展路径研究部分参与了撰写，为全书实证模型数据搜集及新能源产业与区域经济发展质量的耦合模型分析做出较大的贡献，完善了全书的图表，并参与了全书的校对。感谢西南交通大学经济管理学院郝辽钢老师、李良老师在本书出版的过程中提出了许多中肯的意见，并做了部分校对工作，避免了许多错误。中国石油西藏销售分公司陈文举参与了本书第一章研究背景与意义内容的撰写，在新能源产业发展方面提出了独特见解，对四川省新能源产业发展状况的意见补充使得内容更加丰富。西南石油大学经济管理学院2020级在读研究生范琴同学参与了本书第二章我国新能源产业整体发展状况内容的撰写、数据整理及核对方面工作，为本书稿实证模型分析部分奠定了基础。

最后，本书得以顺利完成，得力于四川省科技厅软科学项目、成都市科技局地、市人文社科项目及西南石油大学校级人文专项项目基金（四川省“十四五”时期能源转型与高质量发展战略及政策研究（项目编号：2020JDR0184）；成都市新能源汽车产业创新发展对策研究（项目编号：2019-RK00-00222-ZF）；四川省石油产业发展与区域经济增长的动态关系研究（项目编号：2017RW029）等的支持。